Yaşar G

ATATÜR
KATİL
ve
O DOKTOR

DESTEK
yayınları

DESTEK MEDYA GRUBU

DESTEK YAYINLARI: 1601
ARAŞTIRMA: 357

YAŞAR GÜRSOY / ATATÜRK'ÜN KATİLLERİ VE O DOKTOR

İmtiyaz Sahibi: Yelda Cumalıoğlu
Genel Yayın Yönetmeni: Ertürk Akşun
Yayın Koordinatörü: Özlem Esmergül
Üretim Koordinatörü: Semran Karaçayır
Editör: Devrim Yalkut
Kapak Tasarım: Sedat Gösterikli
Sayfa Düzeni: Cansu Poroy
Sosyal Medya-Grafik: Tuğçe Budak-Mesud Topal-Meltem Kökboyun

Destek Yayınları: Mayıs 2022 (2.000 Adet)
3. Baskı: Haziran 2022
Yayıncı Sertifika No. 13226

ISBN 978-625-441-666-8

Abdi İpekçi Caddesi No. 31/5 Nişantaşı/İstanbul
Tel. (0) 212 252 22 42
Faks: (0) 212 252 22 43
www.destekdukkan.com
info@destekyayinlari.com
facebook.com/DestekYayinevi
twitter.com/destekyayinlari
instagram.com/destekyayinlari

Destek Dukkan

Deniz Ofset – Çetin Koçak
Sertifika No. 48625
Maltepe Mahallesi
Hastane Yolu Sokak No. 1/6
Zeytinburnu / İstanbul
Tel. (0) 212 613 30 06

DESTEK yayınları KARAKARGA BEYAZ BAYKUŞ genç DESTEK

Yaşar Gürsoy

ATATÜRK'ÜN KATİLLERİ ve O DOKTOR

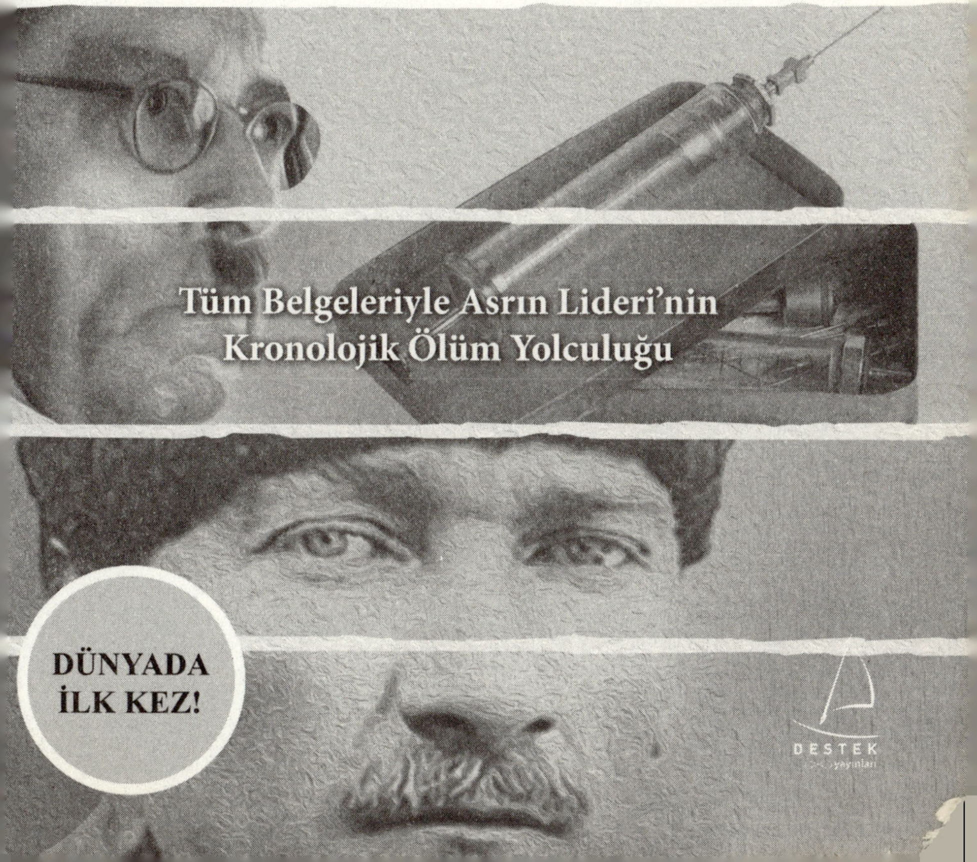

Oğlum Fırat Gürsoy ile kızım Ayşe Deniz Gürsoy'a...

İÇİNDEKİLER

"Vicdan olmadan bilim, ruhun harabesidir."

– François Rabelais

TEŞEKKÜR

Kitabın yayıma hazırlanması sırasında değerli vakitlerini benimle paylaşan ve arşivini açan Atatürk sevdalısı hocalarım Dr. Eren Akçiçek, Dr. Tuna Yılmaz, Dr. Fatma Tombul, Dr. Hüseyin Afşin ve Doç. Dr. Gökmen Karadağ'a, eczacı dostum Cem Ceylanoğlu'na, İ.Ü. Tıp Fakültesi Tıp Tarihi ve Deontoloji Anabilim Dalı'na, Tıp Tarihi Müzesi'ne, yürekleri Atatürk sevdasıyla çırpınan Birol Deral, Onur Okur, Fahriye Aysun Demiralp, Cumhur Ayar, Burak Ersemiz, Mehmet Bozkurt ve Prof. Dr. Bingür Sönmez'e, geçmiş ve günümüzde, bugüne değin sayfalar dolusu kitaplar yazarak Atatürk sevgisini bizlere unutturmayan tüm yazar dostlara, Destek Yayınları İmtiyaz Sahibi Yelda Cumalıoğlu, Genel Yayın Yönetmeni Ertürk Akşun, Üretim Koordinatörü Semran Karaçayır, Basın ve Halkla İlişkiler Müdiresi Selen Çavuşovalı, editör arkadaşım Devrim Yalkut, kapak tasarımı için Sedat Gösterikli ve mizanpaj çalışmasını yapan Cansu Poroy ile alınteri sarf eden tüm emekçi arkadaşlarıma en içten saygılarımı, yoğun çalışmalarım esnasında sevgimden mahrum ettiğim Atatürkçü evlatlarım Fırat Gürsoy ve kızım Ayşe Deniz Gürsoy'a sonsuz sevgilerimi sunarım.

ÖNSÖZ

Atatürk'ün gerçek ölüm nedeni hâlâ esrarını korurken sır perdesini aralamak isteyenlerin ortak görüşü, Asrın Lideri'nin doğal yoldan ölmediği, direkt olarak sirozla alakalı olmadığı ve sistematik olarak zehirlenerek öldürüldüğü yönünde. Olağan şüphelilerin başında ise o dönemin tıbbı ve doktorları geliyor...

Bu çalışmada Atatürk'ün son hastalığında görev alan tüm doktorlar ve o doktorların geçmişte bağlantısı olduğu doktorlar yer bulacaktır.

Öyle ki o süreçte yurtdışından gelen ve bugüne değin sadece iki satırla anılan "ÇOK ÖZELLİKLİ" (!) doktorların geçmişte ve gelecekte nelerle uğraştıkları ve başlarına neler geldiğini okuyacaksınız.

Hele bir doktor var ki Hitler'in gözünün kan bürüdüğü yıllarda (1933-1944) yaptığı ölümcül deneylerle adından söz ettirmiş ve ne tesadüftür ki "ÖLÜMLERİNDEN KISA SÜRE ÖNCE" sırasıyla Romanya Kraliçesi Marie, Asrın Lideri Atatürk, Yunan Başbakanı Metaksas ve Bulgar Kralı Boris'in teşhis, muayene ve tedavisinde bulunmuştur.

Bir hekim düşünün ki kütüphaneden kitap, meslektaşlarının laboratuvarlarından testis çalsın, hastalarının yüzüne tükürsün, ölen kızına evinde otopsi yapsın. Ve daha nice ahlak yoksunu davranışlar, akıllara zarar verecek anekdotlar. Tüm bunların ayrıntılarını belgelerle öğrenme fırsatını bulacaksınız.

Türkiye ve hatta dünyayı sarsan, siyasi ve askeri dengelerin tamamen rota değiştirmesine neden olan ölümün perde arkasındaki bir diğer olağan şüphe(li) ise her defasında masonlar olarak karşımıza çıktı.

Peki, gerçek öyle miydi? Geçmiş dönemde ve halihazırda dünyada ve Türkiye'de yasal statüleri olan masonların hâlâ Atatürk'ün ölümüyle birlikte anılması gerçekleri ne derece yansıtıyor?

O dönemde neler yaşanmıştır? Hangi etkili masonlar, hangi amaçlar uğruna ya da kimlerin yanında; niçin yer almıştır?

Bu gerçekten doğru mudur? Ya da o dönemki mason örgütleri içindeki bazı kötü niyetli masonlar mı bu hain olaya destek vermiştir? Akıllara takılan bu soruların ayrıntılı bilgilerine de kronolojik olarak bu kitap sayesinde ulaşmanız mümkün olacaktır...

Atatürk'ün ölümüne ilişkin araştırma ve çalışmalar kimi zaman rivayetler, kimi zaman ise birbirinin aynı olmaktan öteye gidememiştir. Elbette bu çalışmaları gerçekleştiren araştırmacı yazar dostların çabaları boşa değildir. Zira "Asrın Lideri" diye anılan Atatürk için gerçekler su yüzüne çıkana değin mutlaka sürdürülmelidir...

Elinizdeki kitap, akademik bir çalışma değildir. Bugüne kadar yayımlanan bilgi ve belgeler derlenerek, kronolojik şekilde sunulmuştur.

Ancak okuyacağınız yüzlerce yeni bilgi, onlarca yeni belge gizemli ve hatta acımasızca planlanıp gerçeğe dönüşen bir suikastın perdesini epeyce aralayacaktır kanaatindeyim. Takdir siz kitapseverlerin olacaktır.

Atatürk'ün yaşadığı müddet boyunca, tarihin akışı içerisinde gelişen dostluklarının arasına elbette Türkiye ve hatta dünya ölçekli siyasi hırslar ve çekememezlikler girmiştir. İşin içine o hırs girdiğinde insanoğlunun yüreğindeki vicdan bir anda kor ateşli bir mızrağa dönüşebilir.

Kitabı okurken tarihsel ve bilimsel bir yolculuğa çıkacak, hekimlerin dünyasında yaşananlara tanıklık edeceksiniz.

Kitaba konu edilen olay ve kişilerin yaşadıkları ya da yaşattıkları, salt gerçeklerden ibaret ve belge-bilgilere dayalıdır.

Amaç ve niyet, bir ya da birkaç kişiyi zan altında bırakmak ve karalamak değildir. Ancak kitabın son sayfasına gelene kadar siz okuyucularımın kafasında bir suikastın yani gerçekte en ince ayrıntısına kadar planlanmış bir "katlin" ve dolayısıyla "katil" ya da "katillerin" hunhar serüvenine tanıklık edeceksiniz.

Hiç umulmayan bir kişinin, geçmişte ya da gelecekte kiminle ortak çabalara girdiğini gördüğünüzde şaşkınlığınızı gizleyemeyeceksiniz.

Sağlıklı günler...

Yaşar Gürsoy
Çanakkale

GİRİŞ

Dünya askeri ve siyaset arenasına Çanakkale Savaşı'nda İngilizlere diz çöktürerek ve ardından Osmanlı İmparatorluğu'nun çöküşüyle en son Türk Devleti'ni kurarak duyuran Atatürk, dünya düzenini değiştirmek isterken milyonlarca insanın ölümüne neden olan diktatörlerin aksine vicdanlı bir insandı. O, hiçbir zaman diktatör olmadı. Vatan topraklarını ve o topraklar üzerinde yaşayan yurttaşlarının onurunu satmadan, dininden mezhebinden ayırmadan ve kendisi de dininden ayrılmadan, pırıl pırıl bir vatan yarattı...

Ortadoğu, üç büyük dinin çıkış noktasıydı. Kutsal topraklar yani Kudüs, din savaşlarında çok önemliydi. O topraklara sahip olmak ayrıca petrol musluklarının da başında olmak demekti. Bunun için, din bezirgânlarının, uyuşturucu ve silah baronlarının, altın kaçakçılarının her daim ağzının suyu akıyordu. Onlar için dünya barışını sağlayacak liderlerin ortadan kaldırılması ya da milyonlarca masum insanın ölümlerinin hiçbir sakıncası yoktu...

Atatürk, halifeliği kaldırdı. Fakat aramızdan ayrılışına değin İslam Âlemi'nin de güvenini kazanıp ebediyete uğurlandı. Ölüm nedeni kimi bağnaz çevrelerce, alkolden dolayıydı. Çünkü o neden, İslam coğrafyasında yaşayan aşırı dincilerin ve dolayısıyla emperyalist güç odaklarının ekmeğine yağ sürecekti. Ona ve kurduğu ülkesine duyulan güven yok olacak, insanlık bir kez daha sömürgeci ülkelerin zalimliklerinin kuklası haline gelecek, o sayede İslam ülkelerinin özellikle feyiz aldığı Asrın Lideri'nin "ışık" olması engellenecekti...

Atatürk, Asrın Lideri'dir! Dünyanın gözü onda ve en son kurulan Türk Devleti'nin özellikle Ortadoğu'da izleyeceği politikadaydı. O "Yurtta barış, dünyada barış!" demiş vicdanlı bir liderdi. Dolmabahçe Sarayı'nın 71 numaralı odasında hayata gözlerini kapayana kadar da öyle düşündü. Ne var ki kafatasçı faşist liderler ve onların para baronları öyle düşünmüyordu. Bunun için kendisini bir an önce dünya siyasi tarihinden acilen silmeleri gerekiyordu. Peki, bu nasıl olacaktı? Kimler azmettirecek, dünyadaki milyonlarca insanın gönlünde taht kuran barışçı liderin katili kim ya da kimler olacaktı?

Koruma kalkanını sadece halkından oluşturan, binlerce korumayla dolaşmayan, sadece birkaç vatan evladı tarafından yakın korunan biriydi. Çok yakınında bulunan başka din, mezhep ve ırka mensup onlarca uzak ya da yakın dostunun bile tam güvenini kazanan bir insanın öldürülebilmesi ne derece kolaydı? İmkânı var mıydı?

Bu soruların yanıtlarını aramak için yıllarca; on binlerce araştırma yapıldı, kitaplar yazıldı. Gerçekte, Atatürk'ün ölümü bir suikasttı; hem de en ince ayrıntısına kadar planlanan; Dolmabahçe Sarayı'nda son bulacak bir suikast...

Hitler, küresel para baronlarının da desteğini arkasına alarak yerkürede 50 milyon kişinin hunharca katledilmesine yol açmış, ırkçı bir liderdi. Arkasından sürüklediği; kendisine körü körüne inanan milyonlarca insan, yıllar sonra gerçeği anlamış olsa da çok geç kalmışlardı. Zira Hitler sadist bir caniydi. Atatürk ise, barışçıl ve insaflı...

"Osmanlı İmparatorluğu" demek, yüzyıllar boyunca yerkürenin adeta büyük çoğunluğunun hükümdarı olmak demekti. Ancak, izlenen yanlış politikalar, düşmanı olduğu ülkelerin çabaları, devasa bir imparatorluğu gayya kuyusuna sürükledi. Atatürk, işte o gayya kuyusuna elini uzatıp çıkarıp aldı koca imparatorluğu. Bir milletin onurunu, namusunu kurtardı.

Atatürk'ün yaşadığı yıllar, politik kaos yıllarıydı. Dünyanın siyasi, ekonomik ve coğrafi şekillenişi, petrol, altın, elmas, silah, para hırsı, milyonlarca insanın toplama kamplarında ya da bombalar altında hunharca katledilişi... Bunların hepsinin tek bir nedeni vardı. Faşist-ırkçı liderlerin dünyayı ele geçirmek istemesi ve para baronlarından aldığı destekle ülke sınırlarını genişleterek küresel ekonomi çarkının ibresini kendi yönüne çevirmek! Hem de, kendi din, ırk ve mezheplerinin onurunu ayaklar altına alarak...

Birçok yazarın devlet arşivlerinden elde edip yorumladıkları araştırmalar Atatürk'ün zehirlenerek ve yavaş yavaş öldürüldüğü iddialarını doğurdu. Esrarlı ölümünün ardından, kendisini tedavi eden yerli ve yabancı bazı doktorlar zan altında kaldı.

Peki o ölüm nasıl gelmişti? Hastalığı bilerek geç mi teşhis edilmişti?

Erken teşhis edildiyse bilerek yanlış tedavi mi uygulanmıştı? Yoksa kurtarılması muhtemel bir vaka iken, küresel güçler tarafından yine bilerek ve planlı bir biçimde zehirlenerek mi ölüme götürülmüştü?

Bu soruların yanıtları yıllarca araştırıldı. Ama o araştırmalar bilim insanlarınca teknolojik veriler ışığı altında değil, yazarlarca gerçekleşti. Hal böyle olunca her yazar Atatürk'ün gerçek ölüm nedeniyle ilgili olarak genellikle ölüm öncesi ve ölüm yolculuğunda yanında bulunan hekimlere dikkat çekti. Ancak o dönem ve sonrasındaki her yazar bir doktorun kişiliğini ve ruh halini gözden kaçırıyordu. O doktor da, bu kitabın ana karakterlerindendir ve onu bulmak siz saygıdeğer okuyucularıma düşecektir...

1. BÖLÜM

Viyana'da dünyaca ünlü bir hekim:
Prof. Hans Eppinger

Yıl: 1924

Derviş (Manizade) Bey, Limasol doğumlu bir hekimdi. 14 yaşında kadastro memuruyken heves ettiği hekimlik eğitimine, lisedeki İngilizce hocası Mr. Smaile'in ısrarlı tavsiyesine uyarak, Viyana'da başlamıştı. Okuduğu fakülte, döneminin en ünlüsüydü. Amerika, Avustralya, İzlanda ve Çin dahil dünyanın her köşesinden gelen tıp öğrencileri eğitim alıyordu.

Dersler sabah 07.00'de başlıyordu. Sıcak memleket çocuğuydu. Viyana'nın soğuğundan epey etkilenmişti. Altı ayda üç kez anjin ve grip olmuştu. Viyana'nın sert soğuğunun insana dönüşmüş hali olan Doktor Hans Eppinger ile dördüncü kez hastalandığında; 1924 yılının ilkbaharında tanışacaktı.

Arkadaşları Derviş Bey'i apar topar, Prof. Wenkebach'ın 1. İç Hastalıkları Kliniği'ne getirdi. Vakit kaybedilmeden müşahede odasına alındı. İlk muayeneyi yapan genç doktorların kötü ve tehlikeli bir hastalık teşhisi koydukları anlaşılıyordu. Yatışı yapıldı. Ertesi sabah kliniğin ikinci profesörü olan Prof. Hans Eppinger muayeneye geldi. Sert mizacı ile insanı korkutan bir hali vardı. Asistan hekimlere dönerek, "Beyler teşhisi saçından çekerek zorlamamalı" dedi ve ekledi:

"Haklısınız, bu hastada sizin teşhis ettiğiniz lenfogranulomatozun (lenf düğümlerinin, granülom şeklinde şişlikler göstermesi) bütün belirtileri var. Fakat büyük dalak, öğrencinin Kıbrıs'ta geçirdiği sıtmadandır. Boynundaki ve hilustaki (organlarda büyük damar ve sinirlerin, akciğerlerde solunum yollarının giriş kapısı) bezeler de, 6 ayda 4 defa geçirdiği anjin ve bronşitlerden, öksürük ve halen ateş de geçirmekte olduğu gripten ileri geliyor."

Hastasına döndü:

"Merak etmeyin, bir haftaya kadar iyi olacaksınız..." dedikten sonra, "Klinikten çıkarken beni görün" diye ilave etti...

Derviş, gerçekten bir hafta sonra iyileşmişti. Prof. Eppinger'in tavsiyelerine harfiyen uyarak Almanların "direnç artırma" denen yöntemle Viyana'nın iklimine kısa sürede alıştı. Prof. Eppinger'in teşhisi için "Hekimlik hayatımda aldığım ilk teşhis dersi" diyecek ve kendisine olan hayranlığını dile getirecekti...

Prof. Eppinger'in belki de tedavi ettiği ilk Türk Derviş Bey olmuştu. Ama yıllar sonra tedavi edeceği Türk, Asrın Lideri Mustafa Kemal Atatürk olacak ve uzun yıllar adından söz ettirecekti...[1]

Prof. Derviş Manizade

Prof. Hans Eppinger

İki kraliçenin İstanbul seyahati

1 Mayıs 1932 / Bükreş

Anne kız neşeli ve telaşlıydı. Neşeleri çıkacakları seyahat telaşları, ülkelerinin geleceği içindi...

Paris'ten kısa süre önce ellerine ulaşan parfümlerini birbirlerinin üzerinde denerken, hizmetçilerinden yakaları kürklü mantolarını, el çantalarını, en şık ayakkabı ve mücevherlerini getirmelerini istediler. Rotaları, İstanbul'du...

Aynı gün Türkiye'nin Belgrad Büyükelçisi Ali Haydar (Aktay) Bey Ankara'ya şifreli telgraf gönderdi:

"Yugoslavya Kraliçesi Maria ve annesi Romanya Kraliçesi Marie Alexandra Victoria ile beraber, salı günü kimliğini gizleyerek İstanbul'a hareket edecek, bir hafta orada kalacaktır...

(...)

Hariciye Nezareti, Kraliçe Hazretleri'ne seyahat esnasında kolaylık gösterilmesini ve emniyeti için tertibat alınmasını rica etmektedir..."(2)

Kraliçe Marie, doğumundan itibaren "Edinburghlu Prenses Marie" olarak anılıyordu. Babası Edinburgh Dükü Prens Alfred, annesi Rusya Büyük Düşesi Maria Aleksandrovna idi.

Parlak mavi gözleri, ipeksi sarı saçları ile genç ve güzel bir kadındı. Mütevazı kişiliğiyle halkının sevdiği bir kraliçeydi. Siyasete de ilgi duyuyordu. Ferdinand'ın 1914'te tahta çıkmasıyla kraliçe olmuştu. Birinci Dünya Savaşı'nın başlamasından sonra eşini Üçlü İtilaf ile ittifak yapması ve Almanya'ya savaş ilan etmesi konusunda teşvik etti. Kral, eşinin isteklerini gerçekleştirmiş, ancak savaşın ilk dönemlerinde Bükreş'in İttifak Devletleri tarafından işgal edilmesiyle kocası ve beş çocuğuyla Moldova'ya sığınmak zorunda kalmıştı. Oradaki hastanelerde kızı Maria ile birlikte hemşirelik yaptı ve koleradan etkilenen askerlere yardım etti. Romanya'nın kraliçesi olarak Paris Barış Konferansı'na katıldı ve sınırları genişleyen ülkesinin uluslararası topluluk tarafından tanınması için çalıştı...

Evlendikten sekiz yıl sonra kucağına aldığı kızı Maria ile son hazırlıklarını yaparken hizmetçisine seslendi:

"Treni hazırlayın!"

Otuz iki yaşındaki Maria mutluydu. Eşi Kral Aleksander, Türkiye'nin kurucu lideri Gazi Mustafa Kemal'in hayranıydı...

Anne kız ve mahiyetindekiler yola çıktıklarında, ileriki yıllarda Türkiye'nin Lideri Gazi Mustafa Kemal Atatürk'ün önderliğinde oluşturulacak Balkan Paktı'nın "mimarları" olacak, fakat o günlerden sonra başlarına neler geleceğinin farkına varamayacaklardı...

Yugoslavya Kraliçesi Maria (solda) ile annesi
Romanya Kraliçesi Marie - 1932

"Sayın Başbakan İsmet Paşa'yı almaya geldim!"

10 Mayıs 1932

İki kraliçenin İstanbul seyahatleri sürürken Başbakan İsmet (İnönü) Bey, resmi konuk olarak gittiği Rusya dönüşü,

Bulgaristan'da Sofya Türkiye Büyükelçiliği konutunda mahsur kaldı.

Bulgar çetecileri elçilik konutunun etrafını kuşatmışlardı. Niyetleri İsmet Bey'in trene binmek üzere gara gitmesine izin vermemekti. Türk Dışişleri Bakanlığı'nda telaş başladı. Diplomatik çözüm için sıkı bir diplomasi trafiği yaşandı. Bulgaristan'a ihtar verildi ama umursanmadı. Başkenttekiler çareler düşündü, işin içinden çıkılamıyordu. Konu, Gazi tarafından yakından takip ediliyordu. Köşk'e gelen Dışişleri heyetine, "Sizler ne düşünüyorsunuz?" diye sordu.

"Bulgaristan'a ekonomik baskı uygulayalım" yanıtını aldı.

Gülümsedi, "Bana donanma komutanını bağlayın."

Çok geçmeden komutanla irtibat sağlandı; emrini verdi:

"İsmet Bey'i almak için hemen *Yavuz* zırhlısı yola çıksın. Zırhlının komutanına gerekli talimatlar yazılı olarak iletilecektir."

Yavuz yola çıktı, Varna'ya ulaştı, demir attı. Gemide, Gazi'nin özel doktoru Neşet Ömer (İrdelp), İstanbul Belediye Başkanı Vali Muhittin (Üstündağ), en yakın iki dostu Nuri (Conker) ve Kılıç Ali de bulunuyordu...[(3)]

Yavuz, Varna kıyısında aslan gibi kükremeye başladı. 101 pare top atışı yapıldı. Top sesleri kentte paniğe yol açtı. Liman yakınındaki birçok evin camları kırıldı. Son top atışının ardından geminin komutanı, Varna valisini aradı, talebini söyledi:

"Sayın Başbakan İsmet Paşa'yı almaya geldim!"

Talep vakit geçirilmeden anında yerine getirildi. İsmet Bey özel ve zırhlı bir trenle Sofya'dan hemen Varna'ya getirildi, bando eşliğindeki bir törenle *Yavuz* zırhlısına yolcu edildi. Gemi komutanı kırılan camların parasını ödedi, yola çıkıldı, Başbakan İsmet Bey yurda döndü...[(4)]

Balkanlar karışıktı...

İsmet İnönü *Yavuz* zırhlısında

Mustafa Kemal Paşa'ya masonluk teklifi

2 Haziran 1932

Amerika Birleşik Devletleri'nden, Cumhurbaşkanı Gazi Mustafa Kemal Paşa'ya hitaben yazılan bir mektup ulaştı. Mektup, New York'ta bulunan "Masonic Simple Club Syracuse" üyesi John A. Deering tarafından kaleme alınmıştı. Deering, kendisinin masonlukta 32. dereceye ulaştığını, bunu tescil etmek üzere kendisine verilen sertifikanın üzerinde beş Amerikan başkanı ve eşlerinin yanı sıra Amerika ve Avrupa'nın önde gelen meşhur şahsiyetlerinin imzalarının yer aldığını, Mustafa Kemal Paşa'nın imzasının da sertifikasının üzerinde bulunmasının kendisine büyük bir şeref katacağını söylüyordu.

Deering, ayrıca sertifikasının çok kıymetli olması ve kaybolur endişesiyle posta yoluyla göndermekten imtina ettiğini, uygun görmeleri halinde Mustafa Kemal Paşa'nın imzasını bir kâğıt üzerine yazarak gönderme lütfunda bulunması halinde onu sertifikasının üzerine yapıştıracağını yazmaktaydı. Posta masraflarının karşılanması için de 5 sent mektuba iliştirmişti.

Mektubun asıl ilginç yanı, hitap kısmıydı. "Diktatör Kemal Paşa, İstanbul, Türkiye" olarak başlayan mektubun hitap kısmında ise "Muhterem Diktatör Paşa" ifadesi yer almaktaydı.[5]

Oysa Gazi, daha 1923 yılında milletini bu tür örgütlenmelerden sakınmayı şiar edinmiş, "Efendiler, kendimizi cihanın egemeni sanmak dalgınlığı, artık hiçbir kafada yer bulmamalıdır. Gerçek durumu tanımaktaki dalgınlıkla, dalgınlara uymakla, zavallı milletimizi sürüklediğimiz felaketler yetişir. Bile bile aynı acı olayı devam ettiremeyiz!" diyen gerçek bir liderdi...[6]

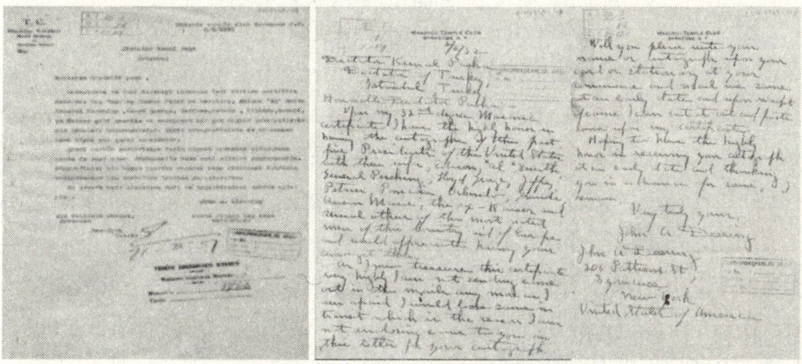

Masonlukta 32. dereceye havi sertifikasının üzerine Reisicumhur Atatürk'ün imzasını eklemek isteyen Amerika'dan John A. Deering'in mektubu ile tercümesi[7]

Eczacı Mustafa Hakkı Bey ile masonların faaliyetleri

Cumhuriyet'in ilk dönemlerinde eczaneler sadece büyükşehirlerde bulunuyordu. Küçük kent ve nahiyelerde kocakarı ilaçları rağbet görüyordu.

1927 yılı son sayımına göre, İstanbul'un nüfusu 690.857 kişiydi. Eczanelerin durumu iyi değildi. O duruma çare bulmak, eczacıları ve eczaneleri mali bakımdan kuvvetlendirmek ve halk sağlığına yardım eden kurumlar haline getirmek için 1927 yılında kanun çıkarılmıştı...

Mustafa Hakkı (Nalçacı), Askeri Tıbbiye Mektebi'nden eczacı üsteğmen rütbesiyle 1901 yılında birincilikle mezun olmuş, bir yıl kimya ihtisası görmüş, Cidde'de Hicaz Fırka-i Askeriyesi Cephe Hastanesi eczacılığına atanmış, dört ay sonra, Askeri Tıbbiye Nezareti tarafından kimya öğrenimi için Almanya'ya gönderilmek için İstanbul'a çağrılmıştı.

1903 yılında Şam Mekteb-i Tıbbiyesi kadro sınavını kazanarak Şam'a gitmiş, kimya hocalığını burada 1918 yılına kadar sürdürmüş, o sıralar mason olmuştu...

Bir süre Paris Belediyesi Kimyahanesi'nde çalışarak sertifika almış, Belçika ve İngiltere'ye ziyaretlerde bulunmuştu. 1919'da İstanbul'a döndüğünde Bursa belediye kimyagerliğine başlamış ve ilk eczanesini (Bursa Eczanesi) açmıştı. Ta ki kentin Yunan birlikleri tarafından işgali üzerine İstanbul'a dönene kadar...

Müteşebbis biriydi. 1925 yılında Eczacı Mehmed Kâzım Can (Pepe) ile birlikte "Kâzım ve Ortakları Ecza Deposu"nu kurmuştu. Bu depoya bağlı bir laboratuvarı da vardı. İlaç üretmeye başladı. İlk hazırladığı ilaç "Fosfotrikalsin" oldu.

Deposu hızla gelişti, sermaye yetersizliğinden Arşak Nazaryan ile Haçik Hazarosyan'ın sahibi oldukları "Arşak Nazaryan Ecza Deposu" ile birleşti. Laboratuvar, Evliyazade Nurettin Bey'in öncülüğünde Koço Papazoğlu ile Max Faraggi'nin de ortak olmasıyla büyütülmüş ve "Itriyat ve Müstahzarat Fabrikası Limited Şirketi" adını almıştı. Fabrikalaşan laboratuvar Şişli'ye taşınmış ancak bir süre sonra ortaklar arasında çıkan anlaşmazlık sonucunda şirket dağılmış ve fabrikanın tesisatı Mustafa Hakkı Bey tarafından satın alınarak yeniden "Laboratuvar Mustafa Hakkı" adını almıştı.

Laboratuvarına amblem olarak, soyadını temsilen önce bir nal sembolünü seçmiş ve sonradan buna bir masonluk simgelerinden olan üçgen ilave etmişti.[8]

Mustafa Hakkı Nalçacı'nın laboratuvar amblemi

Laboratuvarın müdürlüğünü oğluna yaptırırken kendisi bir süre Anadolu'da çevresinin bilmediği işlerle uğraştı ve sonrasında Adana'da Toros Eczanesi'ni açtı. İlaç imalatını hızla geliştirdi. "Neviodone", "Gliserofosfatlı Şirop Oksihemoglobine" ilaçları ile "Kohinor diş macunu" üreterek piyasaya sundu.

Diş macununun oldukça ilginç bir serüveni vardı. Kolynos diş macununu üreten Amerikan firması "The Kolynos Company" Avrupa'daki şubesi yoluyla 4 Kasım 1919'da Osmanlı Devleti'ne başvurarak markasını tescil ettirmiş ve dağıtımcı olarak "Maurice Faraggi Diş Deposu" ile anlaşmıştı. 1894'te açılan Maurice Faraggi Diş Deposu, İstanbul'da açılmış en eski diş deposuydu. Bu dönemde diş depoları diş ilaçlarını, ağız ve diş bakım ürünlerini, dişçilik alet ve malzemelerini ve muayenehaneler için gerekli her türlü araç gereci ithal eden işletmeydi...

25 Temmuz 1928'de yapılan bir değişiklikle tıp fakültesinin birinci sınıfı kaldırılmış ve onun yerine fen fakültesine bağlı olarak fizik, kimya, tabiiyat sınıfı konulmuştu. Mustafa Hakkı Bey, aynı yıl fen fakültesine özel kimya öğretmeni olarak geçti, bir yıl sonra da fakültenin dekanı oldu...

"Maşrık-ı Azam-ı Osmani", 1923 yılında Cumhuriyet'in kurulmasının hemen sonrası "Türkiye Büyük Maşrıkı" adını almıştı.

Bu dönemde masonlar lise olmayan yerlerdeki yetenekli gençlerin eğitimlerini sürdürebilmelerini sağlamak amacıyla "Selamet Locası" üyelerinin de girişimiyle "İkmal-i Tahsil Cemiyeti"ni kurmuştu. 1927 yılında kurulan bu derneğe masonların dışında mason olmayan birçok kişi üye olmuş, dernek Mustafa Kemal'in himayesinde ve İsmet İnönü'nün başkanlığında kurulan Türk Maarif Cemiyeti'nin faaliyete geçmesine kadar hizmet vermişti.

1930 yılına gelindiğinde İzmir/Karşıyaka'da faaliyet gösteren "Zuhal Locası" üyelerinin girişimleriyle öğrencilere yiyecek ve giyecek yardımları sürdü. O dönem tüm mason localarının başında Prof. Mim Kemal (Öke) Bey (Atatürk'ün doktoru) vardı; Büyük Üstat'tı. Mustafa Hakkı Bey ise ikinci adam konumundaydı. (Bir sonraki dönem Büyük Üstat olacaktı.)

Mustafa Hakkı Bey ilk zamanlar sıkıntı yaşadıysa da sosyal çevresindeki masonlardan gördüğü destek ve geliştirdiği projelerle o sıkıntılarından kısa sürede kurtulmuştu. Bunda kendisi gibi güçlü ekonomiye sahip mason dostlarının rolü büyüktü...

Gazi'nin İstanbul Üniversitesi teftişi
Mustafa Hakkı Bey (en solda) - 15 Aralık 1930

Mason locasına sıkılan mermiler

3 Ağustos 1932
İzmir
Sabaha karşı saat 05.00 suları

Masonlara ait "Zuhal Locası" önünde bir araba durdu. İçerisinden aniden bir tabanca 6 kez ateşlendi. Mermilerin hedefi locanın bulunduğu binaydı. Mermilerden biri cama isabet etti. Araba hızla uzaklaşırken olay anında duyuldu. Üyeler hemen localarına koştu. Gün ışıdığında masonlar telaşa kapıldı. Soruşturma başlatıldı, failler çok geçmeden bulundu. Araçta bulunanlar Giritli Şevki, Torbalılı Emin ile eski Adalet Bakanı Mahmut Esat (Bozkurt) Bey'di...

Locanın üyeleri üstatlarının emrine uymak zorundaydı. Olayın duyulması, mahkemeye yansıması kendilerine zarar verebilirdi. Bu nedenle şikâyetçi olunmadı. Ancak mahkeme kamu davası olarak görülmeye başlandı. Mermiyi Zuhal Locası'na isabet ettiren tabancanın tetiğini, 1926 yılında Gazi'ye yapılacak suikastı ihbar eden Giritli Şevki çekmişti; suçunu da hemen itiraf etti...

Dava görülmeye başlandı. Hâkim, eski Adalet Bakanı Mahmut Esat Bey'e Giritli Şevki'yi tanıyıp tanımadığını sordu.

"İzmir İdadisi'nden sınıf arkadaşımdır. Kendisini tanır ve severim. Şevki Bey bilhassa büyük kurtarıcı Gazi Hazretleri'ne yapılmak istenen suikastı haber vermesinden sonra daha çok sevdim ve kaynadım. Çünkü Şevki Bey, bu haberi vermekle bir vatan kurtardı."

"Şevki Bey Karşıyaka'da masonlar kulübü önünde silah atmış bunu gördünüz mü?"

"Ben rahatsız olduğumdan birkaç günden beri Gaffarzade Oteli'nde yatıyorum. Şevki Bey de orada yatmaktadır. O gün için eski bir arkadaş olan saraç Rıza Bey tarafından bahçesine davet edilmiş bulunuyorduk. Beraberimizde arkadaşım Emin Bey de olduğu halde otomobille Rıza Bey'in bahçesine giderken Şevki Bey, Karşıyaka'da şimdi tam nerede olduğunu bile hatırlayamadığım bir yerde ansızın havaya birkaç el silah attı. Ve derhal tabancasını elinden aldım."

"Silah atmaktan maksadı ne idi?"

"İzah edeyim: Bendeniz masonluk aleyhinde yazılar yazar, konferanslar veririm. Bu teşkilatın ve vatani menafimize muhalif olduğunu herkese anlatmaya çalışırım..."

"Silahlı mücadeleden hoşlanmam Bendeniz bu teşkilatı şahsen milli ve vatani menfaatlere muhalif bulurum. Herkes gibi o da (Giritli Şevki) yazdıklarımı görmüş, söylediklerimi işitmiş ve vatani hissi galeyana gelerek birkaç el silah atmıştır."

Hâkim, Giritli Şevki'ye sordu:

"Mahmut Esat Bey'in şahadetine ne dersin?"

"Evet, söyledikleri çok doğrudur. O yalan bilmez. Bu masonluğun vatan aleyhinde bir teşkilat olduğunu gazetelerde görüyoruz. Ben silahı oraya değil havaya attım. Otomobilimiz gidiyordu, ihtimal bu sallantı ile kurşunlar o tarafa da gitmiştir."

Torbalılı Emin Bey tanık olarak dinlendi. Arkadaşının söylediklerinin benzerlerini anlattı. Giritli Şevki Bey savunmasını yazılı verdi, masonları uzun uzadıya ağır biçimde eleştirdi:

"(...) Farmasonluk Beni İsrail ananelerini insanlığa ve insanlığın ıstıraplarına timsal yapar, Musevilikten başka bütün dinlere karşıdır. Bunları alenen çirkin görür ve kötüler. Bu cihet farmasonluk rehberlerinde açıkça yazılıdır. Bütün gençliğe din hakkında bu fikir verilmektedir...

(...) Farmasonluk ahlak tanımaz. Farmasonluğa göre ahlak günün icabı veya modasıdır. Daima değişir. Yani bugün namus icabı sayılan mukaddesat farmasonluğa göre yarın bir hiç olabilir. Bu itibarla farmasonluk Türk gençliği için de karaktersizlik teşkil etmekte, Türk gençliğinin yüksek meziyetlerini kemirmekle meşguldür..."(9)

Duruşmaya iki dakika ara verildikten sonra karar okundu: "(...) beş gün hafif hapsine ve beş lira hafif para cezasıyla mahkûmiyetine..."

Mahmut Esat Bey, masonlara karşı sert yazılarını sürdürdü. Masonlar milliyetçilerin hedef tahtası haline gelmiş, hükümette, ülkede yaşayanlar da durumun farkına varmıştı. Masonların kendilerine göre yorumu, Mahmut Esat Bey'in mason olmak istemesi ancak ret yanıtı almasıydı.[10]

Mahmut Esat Bozkurt

Mason Üstadı Eczacı Mustafa Hakkı'dan Gazi'ye telgraf

"Uluslararası Mason Derneği", bu kez İstanbul'da toplanacaktı. Teşkilatın "Fransa Büyük Doğusu"nu bir dönem önceki Türkiye Mason Üstadı Prof. Mim Kemal (Öke) Bey temsil ediyordu. 23 Eylül 1932 tarihine kadar sürecek olan toplantıya yeni dönem Türkiye Mason Üstadı Mustafa Hakkı (Nalçacı) Bey başkanlık edecekti...

Toplantıya 23 ülkenin temsilcileri katıldı. Pera Palas ve Tokatlıyan otellerinde ziyafetler düzenlendi. Mustafa Hakkı Bey, İstanbul'da bulunan Gazi'ye, masonluğun özellikle gündönümlerini kutlamak üzere yaptığı resmi toplantılarda kullanılan "Konvan Başkanı" imzasıyla bir telgraf yolladı; kendisini davet etti...

Gazi telgrafı okudu, önemsemedi; Cumhurbaşkanlığı Genel Sekreterliği düzeyinde, nezaketen "2 gün sonra" yanıt verildi. İmza kısmına da adını koydurmadı.

"Mustafa Hakkı Beyefendi'ye
Dolmabahçe, C.-
Türkiye hakkındaki her dileklerinizi telgrafınızdan Reisicumhur Hazretleri'nin memnun olduklarını bildiririm efendim.
Kâtib-i Umumi Hikmet (Bayur)."(11)

Türkiye Mason Büyük Üstadı Mustafa Hakkı Bey - 1932

Hayim Vitali Faraggi ve Rothschild ailesi

Faraggi ailesinin kökleri çok eskilere dayanıyordu. 1918 yılı seçimlerinde İstanbul milletvekili olan Hayim Vitali Faraggi, tütün tüccarı Moiz Faraggi ile Sahula Faraggi'nin ikinci oğlu olarak 13 Mayıs 1854 Cumartesi günü Siroz (Seres) kentinde dünyaya gelmişti.

Avukat olarak hayata atılan Hayim Vitali, Jöntürk Hareketi'ne katılarak siyasi yaşamını İttihat ve Terakki Partisi'nde sürdürmüş. 11 Aralık 1908 seçiminde de milletvekili, sonradan da Meclis Bütçe Komisyonu Başkanı seçilmişti.

Osmanlı Bankası 1856 yılında İngiliz sermayesi ile kurulmuştu. Ortaklarından biri de Hayim Vitali Faraggi'ydi. Faraggi, siyasal ve ekonomik olarak, "Ekonomik gücü elinde barındıranlar, herhangi bir vatana sahip olmadan da dünyayı yönetebilir" diye düşünüyordu. (Nitekim Bütçe Komisyonu Başkanı olarak 1911 yılında yaptığı bir konuşmada, siyasetin temelinin de ekonomiden geçtiğini dile getirmiştir. Vitali bu konuşmasından kısa süre sonra Osmanlı Bankası'nda Rothschild ailesi aracılığı ile göreve getirilmişti.)

Osmanlı İmparatorluğu toprakları hızla küçülürken Rothschild'ler iki koldan Ortadoğu'ya sızmaya başlamıştı. Bir kolu Irak'taydı. Nedeni, Mezopotamya'daki zengin petrol yataklarıydı. Diğer sızma Siyonizm'i siyasal ağırlık merkezi haline getirmek için Filistin'di. Filistin topraklarının Osmanlı'dan ayrılmasıyla harekete geçen Rothschild'ler İngiliz hükümetine baskı uygulayacak, Balfour Deklarasyonu'nu yayımlatacak ve Filistin topraklarının satın alınması için 2 milyon sterlinlik bir fon oluşturacaktı. Böylelikle Filistin topraklarının en verimli yerleri Yahudilerin eline geçmiş oluyordu...[12]

Irkçı Hitler'in ayak sesleri

Yıl: 1933

Almanya'da iç siyaset karışıktı. Adolf Hitler muhafazakârlarla koalisyon yapmayı kabul etti. Aylar süren görüşmelerin ardından, Almanya Cumhurbaşkanı Paul von Hindenburg, Hitler'i Almanya Başbakanı olarak atadı.

Takvimler 30 Ocak 1933'ü gösteriyordu ve pek çok Alman, uluslarını kurtaracak kişinin artık bulunduğuna inandı...

Birinci Dünya Savaşı'nda ekonomisi darmadağın olan Almanya'nın yeniden inşası gerekiyordu. Rothschild'in parası bu kez Hitler'e sermaye olacaktı. Amerikalı finans çevreleri devreye sokuldu. Başta J. P. Morgan olmak üzere Rothschild'lerin Amerika'daki uzantıları olan finans kurumları Almanya'yı adeta paraya boğdu. Böylece Hitler'in inanılmaz yükselişi hızlandı. Savunma harcamaları arttı dünyayı ikinci kez kana boğacak planlar devreye sokuldu.[13]

Nazi Partisi üyeleri yardımcı polis konumuna getirildi; polis yetkileriyle donatıldı. Alman Parlamentosu'nun 27 Şubat 1933 günü yanmasından sonra ise çıkarılan acil bir kararnameyle polise sınırsız tutuklama yetkisi verildi. Gözaltına alınanlar mahkemeye çıkarılmadan tutuklanabiliyor, üstelik normal hapishanelere değil toplama kamplarına gönderiliyordu...

Adolf Hitler - 1933

Hitler, *Milliyet* gazetesinde Gazi'yi över

Dünya, adım adım savaşa sürükleniyordu.

Petrol, silah, mücevher ve otorite, hangi ülkenin hangi liderin elinde olacaktı? Ağır savaşlardan çıkmış on binlerce vatan evladını bu uğurda kaybetmiş gencecik Türkiye Cumhuriyeti, savaş satrancında hangi hamleyi yapacaktı? Birçok ülkede mermiler namluya sürülmeye başlarken diktatör liderler dünya para baronlarının da desteğiyle düşman belirledikleri liderleri ortadan kaldırmanın planlarını yapıyordu. O liderler arasında Türkiye Cumhuriyeti Devleti Lideri Gazi Mustafa Kemal de vardı. Gazi, faşist diktatörler Hitler ve Mussolini'ye güvenmiyordu.

Dünya habercilerinin gözü Almanya'daydı. *Milliyet* gazetesi başyazarı Siirt milletvekili Mahmut (Soydan) Bey de, Berlin'de Hitler ile röportaj yapmış, kendisinden Gazi ile ilgili övgü dolu sözler işitmişti.

Röportaj 16 Temmuz 1933 günü manşetten verildi. Haberin spotunda, Hitler'in ağzından, "Türkiye'de doğan ve parlayan yıldız bize takip edilecek yolu gösterdi" deniliyor ve şöyle devam ediyordu:

> *"Almanya ve Türkiye aynı zamanda ve aynı derecede çökmüşlerdi. Türkiye, mukaddes bir hamle ile kurtuldu. Bu netice Almanya'nın kurtuluşu için başladığımız milli hareketin mesut netice vereceği hakkında bize derin bir kanaat vermiştir. Gerçekten Türkiye'de doğan ve parlayan yıldız bize takip edilecek yolu gösteriyordu.*
>
> *Nasıl ki Türkiye'de hayat ve yenilenme hareketi köylüye istinat ettirildi, biz de aynı fikirlerden mülhem olarak aynı yolu takip ediyoruz. Yeni rejimde köylü sınıfının kalkınmasını temin edecek politika en canlı bir mevzumuzdur. Bundan sonra iki memleketin ticari ve iktisadi münasebetlerinden umumi suretle bahseden Alman iktisadi işlerinin iki memleket münasebetindeki tesirlerinin ehemmiyeti malumdur. Fakat bu münasebetlerde en büyük rolü oynayan arzu yalnız bu değildir. Bu işte karşılıklı sempatinin rolü de büyüktür. Bu sempati faaliyet gayeleri aynı olan büyük Türk milleti ile Alman milleti arasında bilhassa kuvvetlidir.*
>
> *Gazi öyle bir şahsiyettir ki ebediyen asrımızın en büyük adamlarının en ön safında bulunacaktır. Bu mevki, tarihin ona verdiği bir haktır."*

Hitler, Mahmut Bey yanından ayrılırken bir de ricada bulunmuştu:

"Türkiye'den bir bakanla görüşmeyi umutla bekleyeceğim..."(14)

Hitler'in Gazi'ye sempati duymasının altında elbette çıkarları vardı. Türkiye Rusya'ya yakındı. Muhtemel bir savaşta Alman gemileri Çanakkale ve İstanbul Boğazı'ndan geçmek zorundaydı. Her ne şekilde olursa olsun, Türkiye'nin lideri, Hitler'in hedefindeydi. Hedefe koyulanlar arasında çıkarlarına ters düşen her liderin ortadan kaldırılması, işlerini kolaylaştıracaktı.

PAZAR

M. Hitler'in Milliyet'e beyanatı

Alman Başvekili diyor ki: Türkiyede doğan ve parlıyan yıldız bize takip edilecek yolu gösterdi

Gazi öyle bir şahsiyettir ki ebediyyen asrımızın en büyük adamlarının en ön safında bulunacaktır. Bu mevki, tarihin ona verdiği bir haktır.

M. Hitler Türkiyenin hayrete şayan inkişafından takdirlerle bahsetti

Alman Başvekilinin başmuharririmize beyanatı

"Faaliyet gayeleri aynı olan Büyük Türk milleti ile Alman milleti arasında sempati çok kuvvetlidir„

Londra mektupları

Konferans tatil edildikten sonra bir defa daha toplanacak mı?

Dolar istikrar bulduğu zaman tekrar toplanılmak ihtimali var..

Güba Türk tütünlerini taklide ve yetiştirmeye çalışıyor—Şeker sanayiinin tahdidi—Şarap—Bir taraflı görüşler — Münür Beyin yemeğinde bir musahabe.

Milliyet gazetesi - 16 Temmuz 1933

Gazi'nin dişçisi Günzberg, Prof. Albert Einstein ve Yahudi eczacılar

Gazi'nin kız kardeşi Makbule Hanım ile Op. Dr. Cemil Topuzlu da dişçi Sami Günzberg'in hastaları arasındaydı. Gazi

İstanbul'da olduğu zamanlarda Sami Bey'in muayenehanesine gider, hem dişlerini tedavi ettirir hem de öğle yemeğini yerdi. Muayeneye her gelişinde Sami Bey'in kız kardeşi Lili Günzberg kendisine yemek ikram ederdi. İstanbul Aşkenaz Cemaati Başhahamı Doktor David Markus ile tanıştıran da o idi.

Günzberg ailesinin Gazi ve yakınlarıyla ilişkileri çok iyiydi; adeta sırdaşıydı. Türkiye'deki İngiliz büyükelçisi kendi bakanlığına o dostlukla ilgili bilgi bile göndermiş, Sami Günzberg'in Abdülhamid ile olan yakınlığı ve Gazi ile olan yakın ilişkilerini raporlamıştı. O yıllarda Türkiye'de yaşayan Yahudiler Gazi'ye hayrandı. Ancak Amerikan Konsolosluğu, ülkesine gönderdiği raporlarda o sevginin gerçek olmadığını söylemişti...

Almanya'dan gelen Yahudi bilim insanlarının gelişinde de Sami Bey'in katkıları olacaktı. Bir Paris'i ziyaretinde "Union des Societes OSE" yetkilileriyle görüşüp Yahudi hekimlerin Türkiye'ye gelmelerinde resmi aracılık yapacaktı.

Union des Societes OSE, 1923 yılında Paris'te, Prof. Albert Einstein'ın başkanlığında kurulmuş, "Yahudi Halklarının Sağlığının Korunması" teması çerçevesinde faaliyet gösteriyordu.

Almanya'da Hitler'in baskısından korkuya kapılan 800 Yahudi eczacıdan 200'ü eczane sahibiydi. Baskılar yüzünden 350 eczacı işsiz kalmıştı.

Union des Societes OSE, Sami Günzberg'den işsiz olan eczacıların da Türkiye'ye gönderilmesi konusunda aracılık etmesini istedi.

Prof. Einstein konuyla ilgili resmi yazıyı Sami Bey aracılığıyla Başbakan İsmet (İnönü) Bey'e gönderdi. Ancak aldığı yanıt kendisini pek memnun etmedi. İsmet Bey, kendisine 14 Kasım 1933 günü Türkiye'de 40 Yahudi hekimin bulunduğunu, teklifin çok cazip olduğunu ancak bunun mümkün olmadığını söyleyecekti.

Sami Günzberg'in aracılığı geri tepmişti, fakat sükûnetini kaybetmedi...[15]

Gazi: "Hitler, bana bir film yollamış..."

Kendisinden kaçan Yahudi bilimadamlarının Türkiye ile bağlantı kurduğunu öğrenen Hitler, "Benim ortadan kaldırmak istediğim bu Yahudi alayını Mustafa Kemal koruyamaz. Buna müsaade veremem!" diyerek Gazi'ye, "Bu komünist profesörleri ülkenize sokmayın" mesajını gönderdi.

Gazi o bilgiyi kendisine getiren Dışişleri Bakını Tevfik Rüştü (Aras) Bey ve Mili Eğitim Bakanı Reşit Galip Bey'e, Alman profesörlerin işlemlerinin hızlandırılması talimatını verdi:

"Bir onbaşı beni cinayetlerine alet edemez..."

Gün içinde düşünceliydi. Keçiören civarında gezinti yaptı. Kafasını dağıtacak bir şeyler bulması gerektiğini düşündü. Yaverine, seslendi:

"Mutat zevatı toplayınız!"

Akşam sofrada toplanıldı. Yenildi, içildi, ülke sorunları tartışıldı, kısa bir süre sonra konuklarına seslendi:

"Hadi kalkın! Hitler, bana bir film yollamış, yukarı çıkalım da seyredelim."

Önlerine düştü, üst kata çıkıldı, film başladı. Film, Nazilerin henüz iktidarı almalarından önceki durumlarını gösteriyordu. Omuzlarında silah yerine uzun sopalar. Gayet düzgün ve gösterişli yürüyüşler... Sahne değişiyor; fakat her sahnede daima Hitler yüksek bir yerde, örgütünü kendi yöntemince selamlıyor... Film, hep tekdüzelik içinde sürüp gidiyordu...

Gazi, ortaya bir sorun attığı zaman, o sorun hakkında düşüncelerini söylemeden önce etrafındakilere sormayı alışkanlık haline getirmişti. O soru, konukların düşüncelerini almak için değil, lanse ettiği sorun hakkında bir başlangıç niteliğinde olurdu.

Film bitti. "Nasıl buldunuz?" diye sordu, sofradakilerin fikirlerini aldı ve son olarak kendi fikrini söyledi:

"Efendim, bu adam, filmde görüldüğü gibi teatral bir atılım ile işe girişti. Bugün bütün Almanya'nın askeri gücü onun elinde... Yarın savaşa girecektir. O ve onun taklitçisi Mussolini savaş hazırlıkları ile uğraşmakta... Evet, yakın bir gelecekte savaşa dalacaklardır. Dalacaklardır, çünkü asker değillerdir, savaş ne demek bilmezler. Savaş, bir felakettir ve hele bu iki müttefik için kesinlikle ölümdür. Talih, Almanya'ya öyle bir toprak vermiştir ki o her zaman iki ateş arasında kalmaya mahkûmdur...

Gözü kapalı hesapsız, kitapsız kendine güvenme, tamamen otomatik bir ordu sistemi, ilk aşamada korkunç bir kuvvet etkisi yapacak, fakat bir kere bir tarafı sakatlandı mı darmadağınık olacak, o çalışkan millet yere serilecektir. Ortada ne Hitler, ne örgütü kalacaktır. Mussolini'den hiç söze gerek yoktur. O, efendisinin ortadan kalktığı gün yok demektir."(16)

Gazi: "Geçmiş olsun Kral Hazretleri..."

Ekim 1933

Yugoslavya Kraliçesi Maria, annesi Romanya Kraliçesi ile birlikte, 4-11 Mayıs 1932 tarihlerinde, özel olarak İstanbul'u ziyaret etmişlerdi. Gezip görmek, alışveriş etmek amacıyla yapılan bu gezi aslında Türkiye ile Yugoslavya arasında siyasal yakınlaşmak içindi. Anne kız kraliçeler, bir bakıma ikili ilişkilerin gelişmesinde öncülük etmiş oldu. İstanbul'da kraliçelere gösterilen yakınlık Yugoslavya Kralı Aleksander'ı da Türkiye'nin Lideri Gazi'yi görmeye teşvik edecekti. Kral, Avrupa'da çıkacak muhtemel bir savaş için Gazi'nin nabzını yoklamak ve dostluk kurmak niyetindeydi.

Türkiye stratejik bir konumdaydı ve başında dünyanın tanıdığı adını tarih sayfalarına altın harflerle yazmış güçlü bir lider vardı...

Kral Aleksander, Eylül 1933'te, Romanya'da bulunuyordu. Oradan, denizyoluyla İstanbul'a geçmek ve Gazi ile görüşmek için Bükreş Büyükelçisi Hamdullah Suphi (Tanrıöver) Bey'e haber yollattı:

"Gazi Hazretleri'nin hayranıyım, İstanbul'da kendileriyle görüşebilmek beni bahtiyar edecektir..."

Dışişleri Bakanı Tevfik Rüştü (Aras) Bey, 28 Eylül 1933 günü büyükelçiye telgraf çekti:

"Kral Hazretleri'nin bu isteği başta Reisicumhur Hazretleri olmak üzere Cumhuriyet Hükümeti'ni pek memnun etti. Dolmabahçe Sarayı Kral Hazretleri ve maiyetinin ikamet ve emrine tahsis edilecektir. Gazi Hazretleri'nin de Kral Hazretleri ile görüşmekten çok memnun olacağını bildiririz..."

Kralın Türkiye Cumhuriyeti lideriyle görüşme isteği geniş yankı uyandırdı. Yugoslav basını görüşmenin, "son yılların en önemli olayı" olduğunu, görüşmenin sadece Balkanlarda değil, Orta Avrupa'da da barışın korunması için büyük rol oynayacağını yazdı.

Gazetelere göre görüşmeden bir "Balkan Birliği" doğabileceği umudunu dile getirirken, Balkan ülkelerinin güç birliği oluşturacağına ve barışın korunacağına dikkat çekiyordu...[(17)]

Yugoslavya Kralı Aleksander ve Kraliçe Maria, 4 Ekim 1933 sabah saat 09.00'da, *Dubrovnik* kruvazörü ile Büyükdere önüne geldi. Saat 10.05'te, *Ankara* motoru ile Dolmabahçe Rıhtımı'na çıktı ve orada Cumhurbaşkanı Gazi Mustafa Kemal tarafından karşılandı...

Samimi sohbetler sırasında kral, Gazi'ye İstanbul'a gelirken Varna'da Euxinagrade Sarayı'nda Bulgar Kralı Boris'e de uğrayıp görüştüğünü fakat resmi bir ziyarette bulunmayıp, aile konularını konuştuklarını anlattı. Gazi ise, bir süre önce Ankara'da imzalanan Türk-Yunan anlaşmasının özellikle barışı amaçladığını açıkladı. Bunun üzerine Kral Aleksander Balkanlarda sınırların ve barışın istikrarı için Yugoslavya'nın Türkiye ile aralarında ortak mesainin faydalı olacağını ve iki ülke arasındaki emlak sorununun halli için emir verdiğini söyledi.

Akşam olduğunda kral onuruna ziyafet verildi. İki lider sofradan ayrılırken Kral Aleksander Gazi'nin kulağına eğilerek, "Size bir sırrımı söyleyeceğim" dedi. Az sonra misafir odasındaki koltuklara oturduklarında sırrını açıkladı:

"Eğer, bazı Avrupa devletlerinin vaatlerine inanmış olsaydık, Yunanlıların yerine Anadolu'ya biz çıkacaktık..."

Gazi kralın elini sıktı ardından, "Geçmiş olsun Kral Hazretleri!" diyerek hafifçe tebessüm etti.(18)

Sohbet sürerken kral gerçekten kimin konuğu olduğunu bir kez daha aklına kazıdı...

Hitler gerek ülkesinde, gerekse dünyada korku salmaya başlamıştı. Arkasındaki güç dünya liderlerinin dikkatinden kaçmıyordu. Yugoslavya Kralı Aleksander'ın Türkiye ziyareti Hitler'i adeta çileden çıkarmıştı...

Gazi ve Yugoslavya Kralı Aleksander - 4 Ekim 1933

Atkestanesinden aseton üreten Siyonist Weizmann

Alman kimyagerler gaz üretmek için deney üstüne deney yaparken, İngiltere'de Haim Weizmann[1] isimli bir Yahudi profesör, önemli bir maddeyi bakteriyel fermantasyonla büyük miktarlarda elde etmeyi başarmıştı. Bu madde asetondu ve "cordite" isimli

1. İsrail'in kuruluşu ardından ilk cumhurbaşkanı.

dumansız barutun yapımında son derece gerekliydi. Kimya sektöründe "endüstriyel fermantasyonun babası" olarak anılan Weizmann, "clastridium acetobutylicum" adı verilen madde ile aseton üretme yöntemini 1912'de bulmuştu ama o sıralarda kimse ticari olarak fazla önem vermemişti. Savaş çıkınca İngiltere'nin en güçlü siyasetçisi Lloyd George ve Churchill ile tanıştırıldı ve hemen Kraliyet Deniz Kuvvetleri Laboratuvarı'nın başına getirildi.

Aseton önceleri tahıldan elde ediliyordu. Ancak, Çanakkale'nin geçilememesi ve Rus buğdayının Karadeniz'den çıkamayışı, İngiltere'de tahıl kıtlığı yarattı. Weizmann, kısa sürede buna çözüm buldu; aseton için gereken nişastayı atkestanesinden üretti. İngiliz Hükümeti, artık ilkokul çocuklarına savaş boyunca tüm ülkede atkestanesi toplatacaktı. Weizmann mucidi olduğu yöntemle çok ucuza aseton üreterek özellikle İngiltere'nin savaştaki ateş gücüne büyük katkı sağlamıştı. İngiliz Hükümeti tarafından ödüllendirilmekte gecikmedi. Ödül töreninde kendisine "Dile İngiltere'den ne dilersen" diyenlere Weizmann'ın yanıtı, "Halkım için bir vatan..." sözleri oldu.[2]

Weizmann, tıpkı Birinci Dünya Savaşı'nda İngilizlere yaptığı gibi, İkinci Dünya Savaşı'nda da Amerikalılara bir şıklık yaptı ve 1942'de sentetik lastiği icat ederek Amerika'ya hediye etti.

Gazi'nin dişçisi Sami Günzberg, Hitler'in zulmünden kaçan Yahudilerin Türkiye'ye yerleştirilmesi konusunda ciddi çabalar sarf etmişti...

"Dünya Siyonist Örgütü" (WZO) ve Yahudi Ajansı Başkanı Haim Weizmann ile dünyaca ünlü Yahudi bir bankerin yer alacağı heyetin derhal Türkiye'ye gelip devlet yetkilileriyle görüşmeleri gerektiğini vurguluyordu. Amacı, Yahudilerin Türkiye'de sanayi tesisleri kurmasıydı.

Günzberg, Siyonist lider Weizmann, Prof. Albert Einstein, sanayi ve finans dünyasının ünlü isimleri Baron Robert de Roths-

2. Bu "vatan"ın neresi olacağı 2 Kasım 1917 tarihli ünlü "Balfour Deklarasyonu" ile bugünkü İsrail olarak belirlenmişti.

child ve Fransız milletvekili Dreyfus'tan oluşacak bir heyetin bir an evvel Türkiye'ye gelmesini tavsiye etti. Ona göre tasarının gerçekleşmesi gelecek heyetin Türk Hükümeti'nin sınai ve finansal yeniden yapılanma planını dikkate alması halinde geçerliydi.

Haim Weizmann

Gazi: "Evet, bir Balkan Birliği ve sonra Batı Devletleri Birliği..."

Birinci Dünya Savaşı'ndan sonra Balkanlardaki dağılım Bulgaristan ve Arnavutluk'u pek memnun etmemişti.

Türkiye ile Yunanistan Dostluk Antlaşması imzalamışlardı.

Romanya da harekete geçmiş Gazi'ye yakınlaşmış ve o dostluğu imza altına almıştı.

Yugoslavya da Türkiye ile dost ülkeydi.

Türkiye bu antlaşma ile Batı sınırlarını güvence altına alırken Gazi'nin Avrupa'da yükselişi ve söz sahibi oluşu Hitler ve Mussolini'yi rahatsız ediyordu...

Gazi, antlaşmalar oluşmadan önce görüşünü bir davette dostlarına açıklamıştı:

"Bir Balkan Birliği'ne lüzum vardır. Beni bırakınız, fırkamın lideri olarak Balkanlarda bir seyahat yapayım. Balkan devlet adamlarıyla bir bir konuşayım ve kamuoyunu hazırlayayım. Bir

Balkan Birliği'ne zaruret vardır. Dünyanın ufuklarında kara-bulutlar görüyorum. Balkanlar Birliği kurulabilirse bir Avrupa Birliği'ne yol açılır. Batı devletlerinin de er geç birleşmesine mecburiyet hasıl olacaktır."

O akşam sofradaydılar. Hükümet meseleleri görüşülüyor, dünya siyaseti konuşuluyordu.

Dışişleri Bakanı Tevfik Rüştü Bey: "Balkan Birliği esasları hakkında ne düşünüyorsunuz?"

Gazi: "İktisadi, siyasi, kültürel ve askeri birlik! Hudut olmayacaktır, her millet demokrasi esaslarına göre kendi milli varlığını muhafaza edecektir. Bir tek devlet, bir tek ordu! Her milletin mebuslarından müteşekkil bir Millet Meclisi kurulur, sıra ile iki veya dört senede bir her milletten bir Cumhurreisi seçilir."

Bu sözler üzerine Nuri (Conker) Bey lafa karıştı:

"Tabii ilk Cumhurreisi zatı devletleri olacak, değil mi?"

"Bunun üstünde durmuyorum. Ancak Balkan Birliği ordularının başkumandanlığını kimseye vermem."

Nuri Bey tekrar sordu:

"Fırkanızın lideri sıfatıyla Balkanlara ve Avrupa'ya yapmak istediğiniz seyahat tabii çok uzun sürebilir. Siz yokken Türkiye Cumhurreisi kim olacak?"

Gazi şaka etti ve gülerek yanıt verip, "Zannedersem millet Nuri Bey'i seçer!" dedi. Ve şakayı sürdürdü:

"Ancak ben yine Çankaya Köşkü'nde oturmakta devam edeceğim ve Cumhurreisi'ni çağırdığım zaman, o da bugünkü Nuri Bey gibi karşımda yer alacaktır."

Nuri Bey:

"Demek hem Cumhurreisi hem de Gazi'nin emir eri olacağız. Aman paşam, sakın bu şerefli mevkii kendi rızanla kimseye bırakma, neticesi belli olmaz. Sonra bir diktatörün emri altına girebilirsiniz."

"Diktatör mü? Milletimle birleşir yeniden bir inkılap yaparım."

Tevfik Rüştü Bey: "Paşam latifeyi bırakalım. Biz sizi başımızdan ayırmayız. Millet de buna razı olmaz. Her işte olduğu gibi sizin ilham membaınızdan feyiz ve direktif alarak bu çok önemli işi halletmek için bize müsaade buyurunuz. Ancak Bulgaristan'ın bu birliğe girmesine imkân görüyor musunuz?"

Gazi:

"Bulgaristan'ın bu birliğe girmesinin ehemmiyeti aşikârdır. Bu hususun sulh yolu ile temini için icap ederse bazı fedakârlıklara katlanılabilir. Buna rağmen Bulgaristan bu yola çevrilemediği takdirde, Balkanlarda bir çıbanbaşı olarak bırakılamaz. İcap ederse birlik adına istila edilir."

O sözleri söylerken kaşları çatıldı, gözleri büyük bir kumandan ve büyük bir devlet adamı ruhuyla derinlere daldı. Sözlerini sürdürdü:

"Evet, bir Balkan Birliği ve sonra Batı Devletleri Birliği beşeriyeti görünür görünmez felaketlerden kurtarabilir. Yoksa insanlığın başına gelecek sefalet ve ıstıraplara ölçü yoktur. Dünya bir uçuruma doğru gidiyor!"[19]

Para baronları ve Hitler'in gözü Türkiye, sonrasında Rusya'daydı. Bunun için Balkanların kesinlikle ele geçirilmesi gerekiyordu.

Ancak takvim yaprakları 9 Şubat 1934 gününü gösterirken, Türkiye Balkanlarda çoktan söz sahibi olmuştu.

Planlar altüst olunca en etkili çare o planlara taş koyanların ortadan kaldırılması olacaktı...

Avusturya Lideri Dolfuss makamında öldürüldü

25 Temmuz 1934

Türkiye ve Balkanların lideri Gazi Mustafa Kemal'in soyadı Atatürk olarak anılmaya başlanmıştı. Türkiye'de devrimler tüm hızıyla sürerken Balkanlar ve Avrupa'da hain planlar yapılıyordu...

Avusturya, İtalya ile işbirliği politikası izlemiş, Başbakan Engelbert Dolfuss faşizmin etkisiyle demokratik rejime son vererek Mart 1933'te diktatörlüğünü ilan etmişti. Avusturya Nazi Partisi'ni yasaklaması ise sonunu hazırladı.

Hitler, yandaşı Mussolini'nin o planına tepki duydu. İtalya'ya karşı baskılarını artırdı, Avusturya'yı hedef tahtasına oturttu. Gözünü kan bürümüştü. Yardımcısı Dr. Theodor Habicht, 150 Nazi askeriyle, 25 Temmuz 1934 günü Dolfuss'u makamında katletti.

O günden sonra Avusturya, Almanya'nın bir uydu devleti olacaktı...

Nazi lider 1,75, Dolfuss 1,50 santimetre boyundaydı. Hitler, Dolfuss'un öldürülmesinden kısa bir süre önce kartpostallar hazırlatarak tüm Almanya'ya dağıttırmış, aşağılayıcı bir üslup kullanmıştı. Gözünü kan bürümüştü ve kanla sonuçlanacak eylemlerinin yanı sıra kendisine kafa tuttuğunu düşündüğü ülke liderlerinin sonunu hazırlayacak planları da hızlandırdı.

Hitler, acımasız bir katile dönüşmüştü...

Hitler ile Engelbert Dolfuss

Gazi'nin hayranı Yugoslavya kralı öldürülür

Ekim 1934

Yugoslavya Kralı Aleksander, barış yanlısıydı. Türkiye'nin liderine hayrandı.

Bir yıl önce İstanbul'u ziyaret etmiş, Atatürk ile görüşmüştü. Kendisinden önce eşi Kraliçe Maria ve annesi Romanya eski kraliçesi Marie de İstanbul'a gizli bir ziyaret düzenlemişti.

Kral, Hitler'in yanında yer almak istemiyordu bu nedenle hedef tahtasındaydı. 17 Aralık 1933'te, Zagreb'de üç genç kendisine suikast girişiminde bulunmuş ancak Yugoslav polisi tarafından yakalanmışlar, İtalya'da eğitim aldıklarını itiraf etmişlerdi. Suikast girişiminde bulunan örgütün adı "Ustaşa" idi ve Hitler tarafından destekleniyordu...

Yugoslavya Kralı Aleksander ve eşi Kraliçe Maria, Simplon Orient Express'le 9 Ekim 1934'te Marsilya'ya gelmişti.

Öğleden sonraydı, Fransa Dışişleri Bakanı Louis Barthou tarafından karşılanan kral, araba ile halkın önünden geçerken kalabalıktan biri atılarak silahını arabaya doğru ateşledi. Kral kanlar içinde yere yığıldı ve oracıkta öldü. Fransız Bakan Barthou da ağır yaralandı. Suikastçı kendini de öldürmek isterken bir görevli tarafından bıçaklanarak öldürüldü.

Kral son nefesini verirken, 45 yaşındaydı. Eşi Kraliçe Maria 34 yaşında dul kaldı. Haber Türkiye'de şok etkisi yarattı, Gazi ve Türk hükümeti üzüntüye boğuldu. *Hâkimiyet-i Milliye* gazetesi ertesi gün bütün baş sayfasını Yugoslavya kralının ölümüne ayırdı. Bayraklar yarıya indirildi. Müzik sustu. Sinemalar, tiyatrolar gişelerini kapattı.

Avrupalı tüm liderler hem kendileri hem de ülkeleri adına endişeye kapıldı, korumalarını artırdı, istihbarat örgütlerini geliştirdi...

Çok değil sadece 76 gün önce Avusturya Başbakanı Dolfuss, Hitler'in adamları tarafından makamında katledilmişti.

Atatürk, "Yurtta sulh, cihanda sulh!" ilkesini savunuyordu ama açgözlü para baronları ve küresel kiralık katilleri öyle düşünmüyordu.

Hitler bir yandan silahlanıyor, bir yandan soykırım için deneyler yaptırıyor, bir taraftan da engel teşkil edecek ülkelerin liderlerini ortadan kaldırma planlarıyla yakından ilgileniyordu...

Yugoslavya Kralı Aleksander ve eşi Kraliçe Maria

Gazi: "Hangi memleketin masonları masonların en bahtiyarıdır?"

Sofra kalabalıktı. Türkiye mason büyük üstatlığı yapmış Mim Kemal (Öke) Bey de oradaydı. Gazi, kadehinden bir yudum alıp masaya bıraktı, "Bu akşam akademik konuşacağız. Söz verilen ayağa kalkarak söyleyecektir" dedi.

Herkes gibi Mim Kemal Bey de heyecanlıydı. İlk konu, "Kamuoyu değiştirilebilir mi? Değiştirilirse hangi vasıtalarla değiştirebilir?" oldu.

İlk sözü Fuat Bey'e verdi. Ardından Ahmet, İsmail Hakkı Bey konuştu. Üçü de kamuoyunun okul ve basın yoluyla değiştirilebileceğini anlattı. Cevapların hiçbiri kendisini tatmin etmedi. Her konuşanın sözünün arasına girdi.

Hikmet (Bayur) Bey'e söz gelince görüşlerinin arasına masonluğu da kattı, Mim Kemal Bey'e döndü, fikrini öğrenmek istedi:

"Kemal Bey, işittiniz ya, şimdi sıra size geldi. Masonluğun ilkeleri nelerdir?"

Dilinin döndüğünce anlatmaya çalışırken sofradakilerin ortak görüşleri, "Mademki masonluk milliyetçidir, halkçıdır, cumhuriyetçidir, Cumhuriyet Halk Fırkası'nın umdeleri de bunlardan başka bir şey olmadığına göre masonluğun varlık nedeni yoktur" ekseninde toplandı.

Atatürk, tekrar, "Kemal Bey, ne dersiniz?" diye sordu. Profesör yanıt verdi:

"Memleket dahilinde realize etmek istediğiniz yüksek ideal ile masonluğun hayal ettiği ve realize etmek istediği ideal aynı olabilir. Halk Fırkası'nın ilkeleri memleket hudutları dahilinde geçerlidir. İşte masonluk bu idealin memleket hudutları haricine yayılmasına vasıta olan rasyonel, hissi bir teşekküldür. Bu bakımdan varlık nedeni reddedilemez."

Kısa bir sessizliğin ardından yine sordu:

"Peki Kemal Bey, hangi memleketin masonları masonların en bahtiyarıdır?"

"Diktatör memleketlerinde mason locaları yıkılır, yakılırken, masonlar sürülürken ve imha edilirken Türk milli masonları Ulu Önder'inin ve onun hükümetinin itimat ve desteğine mazhar olmakla daima bahtiyarlık duymuştur. Dünyada en bahtiyar ve mesut masonların Türk masonları olduğundan şüphe edilemez. Masonların bu vaziyetine yakından vâkıf olan ecnebi masonlar memleketimizdeki masonların haline gıpta ettiklerini defalarca söylemişlerdir."

"Reisiniz kimdir?"

"Memleket dahilinde sulh ve selamet tavsiye eden ve bütün cihana hitap ederek bu idealinin tahakkuk ettirilmesini temenni eden zatı devletleridir..."

"Ben bu cemiyete girmem. Ben başkalarının yaptığı prensiplere değil, ancak kendi prensiplerime uyarım..."

Doğruluğuna şüphe etmediği fikri daima müdafaa ederdi. Mim Kemal Bey sözlerini sürdürdü:

"Masonluğun temsil ettiği yüksek idealin kolayca tahakkuk ettirileceğini kabul etmek istemiyorum. Fakat bu, her memlekette insanlık idealinin tahakkukuna çalışan entelektüellerin bir araya gelmesine, yaklaşmasına hizmet etmesi bakımından faydalı olabilir."

Oturduğu sandalyede bedenini dikleştirdi, sözünü kesti:

"Hayır, Kemal Bey, sen bunu söylemeye izinli değilsin. Günün birinde insanlık idealinin tahakkuk ettirilemeyeceğini kabul etmek doğru değildir. Beşeriyetin günün birinde bu mesut neticeye erişmesi olamaz."

Masaya sessizlik çöktü. Mim Kemal Bey içinden, "Beşeriyet için refah ve saadet düşünen Gazi'nin insanlık hakkındaki yüksek ve asil bir düşünüşünün ifadesi bu... Atatürk beşeriyet için daima bizim insanüstü kabul ettiğimiz ideallerin tahakkuk ettirebileceğine iman eden asil bir insan..." diye geçirdi.[20]

Profesör Mim Kemal Öke

Atatürk: "Yolu şaşırmışlardır, Kral Hazretleri..."

Dünya savaşının kartları dağıtılıyordu...

Atatürk, Avrupa'daki siyasi gelişmeleri yakından takip ediyordu...

Balkanlardan gelebilecek bir tehlikeye karşı Balkan devletleriyle yakın dostluklar geliştirmiş, Romanya ile 17 Ekim 1933'te, Yugoslavya ile 27 Kasım 1933'te Dostluk ve Saldırmazlık Antlaşmaları imzalamıştı. Bu antlaşmalar sonrasında 9 Şubat 1934 tarihinde Türkiye, Yugoslavya, Yunanistan ve Romanya arasında "Balkan Antantı" imzalanmış o antlaşma özellikle Hitler ile Mussolini'yi epeyce öfkelendirmişti.

Hitler'in Kral Boris üzerinde baskı kurması nedeniyle Bulgaristan antlaşmaya yanaşmamış, ülkede yaşayan Türkleri rahatsız etmeye başlamıştı. Boris, Atatürk'ün tüm tekliflerine sıcak bakmayarak antanta katılmamıştı. Oysa 16. yüzyıldan 19. yüzyıla kadar, Türkler Bulgaristan'da çoğunluğu oluşturuyordu. 1934'e gelindiğinde ülkede 618 bin Türk yaşıyordu. Bu bir azınlık grubu için yadsınamayacak rakamdı.[21]

Kralın kararı kendisini ölüme sürükleyecek bir tercih olacaktı...

Bulgaristan'da çeteler köylü Türklere musallat olmuştu. Her fırsatta ülkelerinden kovmak için ellerinden geleni yapıyor hatta kimi zaman kıstırdıkları yerde hunharca öldürüyorlardı. O haberler çok geçmeden Türk istihbaratçıları tarafından Ankara'ya iletildi...

Atatürk, Trakya'da askeri tatbikat yapmakta olan 3. Ordu Komutanı Salih Omurtak Paşa'yı aradı, "Bulgar sınırını ölçülü biçimde ihlal edin..." emri verdi.

Yağmurlu bir gecede akşamdan Bulgar sınırını sapa bir yerden geçen öncü birlikler, sabah ortalık aydınlandığında Filibe yakınındaki Hacıilyas (Pırvomay) kasabasına varmışlardı. Önce kendi askerleri sanan Bulgarlar, hava iyice aydınlanınca, Filibe'ye doğru ilerleyen birliklerin Türk askeri olduğunu fark ettiler ve durum Bulgar Kralı Boris'e iletildi. Kral hemen telefona sarıldı, Atatürk'ü aradı:

"Ekselansları acaba Bulgaristan'a harp mi ilan ettiniz?" diye telaşla sordu.

Aldığı yanıt "Neden böyle bir şey yapalım ki!" oldu.

"Askerleriniz Filibe önlerinde ve Sofya yönünde ilerliyorlar!"

Soğukkanlı ve sert ses tonuyla kralı yanıtladı:

"Yolu şaşırmışlardır Kral Hazretleri, şimdi olayı tetkik eder, haşmetmeaplarına malumat arz ederim."

Kralı teselli ettikten sonra telefonu kapatıp Salih Paşa'yı aradı:

"Maksat hasıl olmuştur, geri dönün..."[22]

Atatürk Ankara Tekel Bira Fabrikası'nda - 15 Mayıs 1935

Polonya Lideri Pilsudski'nin gizemli ölümü ve Prof. Eppinger

25 Temmuz 1934'te Avusturya Başbakanı Dolfuss Hitler'in adamlarınca makamında, 76 gün sonra (9 Ekim 1934) Yugoslavya Kralı Alexandre Marsilya'da silahlı saldırı sonucunda öldürülmüştü.

İngiltere Almanya'nın silahlanmasına göz yumuyordu. Zira savaş baronları dünyayı oradan yönetiyordu.

Hitler, Polonya ile 10 yıl sürecek Saldırmazlık Paktı imzalamıştı. Sovyetler Birliği'ne karşı ortak cephe oluşturmak istiyordu. Hatta Polonya'ya, Sovyetlerin kuzeydoğusunda toprak verilecekti. Fakat Polonya'nın lideri Jozef Klemens Pilsudski buna karşıydı. Ona göre Polonya Almanya'ya bağımlı hale gelecekti. O karşı koyuş Hitler'in ölüm listesine girmesine neden oldu. Bir anda hastalandı. Hastalığı 11 Kasım 1934 günü Bağımsızlık Günü kutlamalarında ortaya çıktı. Pilsudski tören sırasında bayılmıştı.

Hükümet yetkilileri Viyana'dan doktor çağrılması talimatını verdi. Prof. Karel Wenckebach, 1935 baharında Jerzy Bajan'ın pilotluk yaptığı bir uçakla Varşova'ya geldi. Pilsudski'de tümör teşhis etti. Teşhisin konulmasının ardından sadece üç hafta sonra, 11 Mayıs 1935 günü Jozef Pilsudski kalbini daha da zayıflatan bir mide kanaması geçirdi. Ve hemen ardından karaciğer metastazlı mide kanseri olduğu rapor edildi. 12 Mayıs 1935'te saat 20.45'te Belvedere Sarayı'nda öldü.

Ölüm anında yanında, kendisine son ayinini verecek olan Peder Wladyslaw Korsmieowicz ve ölüm belgesini hazırlayan Yarbay Dr. Stefan Mozolowski bulunuyordu. Polonya liderinin ölümünden sadece bir ay önce, 12 Nisan 1935 günü kişisel doktoru olarak atanmış, sağlığını denetleyen kalıcı tıbbi komisyonun bir üyesi yapılmıştı. (SSCB'nin 17 Eylül 1939'da Polonya'ya yönelik saldırısından sonra tutuklandı, Starobelsk'teki kampa konuldu. 1940 baharında Kharkiv'de Sovyet İçişleri Halk Komiserliği memurları tarafından öldürüldü.)

Jozef Pilsudski'nin bir gün sonra beyin ve kalbi vücuttan çıkarıldı. Otopsisi yapıldı ve mumyalandı. Mumyalama işlemi Binbaşı Dr. Wiktor Kalicinski ve Dr. Jozef Laskowski tarafından yapıldı. Beyin, Vilnius'taki Polonya Beyin Araştırmaları Enstitüsü'nde incelendi. İncelemeyi yapan Doktor Laskowski ve Berlin Üniversitesi'nden gelen Alman Doktor Otton Vogt'tu.

Pilsudski'yi Almanya'dan gelip tedaviye çalışan Prof. Karel Wenckebach, Prof. Hans Eppinger'in Viyana Birinci Tıp Kliniği'nden hocasıydı. Prof. Eppinger dünyaca tanınan bir karaciğer uzmanıydı. Fakat Hitler'in seçilmiş Yahudi doktorlarından biri olduğunu, ona hizmet ettiğini pek fazla kişi bilmiyordu.

Türkiye'den Viyana'ya gidip kendisine muayene olanlardan biri de işadamı Vehbi Koç'tu. Koç iki arkadaşıyla birlikte bir Avrupa seyahatine çıkmış, Prof. Eppinger'e muayene olmuştu. Prof. Eppinger'in işadamı Koç'a koyduğu teşhis aşırı yorgunluktu, çaresi ise spor yapmaktı. Koç, Türkiye'ye dönüşünde çeşitli sporları denedikten sonra Ankara'da Atlı Spor Kulübü'ne üye oldu, at binmeye başladı.[28]

Jozef Klemens Pilsudski

Prof. Karel Wenckebach

Prof. Eppinger

Mason dernekleri kapatılır

Ekim 1935

Türkiye, mermi hızında uygarlığa koşuyordu...

8 Şubat 1935 günü yapılacak Türkiye genel seçimleri kadınların da meclise gireceği seçimlerdi. Seçimler yapıldı. 18 kadın,

383 erkek milletvekili meclise girdi. O vekillerden biri de Profesör Neşet Ömer İrdelp idi.

Prof. İrdelp Atatürk'ün birinci derecede müdavi (ilaç veren, tedavi eden, sürekli hekim) doktoruydu. Soyadını da bizzat Atatürk vermişti. Birinci Dünya Savaşı'nda Güney Cephesi'nde görev almış, Cumhuriyet'in kurulmasından iki sene sonra Tıp Fakültesi dekanlığına getirilmiş, göçmen Yahudi akademisyenlere kurdurulan İstanbul Üniversitesi'nde rektörlük yapıyordu.

1920'li senelerden beri özel hekimi ve dostu, sofrasının başaktörlerindendi.[3] Atatürk'ün neredeyse yaptığı hemen her hamleyi gözlemleyebiliyordu.[4] Gençliğinde İttihatçı idi. 24 Mart 1911'de Resne Mason Locası'na kabul edilmişti.[(24)]

Cumhuriyet'in kurulmasının ardından masonlar CHP kadroları içinde örgütlenmeye başlamıştı.

Atatürk, masonik örgütlenmenin farkındaydı. Kapatmayı düşünüyordu. Masonik felsefe, halkevlerinde de boy gösteriyordu. Halkevlerinin sayısı 103'e çıkmıştı. Üye sayısı 55 bindi. 2 milyondan fazla kişi eğitimden geçirilmişti. Halkevlerinde yapılan masonik çalışmalar ve ufukta beliren İkinci Dünya Savaşı tehlikesi Atatürk'ü yeni tedbirler almaya zorluyor, bir de masonlarla uğraşmak istemiyordu. Bu yüzden dönemin Mason Büyük Üstadı "İstanbul Emlak Bankası" direktörü Muhittin Osman Omay'dan mason derneklerini kapatması, lisan-ı münasiple istendi...

Türkiye Mason Üstatlığı yapmış Prof. Mim Kemal Öke vakit kaybetmeden, 10 Ekim 1935 günü Atatürk'ü ziyaret etti. Fakat tüm ısrarlarına rağmen durum o günün gecesi yıldırım hızıyla İzmir, İstanbul ve Adana'daki localara bildirildi, mason dernekleri kapatıldı.

3. Çankaya Köşkü ve Dolmabahçe Sarayı'nda altı sene zarfında tutulan Nöbet Defteri'ndeki kayıtlara göre 1932'de 6, 1933'te 11, 1934'te 11, 1935'te 30 kez yer almıştı.

4. 1936'da 12, 1937'de 16, 1938'de 9, 6 senede toplam 95 defa sofrada bulunacak, Atatürk hangi şehre giderse gitsin 601 kez yanı başında olacaktı...

Mason Üstadı Muhittin Osman Omay - 1935

Nutuk'ta masonlar

Atatürk, sağlığını hiçe sayarak günlerce yazdığı ve 20 Ekim 1927 günü vekillerine ve halkına okuduğu Nutuk'ta kendisinin ve kurduğu ülkenin başından geçenleri ne denli güçlükler içinde var ettiğini anlatırken Sait Molla'nın İngiliz ajanı olduğunun altını çizmiş, masonlara da yer vermişti:

"(...) İngiliz Muhipler Derneği'nin sözde başkanı olarak bilinen Sait Molla'nın Mister Frew adındaki papaza gönderdiği mektupların örnekleridir.

Efendiler, bu mektupların örneklerinin alındığını sezen Sait Molla'nın, Türkçe İstanbul gazetesinin 8 Kasım 1919 tarihli sayısında, o mektuplardan söz ederek uzun ve sert bir yalanlama yayımlamış olmasına karşın, gerçek, yadsınamaz.

Bu mektupların örnekleri, Sait Molla'nın evinden ve mektupların müsveddelerinin yazılı bulunduğu bir defterden olduğu gibi alınmıştır. Bunlar bir yana, mektuplarda yazılı olanlar, memlekette beliren durum ve olaylara ve bazı kimselerin tutumuna tam bir uygunluk göstermektedir. Şimdi izin verirseniz, bu mektupları tarih sırası ile bilginize sunayım: Dördüncü mektup:

Aziz Üstat,

İngiliz Muhipler Derneği üyeleri arasında Franmason (mason) örgütlerine karşı çıkanlar oluyor. İttihatçıların yolu tutulacağından çekiniliyor. Bu örgütün yönetimine kalbi ve ruhu beslenmiş gençlerin alınmasıyla bu programı uygulatabileceğiz. Benim dış kılığımın engel olması nedeniyle, eski dostunuz kararlaştırılmış olan prensipler içinde işe başlayacaktır. Ankara ve Kayseri'den yine haber yok.

Saygılarımı sunarım Üstadım.

19/10/1919."[25]

Abraham Benaroya

Abraham Benaroya: "Esrarengiz ve kendine göre esrar arz edecek ölüm."

Varnalı Bulgar Yahudisi 33 dereceli Farmason Abraham Benaroya, Türkiye Mason Cemiyeti'nin kapandığını Moskova'da bir toplantı sırasında öğrendiğinde beyninden vurulmuşa döndü:

"O sarı lider ortadan suret-i katiyetle kaldırılacaktır! Mefkûremize imha edici darbe vuranların akıbeti, feci şartlar altında ölümdür!"[26]

Türkiye'nin bir önceki dönem Mason Üstadı Kimyager Eczacı Mustafa Hakkı Nalçacı, acilen Kremlin'e çağrıldı. Nalçacı, Moskova'ya giderken korku içindeydi. Kremlin'deki dostlarına başına bir hal gelmesi halinde "Çankaya'ya siyasi baskı yaparak serbest bırakılmamı sağlayın" dedi. Güvence alınca da rahatladı.

Beneroya'ya göre Atatürk'ün mason derneklerini kapatması felsefelerine aykırıydı. Stratejik konumda bulunan Türkiye'deki varlıklarının ortadan kaldırılması kabul edilemezdi. Atatürk bu nedenle ortadan kaldırılmalıydı. İlk plan, suikast olacaktı. Ancak yandaşları bunu kabul etmedi, "Ölümü ani olursa tehlikeli olur" denildi. Kremlin'den gelen ikinci plan Atatürk'ün "esrarengiz ve kendine göre esrar arz edecek bir ölüm kararı" oldu.

Avram Beneroya'nın o planı Rus İstihbaratçı Lavranti Beria ve Yunanlı gazeteci Apostolos Grazos tarafından yan odadan kayıt altına alınıyordu...(27)

Atatürk: "Şükrü Bey, zekâ ile intelligence arasındaki farkı söyleyebilir misiniz?"

Kasım 1936

20 Temmuz 1936 günü "Montrö Boğazlar Sözleşmesi" imzalanmış, 1923'te Lozan Antlaşması ile birlikte imzalanan "Boğazlar Sözleşmesi"nin yerine geçmişti...

Atatürk ikinci bir dünya savaşının Hitler yüzünden çıkacağından emindi. Bu nedenle de küllerinden kurduğu vatanını her açıdan koruma altında tutmak en önemli göreviydi. Hitler'in gözü Çanakkale ve İstanbul boğazlarındaydı. Zira Rusya'ya açılan en önemli kapının iki anahtarı, bu iki boğazdı. Karadeniz'e rahatlıkla çıkmasının yegâne çaresi buydu. Hitler, Türkiye'yi istemediği bir savaşın içine sürüklemek istiyordu. Ancak, Atatürk Türkiyesi önünde çok önemli bir engeldi...

22 Kasım 1936 / Ankara

Atatürk, öğle saatlerinde rahatsızlandı. Ateşi 39 dereceye kadar çıkmıştı. Sabah sağ tarafında ağrı ile uyanmıştı. Doktor Refik Saydam ve Sağlık Müsteşarı Dr. Asım Arar çağrıldı.

İki doktor hemen Köşk'e koştu. Muayene ettiler, dikkat edilmezse rahatsızlığın zatürreeye dönüşebileceğini söylediler. Rahatsızlanmadan bir önceki akşam misafirlerini gönderdikten sonra Köşk'ün avlusundaki havuz başında bir müddet uyuyakalmıştı. Hava sıcaklığı –4 derece kadardı...(29)

Doktor Asım Bey Atatürk'ün göğsünde kan birikmesinden kaynaklanan gözle görülebilen bir şişlik tespit etti. Zatürree o zamanlar tehlikeli bir hastalıktı. Antibiyotik ve penisilin henüz kullanılmıyordu. Durumun vahameti kendisine anlatıldı.

"Ya! Öyleyse bu ihtimali herhalde üzerimizden atmaya çalışalım" diyerek doktorların öğütlerine ilk kez harfi harfine uyacağını söyledi, ekledi:

"Rakı içmeyeceğim amma, bana rahat bir uyku temin edin, ondan sonrasına karışmayın."

Asım Bey rahat uyuması için kendisine, "Phanadorme" verdi.

Ertesi gün tekrar yanlarına gittiğinde Atatürk memnundu:

"Ne güzel ilaçmış, tam dokuz saat uyudum..."

Beş günlük tedavinin sonucunu görmek için Dr. Asım Bey ve Refik Saydam Köşk'e gittiğinde Atatürk'ün odasında İçişleri Bakanı Şükrü Kaya ile Milli Eğitim Bakanı Saffet Arıkan ve Nuri Conker vardı.

Tekrar muayene edildi. Göğsündeki şişlik inmişti. İki hekime, "Geçin bakalım oturun karşıma!" diye seslendi. Geçip oturdular.

Gelmelerinden önce bazı konuşmalar olduğundan söz açarak, Saffet Bey'e "Şu Türk kelimelerinin köküne ait raporu oku bakalım!" dedi. Saffet Bey elindeki kâğıtta yazanları az kekeleyerek okumaya başladığında birden, "Sen beceremiyorsun, ver bana, ben okuyayım!" dedi.

Raporu okudu, bittikten sonra bu kez Şükrü Kaya'ya döndü:

"Şükrü Bey, 'zekâ' ile 'intelligence' (zekâ/istihbarat) arasındaki farkı söyleyebilir misiniz?"

Şükrü Bey beklenmedik soruya karşılık verdi:

"Paşam, mazur görün, hazır değilim."

Bunun üzerine, o aralar çok üzerinde durduğu "Güneş-Dil Teorisi"ne uygun bir şekilde iki kelimenin aynı menşeden geldiğini ispat edecek sözler sarf etti ve bu kez de en güvendiği arkadaşına; Nuri Conker'e döndü:

"Ne dersin Nuri, doğru mu?"

"Tamam, paşam, kurallara uygun..."

Asım ve Refik Bey kendilerinin de imtihana çekilebileceği endişesiyle Atatürk'ün iyileştiğini söyleyerek Köşk'ten ayrıldı.(30)

İçişleri Bakanı Şükrü Kaya masondu.(31)

Beyoğlu'nda bulunan Resne Locası'na 239 Matrikül numarasıyla kaydolmuş, 18 Haziran 1925'te kalfalığa, 30 Haziran 1926'da ise 3. dereceden üstatlığa terfi etmişti...

İçişleri Bakanı Şükrü Kaya (sağda) - 1936

Atatürk'ün kaşıntı ve burun kanamaları...

Türkiye'nin lideri 55 yaşındaydı, ancak genellikle halsiz ve yorgun görünüyordu.

Rakı içmeyi sürdürüyordu...

Köşk çevresindeki gezintilerinde kısa sürede yoruluyor, yanında bulunanlardan izin isteyerek oturup dinlenmeyi tercih ediyordu. 1937 yılının başlarında ise şiddetli kaşıntı yakınmaları başladı.[32]

Yakınında bulunan Doktor Asım Arar 1936 yılı sonlarında Atatürk'ün sağlığında bazı değişiklikler gözlemlemişti...

Atatürk'ün burun kanamaları başlamıştı. Durum Doktor Asım Bey'de şüpheler uyandırdı. "Karaciğer kifayetsizliklerinde ve özellikle 'atrofik siroz' denilen rahatsızlıkta bu tür kanamalar olabilir" diye düşündü. Ona göre, bu tür kanamalar burunda değil de bağırsaklarda gerçekleşirse kişi aniden ölebilirdi.[33]

Kaşıntılar için Ankara Numune Hastanesi Deri Hastalıkları Klinik Şefi Prof. Dr. Alfred Marchionini'nin hazırladığı merhem ve solüsyonlar kullanıldı, fakat faydalı olmadı.[34]

Kanamalar sıklaşınca KBB uzmanı Ordu Milletvekili Doktor Ziya Yaltırım devreye girdi. Burnuna tampon tedavisi uyguladı...[35]

Bir ara Ankara Numune Hastanesi'nde görevli Profesör Max Mayer de muayene etti. Burun kanamaları, azalacağına arttı. Zamansız kanamaların artışını gören Asım Arar'ın kafası iyice karıştı. Burun kanamalarını kaşıntıları takip etti...[36]

Prof. Max Mayer, tıp eğitimini Kaiser-Wilhelm Üniversitesi Strasburg Tıp Fakültesi'nde almıştı. Birinci Dünya Savaşı'nda görev yaparken iki defa yaralanmış bir hekimdi...

1935 yılında Naziler tarafından Yahudi asıllı olması nedeniyle çalışması yasaklanınca ülkesini terk ederek Türkiye'ye gelip Ankara'da Numune Hastanesi KBB Kliniği Direktörü olarak çalışmaya başlamıştı.

Mayer, İkinci Dünya Savaşı başladıktan sonra tekrar ülkesine dönecek ve 1402 yılında Osmanlı döneminde kurulan Würzburg Üniversitesi'nin 219. rektörü olacak, kulak zarı yırtılmaları tedavisinde ünlenecekti...

Doktor Ziya Yaltırım İstanbul Tıbbiye Askeriye Bölümü mezunuydu. Fransa'da uzmanlık eğitimi görmüştü. İyi Fransızcası vardı. Kulak Burun Boğaz Mütehassısı Tabip Binbaşı olarak; Çanakkale Kabatepe Sıhhiye Reis Muavini, Medine Emrâzı Sâriye Hastanesi Başhekimliği, 2. Kolordu Balıkesir Merkez Hastanesi Kulak Burun Boğaz Uzmanlığı görevlerinde bulunmuştu. Soyadını bizzat Atatürk vermişti...

Dr. Ziya Naki Yaltırım

Prof. Dr. Max Meyer

Nuri Conker'in vefatı Atatürk'ün hastalığını tetikledi

Ocak 1937

Atatürk, çocukluk, askeri okullar ve birlikte birçok cephede omuz omuza savaştığı silah arkadaşı Nuri Conker Ankara Numune Hastanesi'nde tedavi altına alındığında derin bir üzüntü duydu. Adeta beyninden vurulmuşa döndü.

Nuri Bey kalp krizi geçirmişti. Hemen özel doktorunu arayarak arkadaşının kurtarılması için her çareye başvurulmasını emretti. Fakat çabaları yetmeyecekti. Konya'dan Ankara'ya hareket etti. Sürekli arkadaşının sağlık durumundan haber alıyordu. Her geçen dakika üzüntüsü artıyordu. Zaten sağlığı iyi değildi; her geçen dakika daha da rahatsızlanıyordu...

Nuri Conker, en sevdiği arkadaşıydı. Altı yaşından itibaren neredeyse hep birlikteydiler. Gelibolu Yarımadası'ndan İngilizleri birlikte sürmüşlerdi. Conkbayırı Savaşı'nda Nuri Bey şakağından kurşunla yaralanmış, buna rağmen toprağa parmağıyla düşmanın geldiği yeri arkadaşına işaret etmişti. İleri düzeyde bir istihbaratçıydı. İstihbaratçı Kuşçubaşı Eşref'in kayınbiraderiydi. Birlikte Trablusgarp'ta da bu tür çalışmalar yapmış takdirini kazanmıştı...

11 Ocak 1937 / Dolmabahçe

Can yoldaşı arkadaşının durumundan her dakika haber alırken kendisini hasta yatağında, o vaziyette görmeyi tercih etmemişti. Sabaha karşı aldığı vefat haberiyle de adeta çöktü. Birlikte paylaştığı binlerce anı, bir anda kül olup uçuverdi...

Dolmabahçe Sarayı adeta üzerine yıkılmıştı. Beş gün kimseyle pek fazla konuşmadı. İçine kapandı. Kendisini 16 Ocak günü Yüksek Ticaret Okulu'nun 54. kuruluş yıldönümü nedeniyle Pera Palas'ta düzenlenen toplantıyı şereflendirmesi sırasında görenler şaşkındı. Çevresindekilerle kısa süreli konuşmalar yapıp geçiştirdi. Sadece gençlerle sohbeti uzun tuttu. Akşam Dolmabahçe'ye döndüğünde Cenevre'de bulunan Afet İnan'a mektup yazdı:

> *"Hatay üzüntüsüne, Conker'in ölümü acısı karıştı, bu acının açtığı yaranın derinliğini tahmin edersin..."*(37)

Hayatının büyük bölümünde yer alan, kendisine "Kemal" diye hitap etmesine izin verdiği tek arkadaşıydı...

İsmet İnönü Nuri Bey ile pek fazla anlaşamazdı. Atatürk arkadaşının zaman zaman İsmet İnönü ile aralarında geçen gerginliklerini görmezden gelir, şakalar yaparak aralarını hoş tutmaya çalışırdı...

Ölümünün üzüntüsünü atmak için sık sık gün içinde kenti gezerek birlikte geçirdikleri anıları yâd etti. Gözüne uyku girmiyordu. Aldığı alkol endişelerini gideriyor, bedeni ve zihnini rahatlatıyordu. Fakat arkadaşının ölümünün üzüntüsünü üzerinden bir türlü atamıyordu...

17 Ocak günü Sabiha Gökçen ile birlikte yine bir çocukluk arkadaşı olan Asaf İlbay'ın Şişli'deki evine uğradı. Evin konukları arasında İsmet İnönü de bulunuyordu. Sohbet, Nuri Conker'den açıldığında Atatürk, İsmet İnönü'nün yüzüne bakarak ortaya konuştu:

"Her zaman samimi olalım, bütün duygularımızı samimiliğe, açıklığa ve dürüstlüğe doğru yönlendirelim. İçi başka, dışı başka insanlar vicdan rahatlığı duyamazlar."

Evden ayrılırken yaşadığı dramı hiç kimseyle paylaşmaması çok uzun zaman alacak, bedenindeki halsizlik, kaşıntı ve burun kanamalarının şiddeti artacak; asabileşecekti. Yakın çevresi o durumu en sevdiği arkadaşının ölüm acısına bağlıyordu...[38]

Atatürk ve Nuri Conker - 1936

Hitler'in savaş hammaddesi krom ve Türkiye

Nazi Partisi'nin iktidara gelmesinden sonra, Almanya'nın dış ticaret politikasında önemli bir dönüşüm yaşanmaya başlamıştı. Politika, Hitler ne derse o olandı. Yani, silah ve hammaddesi...

Yeni düzenlemede Almanya'nın amacı, öncelikle Güneydoğu Avrupa, Balkan ve Yakındoğu ülkeleriyle ticareti mümkün kılmaktı. O durum, aslında gerek Almanya, gerekse diğer ülkeler açısından nesnel bir gereklilikten kaynaklanıyordu. Almanya sömürge ülkelere sahip bir ülke değildi. Ayrıca Batılı diğer devletlerin sömürgeleriyle tatmin edici düzeyde ticaret de yapamıyordu. Oysa Alman sanayiinin sürekli hammaddeye ve tarım ürününe, gıda hammaddesine ihtiyacı vardı. Ayrıca içinde bulunulan döviz sıkıntısı nedeniyle, bu malları serbest dövizle değil, takas sistemiyle, yani satın aldığı mallar karşılığında mal satın aldığı ülkelere mal satmak suretiyle, yapıyordu. Hafif ve ağır silah yapacak hammaddeye Hitler'in çok acil ihtiyacı vardı. Ülke, diğer ülkeler için önemli bir pazardı. İhtiyaç duyurdukları sanayi mallarını da takas sistemi sayesinde döviz ödemeden satın alabileceklerdi. Yani bu durum bütün ticaret ortakları açısından tatmin edici bir çözüm yoluydu. Diğer yandan, Almanya, rekabeti önlemek amacıyla, satın aldığı mallara dünya piyasalarının üzerinde fiyat ödüyordu. Gerçi diğer ülkeler de Almanya sanayi mallarına yine dünya piyasalarının üzerinde fiyat ödemekteydiler ama bu durum, ilk bakışta pek belli olmuyordu. Dolayısıyla, Almanya her bakımdan kazançlı sayılırdı. Berlin, bu ülkelerle dış ticaretini geliştirirken, ekonomik yakınlaşmanın doğuracağı siyasal sonuçları da göz önünde tutuyordu. Ekonomik nüfuzun kolayca siyasi nüfuz haline dönüşeceğini hesap eden Hitler, askeri hedeflerini bu plana göre düzenliyordu. Macaristan, Romanya, Yugoslavya, Bulgaristan, Yunanistan ve Türkiye'nin tarımsal nüfusu ileriki yıllar için kesin ve yeterli geliri güvence ediyordu.

Türkiye ile Almanya arasında da var olan yakın ekonomik ilişkilerde adeta bir patlama noktasına ulaşan canlanma, Hitler iktidarının kurulduğu 1933 yılından itibaren görüşülmeye başlanmıştı. Türkiye, Almanya'nın ekonomik yayılma programında en ön sırada yer alan ülkelerden biriydi. Türkiye'den aldığı hammaddeler ve tarım ürünleri için yüksek fiyat politikası izleyen Almanya buna karşılık, kendi sanayi ürünlerini Türkiye'ye dünya piyasalarının üzerinde, yüksek fiyata satıyor ve sonuç, Almanya'nın lehine oluyordu. Türkiye'nin diğer Batı ülkeleri ile dış ticaretini geliştirmesi kolay değildi; çünkü zaten bu ülkeler, Türkiye'den alabilecekleri tarım ürünleriyle hammaddelerini kendi sömürgelerinden daha kaliteli olarak ve ucuza satın alıyorlardı. Ayrıca Türkiye döviz sıkıntısı nedeniyle dış ticaretini büyük ölçüde takas sistemine bağlamıştı. Bu nedenle de, Türkiye ancak mal sattığı ülkelerden mal alabiliyordu. Dolayısıyla Almanya, Türkiye için uygun bir ticaret ortağıydı...

Almanya, Türkiye'ye ilk etapta demiryolu malzemesi, maden tesisleri, tekstil gibi hafif sanayi için donanım, gemi ve askeri malzeme sevk ediyordu. Almanya'nın en ünlü çelik, elektrik ve kimya firmaları (Krup, Otto Wolff, Ferrostahl, Vereingte Stahl-Werke, Siemens ve AEG) Türkiye ile iş yapıyordu.

1936 yılından itibaren Almanya'nın Türkiye üzerinden kurmaya çalıştığı iktisadi hegemonyasının siyasi sonuçları daha belirgin bir hal almıştı. Almanya iktisadi nüfuzu ile Türk-İngiliz ve Türk-Sovyet ilişkilerini bozarak, Türkiye'yi değişimci gruba çekmeye çalışıyordu.

O yılın haziran ayında Karabük'te kurulacak olan demir ve çelik işletmelerinin kurma hakkının Alman firması Krupp'a verileceği söylentileri dolaşırken, İngiliz Brassert firmasına verilmesi, Türkiye'nin Alman iktisadi baskısını azaltmak için düşündüğü bir çareydi.

Karabük Demir-Çelik Fabrikası'nın yapımı için İngiliz Brassert firmasıyla 23 Haziran 1936'da bir ön anlaşma ve 2 Eylül'de bir protokol imzalanmıştı. Kesin anlaşma 29 Eylül'de yapıldı. Diğer yandan da, Sümerbank ile Brassert arasında 1 Aralık'ta mali bir anlaşma imzalandı...

İsmet İnönü, 3 Nisan 1937'de, yanında İngiliz Büyükelçisi Sir P. Lorine de olduğu halde, Karabük Demir-Çelik Fabrikası'nın temelini attı.

Alman sanayii için bu tür olumsuz gelişmelere karşın, Alman Dışişleri Bakanlığı raporlarına göre, Almanya Türkiye'deki sanayi tesislerinin yüzde 80'ini Alman malzemesi kullanarak ve Alman uzmanların katkılarıyla kurmuştu.

Alman sanayii, Türkiye'de kimya alanında da girişimlerde bulundu. IG-Farben firması, Türk hükümetinin Kütahya civarında kurmayı planladığı kimya tesisleri için, Etibank ile bazı görüşmelerde bulundu. 1937 ilkbaharında İktisat Bakanı Celal Bayar ile görüşen IG-Farben müdürü Krüger, Türkiye'de kimya sanayiinin kurulmasına katılmak istediklerini bir kez daha vurguladı. IG-Farben firması çokuluslu bir ilaç deviydi...[5]

Atatürk'ün elindeki lekeler ve Bayer uçağıyla gelen doktor

Prof. Nihat Reşat Belger, Florya'daki Deniz Köşkü'ne gelmişti.

Atatürk sandalla gezmiş, iskeleye yanaşmaktaydı. Profesörün gözleri Atatürk'ün sol eline ilişti. Dikkatlice bakınca, elin üst kısmında, başparmağın elle birleştiği mafsal üzerinde ve ondan ikişer santim ara ile el sırtına doğru üç kırmızı benek şeklinde leke dikkatini çekti. Profesör, muayene için izin istedi. Muayene

5. Görüşmeler sonunda 28 Haziran 1938'de Atatürk'ü ölüme sürükleyen hastalık artarken bir kredi anlaşması imzalandı. Anlaşmaya göre 45 milyon Alman markı değerinde kredi veriliyordu ve kredinin süresi on yıldı. Ancak anlaşma teknik ve ücrete ilişkin koşullarda da anlaşma sağlandığı takdirde yürürlüğe girecekti. Alman Dışişleri Bakanlığı anlaşmayı onaylamıştı.

ettikten sonra denize girmesinin zararlı olabileceğini ve vazgeçmesini tavsiye etti...

Atatürk, aynı gün toplanan ve milletvekili hekimlerin de katıldığı konsültasyonda bu konudan söz etti. Hekimler, bu belirtilerin, siroza da delalet edebileceğini, fakat bu teşhisi kesin olarak koyamayacaklarını ifade etti. O gün toplantıda, bunu iyi anlayan bir yabancı iç hastalıkları uzmanının; bir karaciğer uzmanının muayenesine gerek olduğu kararı alındı...

Aynı günlerde Alman ilaç devi Bayer'in bir uçağıyla, karaciğer hastalıklarında uzman Alman bir profesörü İstanbul'a gelmişti. Bu hazır fırsattan yararlanılması düşünüldü. Atatürk'e sunuldu, izin istendi, kabul gördü. Profesör, Florya Deniz Köşkü'ne davet edildi. Doktor birkaç saat süren muayene sonucunda rapor verdi:[(39)]

"Bünyede bir gudde iltihabının belirti ve görünümleri vardır. Fakat bu guddenin hangi gudde olduğunu kesin biçimde saptamak ve hastalığı teşhis, sıradan bir muayene sonucunda verilecek kararla elde edilemez. Bu, hekimin sürekli gözlemlerine ve gündelik sağlık durumu jurnallerinin incelenmesine bağlı bir durumdur. Bundan dolayı o yetki ancak tedavi eden doktorda olabilir."[6]

Atatürk'ten Hitler'e imzalı fotoğraf, Hitler'den mektup

Ağustos 1937

Mehmet Hamdi Arpağ, Londra Konferansı Heyeti'nde görev almıştı. TBMM II. Dönem Erzincan Milletvekili iken 26 Ekim 1925'te Viyana Elçiliği'ne atandığından istifa etmiş, o yıldan sonra Türkiye'nin Berlin Elçiliği'ni yapıyordu...

6. BAYER ilaç firmasının özel uçağıyla gelen profesör kimdi, ne amaçla Türkiye'deydi bilinmemektedir.

Avrupa devletlerinin korkulu rüyası haline gelen Adolf Hitler, Türkiye'nin önderine sözde saygı duyuyordu. Daha önceki yıllarda da bunu göstermiş hatta *Milliyet* gazetesinde röportajda da dile getirmişti...

Atatürk, kendisine imzalı resmini gönderdi. Hitler, memnuniyetini 13 Ağustos 1937 günü yazdığı bir mektupla gösterdi:

"Bay Cumhurbaşkanı,

Siz Ekselans, Büyükelçiniz Bay Hamdi Arpağ vasıtasıyla, bana kalbi temennilerinizle beraber resminizi göndermek lütfunda bulunmuşsunuz. Bu münasebetle siz Ekselans tarafından izhar buyurulan ve bütün Alman halkınca şükranla karşılanan dostane hislerden dolayı size samimiyetimi, teşekkürlerimi ifade benim için hakiki bir ihtiyaç olmuştur. Hakkımda gösterilen nezakete, milletlerimizi bağlayan dostluk münasebeti için yeni bir delil görüyorum. Bu fırsattan istifade ederek, Türk milletinin inkişafla devamı ve siz Ekselans'ın şahsi saadeti hakkında en hararetli temennilerimi sunarım.

Adolf Hitler."(40)

Hitler yakınlık kurmak istiyordu. Ne var ki bu mümkün değildi. Atatürk dünyanın katili olacak Hitler'i çoktan keşfetmişti. Dünyanın savaşın eşiğinde olduğunu seziyor, bu nedenle düzenlenen askeri tatbikatlara bizzat giderek incelemelerde bulunuyor, uzun süredir cephede savaşmayan askerlerini gözlemliyordu...

Prof. Pittard: "Avrupa, uygarlığını Türklere borçludur."

Eylül 1937

Hitler, dünya devletlerini ırksal boyutta bir savaşa çekmeye çalışıyordu. Arkasında destek verenler bu uğurda her şeyi göze almıştı. İşe yaramadıkları insanlar yok olacak, işlerine yarayanlar zengin ve zengin üstü toplumlar oluşturacak, en başta da yine o örümcek ağını kuran küresel para baronları suyun başını tutacaktı. Hitler bir maşaydı ve o maşa pervasızca saldırıyordu...

Atatürk, Türklerin kökeni hakkında geniş kapsamlı incelemeler yapıyordu. Yabancı kaynaklı yapıtları çevirtiyor, bunları kendi bilgileriyle karşılaştırarak ve arkeologlarla da tartışarak Türklerin uygar geçmişlerinin saptanması konusu üzerinde ısrarla duruyordu. Bu konu ile ilgili tez ve antitezleri sarayda üç gündür incelemekteydi. Adı barbara çıkarılmış Türklerin uygarlığı bütün dünyaya yaydığı tezini saptamaya çalışması ve tarihi bir gerçeği bütün dünyaya kabul ettirme çabası içindeydi...

İsviçreli, tarihçi antropolog, Profesör Eugene Pittard Türk antropolojik yapısı konusunda Atatürk'ü en fazla etkileyen bilim insanıydı. Hint Avrupa odaklı tarihçilik anlayışına esir olmayan, tarihsel bulguları tarafsızca yorumlayan ender aydınlardan biriydi.

Atatürk, Pittard'ın *Irklar ve Tarih, Tarihe Etnolojik Giriş* adlı eserini dikkatle okumuş, üzerinde etraflıca düşünerek birtakım notlar almıştır.

Batı'da ırka dayalı antropoloji kuramının en önde gelen savunucularından Gobineau, Selçuklular ve Osmanlıların diğer ırklarla karışıp saflıklarını yitirdiklerini öne sürerken, Pittard bu savı kabul etmemiş, Türklerin Avrasya'nın en güzel ırklarından biri olduğunu savunarak Türk ırkının fiziksel özelliklerini ortaya çıkaracak çalışmalar yapmış ve bu çalışmalara bizzat katılmıştı.

Pittard, Türkleri ve Türk dünyasını iyi tanıyordu. Batılı ırkların üstün, doğulu ırkların geri olduğu görüşüne katılmıyordu; tam tersine, doğulu Türklerin de ileri olduğuna inanıyordu. Bu inancını da hiç çekinmeden her yerde dile getiriyordu. Lozan görüşmeleri sırasında İngiliz Başbakanı Lloyd George'un, "Türklerin, şimdi hak istedikleri Anadolu'da nesi var? Orada medeniyet vesikası olarak ne kalmışsa, Yunan'ın, Roma'nın, Bizans'ındır. Türklerin Anadolu'daki evleri sazdan ve kerpiçten, harabelerden ibarettir. Şimdi böyle bir âlemi veya onun güzel parçalarını Türklere nasıl bırakırsınız?" sözlerine karşılık, "Efendiler, Konya'daki ince minarenin kapısı ile İstanbul'daki muhteşem Süleymaniye'nin kubbelerini yapan millete karşı, böyle söylenemez. Haddinizi biliniz..." demişti.

Pittard, 1931 yılında Türklerin Avrupa'daki kötü imajını düzeltmek amacıyla, *Küçük Asya'ya Seyahat* adlı bir kitap yayımlamıştı. 1935'te, İsviçre'de doktora yapan Atatürk'ün manevi kızı İnan'la tanışmasından sonra, Türkiye ve Atatürk'e daha çok değer vermişti...

Prof. Pittard, 7-8 Eylül 1937 tarihleri arasında Bükreş'te toplanan Uluslararası Antropoloji ve Tarih Öncesi Arkeoloji Kurulu'nun 17 toplantısına katılmış ve Türk tezini de savunmuş Atatürk'ün konuğu olmuştu. Atatürk verdiği demeçten dolayı Florya Köşkü'nde Prof. Pittard'ı tebrik etti...

Pittard, "İkinci Tarih Kongresi" açılış konuşmasını yaptı, ardından gazetecilere demeç verdi:

"(...) Avrupa, uygarlığını Türklere borçludur."[41]

Atatürk ve Eugene Pittard - 15 Eylül 1937

Atatürk'e "bakteri aşısı" istenir

Dünya diken üstündeydi. Ajanlar, her ülkede cirit atıyordu... Atatürk'ün karaciğeri üç parmak büyümüştü. 74 kiloydu...

4 Ocak 1938 günü saat 16.45'ti. Ankara'dan Paris'e "acele" kayıtlı bir telgraf çekildi:

"Vaccin Enterococcique... (Enterokok aşısı.)[7] Bu bakteriler kalp kapakçıklarına ve böbrek epitel hücrelerine tutunma yeteneğine sahiptirler.[8]

54 Rue Faubourg Saint Honore...

Doktor Cuny mamulatı...

25 kutunun acilen gönderilmesini saygılarımla dilerim...

Süreyya Anderiman..."

Telgrafı çeken, Köşk'ün Özel Kalem Müdürü, alacak kişi Türkiye Paris Büyükelçisi Suat Davaz, ilaçların sahibi Atatürk'tü. Büyükelçi Davaz şaşkına döndü. İlacın adı verilmekte ve nereden temin edileceği bildirilmekte, herhangi bir yanlışlığa, karışıklığa meydan verilmemesi için ilacın "Dr. Cuny mamulatı" olması gerektiği açıklanmaktaydı.

O dönemin en ünlü Fransız laboratuvarının adı, "Choay Laboratoires" idi. Kurucusu, Eczacı Eugène Choay'dı. Fransa'ya gönderilen telgrafta adı, "Cunny" olarak, (muhtemelen söyleniş haliyle) yansıtılmıştı.

Eugène Choay, 1912'de kendi adını taşıyan laboratuvarları kurmuş ve oğlu André ile pankreas özleri ve benzeri maddeler üzerinde çalışmıştı.[9] (Söz konusu laboratuvar Atatürk'ün ölümüyle ilgili

7. Enterokoklar hastane içi ve hastane dışı enfeksiyonlara sebep olabilirler.

8. Atatürk'te bir bakteri bulunduğu ancak bunun ne olduğu bugüne kadar bilinmemektedir. Antibiyotik olan Penisilin İskoç bakteriyolog Alexander Fleming tarafından 1928 yılının Eylül ayında keşfedilmiştir. Ancak ilaca dönüştürülmesi 1939 yılında gerçekleşecektir.

9. Choay Laboratuvarı 1980 yılında, dünyanın en güçlü ilaç firmaları arasında bulunan Sanofi ile güçlerini birleştirdi ve 1984 yılında ise ortağı tarafından satın alındı.

yayımlanan hiçbir kitap ve araştırmada detaylı olarak incelenmemiştir.) Choay Laboratuvarı daha sonra kolayca heparin üretmek için bir yöntem keşfetti. **Heparin**, kan pıhtılaşmasının önlenmesi için yaygın kullanılan bir kan inceltici ilaçtı. Kalpte, bacaklarda, akciğer ve karaciğerde oluşabilecek kan pıhtılarını ve emboli riskini engellemek için kullanılıyordu. En önemli yan etkisi aşırı kanama yapmasıydı.

İlaç dedikleri, aşıydı. Bolca ve acil ihtiyaç vardı. Tam 25 kutu isteniyordu. Fakat kimin için istendiği belirtilmiyordu. Suat Davaz, vakit kaybetmeden siparişleri hemen temin etti ve postaya verir vermez de telgraf başına koştu. Saat 19.15 idi. Faturalarını sonradan gönderecekti.

> *"İlaçlar temin edilmiş ve Ankara'ya yollanmıştır... İlaçların bedeli 740,65 frank, posta masrafı 246 franktır..."*[42]

Yazışmalarda Atatürk'ün rahatsızlığından söz edilmemişti. Ancak bedeninin bir yerinde bir iltihap vardı. Türkiye'nin lideri ve dünya siyasetinin en etkili politikacısı olan Atatürk için bu aşının neden istenildiği bilinmeyecekti...

Suat Davaz

Eczacı Eugène Choay Madalyası(43)

Atatürk'e karaciğer rahatsızlığı teşhisini ilk koyan profesör

22 Ocak 1938 / Yalova Kaplıcası

Sabah uyandığında keyifsizdi. Kaplıcaya girdi, dinlenme odasına geçti. Kaşıntısı devam ediyordu. Görevliye kaplıca müdürü Prof. Nihat Reşat Belger'i çağırmasını söyledi. Profesör yanına geldiğinde hemen konuya girdi.

"Kaşıntılarıma çare bulunuz doktor!"

"Müsaade buyurursanız zat-ı devletlerini muayene edeyim..."

Önce cildindeki kaşıntı izlerine baktı. Ardından elle muayeneye geçti. Parmaklarıyla karaciğerini yokladığında irkildi. Atatürk'ün karaciğeri üç parmak büyümüştü. Stetoskopunu taktı, kalbini dinledi, tansiyonuna baktı:

"Efendim bu kaşıntının nedeni karaciğerinizden kaynaklanmaktadır. Buna sebep olan yemek ama özellikle alkoldür..."

"Buna emin misiniz?"

"Efendim, kanaatim o dur ki bu teşhisimin isabetinde şüphenin gölgesi bile yoktur..."

Daha önce rahatsızlığıyla ilgili bu tanı hiç konulmamıştı.

"Şimdi ne yapacağız doktor?" diye sordu.

Profesör Belger kaşıntılar için bir toz ve perhiz önerdi.

Ertesi gün Atatürk'ün özel doktoru Profesör Neşet Ömer İrdelp de soluğu Yalova'da aldı. Karaciğerdeki büyüme, siroz başlangıcıydı. Teşhiste gecikilmişti. Oysa özel doktoru Profesör Neşet Ömer İrdelp, kendisini 1937 yılı yazında yani altı ay önce Yalova'da muayene etmişti. Bir kez daha kendisi muayene etti. Meslektaşının teşhisini doğruladı, tebrik etti ve "Atatürk'ü istediğiniz gibi tedavi ediniz, kardeşim" dedi, sonrasında İstanbul'a döndü.

Artık ortada ciddi bir teşhis vardı ve herkes biliyordu ki gecikilmişti...

Madensuyu neden Fransa'dan getirildi?

Atatürk, Yalova kaplıcalarında 9 gün kaldı. İyileştiğini sandı, Bursa'yı ziyaret etmeye karar verdi. 74 olan kilosu 75'e yükselmişti...

Paris Büyükelçisi Suat Davaz, 24 Ocak 1938 günü Cumhurbaşkanlığı Başyaveri Celal Ömer imzasıyla bir telgraf aldı. Bu kez ilaçlarla maden suları gönderilmesi isteniyordu:

> *"Üç kutu Chophytol.*[10]
>
> *Enginarın sağlığa yararı bilinmekteydi. Ancak o dönemde siroza yakalanmış bir hastada kullanılmasının sakıncaları biliniyor muydu, bilinmez. Ancak gelişen sağlık teknolojisi enginar içerikli bazı ilaçların kullanılması için kesinlikle doktor tavsiyesinden çıkılmaması gerektiğini ve özellikle idrar ve safra yollarında büyük taşlar bulunan ve hızlı ilerleyen karaciğer, safrakesesi, böbrek rahatsızlığı yaşayan hastalarda kullanılmamasını öneriyor.*
>
> *Üç kutu Hepascol*[11] *küçük şişelerde.*

10. Karaciğeri temizlemek için kullanılan enginar özlü bir diüretik.

11. Karaciğer koruyucu, iştah artırıcı. Doğrusu Hepachol olmalıyken Hepascol diye yazılmıştı. Şimdilerde özellikle güvercinlerin iştahlarının açılması ve karaciğerlerini koruma amaçlı kullanılmaktadır.

Bir sandık Vichy celestin[12] *küçük şişelerde.*
Bir sandık Vichy grande grille.[13]
Üç şişe Elisor Boldo Verne.[14]
Üç şişe Solution Deitch.
İlk vasıta ile namına gönderilmesini saygılarım ile dilerim.
Başyaver Celal."

Suat Davaz vakit kaybetmeden istenilenleri gönderdi. İlaç ve madensularının bedeli 483,60, ulaştırma masrafı ise 1857 frank tutmuştu.(44)

Mineralli sular Fransız volkanlarından, yerin 4 bin metre altından yeryüzüne ulaşıyordu, dönemin en ünlü minarelli suyuydu. Peki neden 3.170 kilometre uzaklıktaki bir kent olan Paris'ten ve sadece 2 sandık tercih edilmişti, akıllarda soru işareti bıraktı. Gerçekten, anlaşılması güçtü. Oysa Anadolu topraklarında Afyon'un Gazlıgöl beldesinde bulunan Kızılay Madensuyu, 5 bin yıldır insanlara şifa dağıtıyordu. 17 Ekim 1926 tarihinde gelir getirmesi ve kamu yararına kullanılması amacıyla Ulu Önder Atatürk tarafından Kızılay'a bağışlanmıştı.

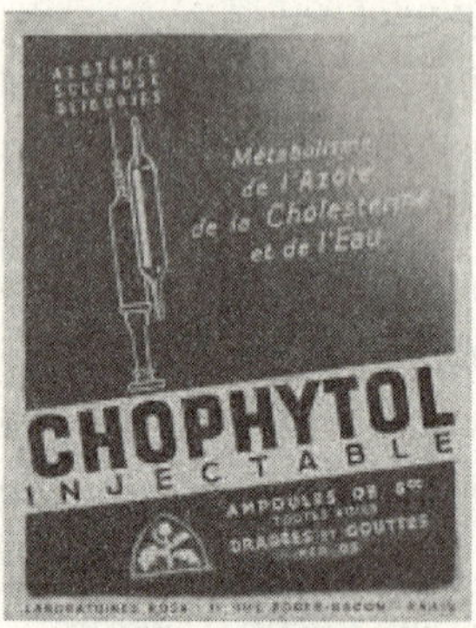

Chophytol ilaç kutusu

12. Bikarbonatlı su.
13. Mineralli bir tür su.
14. Enginar içerikli bir diüretik.

Diüretik ilaçların yan etkileri

Diüretik ilaçlar, hipertansiyon tedavisine yardımcı olmak amacıyla idrar atılımını kolaylaştıran ve fazlalaştıran ancak çok sayıda yan etkiye ve hayati tehlikeye yol açabilecek ilaçlardı. Temel etkileri, vücuttaki fazla suyun ve sodyumun atılmasını sağlamasıydı. Başta hipertansiyon olmak üzere pek çok önemli hastalığın tedavisinde kullanılmaktaydı. "Su hapları" olarak da anılıyordu. Vücuttaki fazla suyun atılımını sağlayarak kan basıncını düşürüyor, bu etkileri nedeniyle birçok hastalıkta kullanılıyordu. Vücut böylelikle tuz ve sudan arındırılmış oluyordu. Ancak her hastalıkta kullanılabilen bir ilaç değildi. Mutlaka önceden hastalığın teşhisi gerekiyordu. Birbirinden farklı etkilere sahip çeşitleri bulunmaktaydı. Her biri böbreğin farklı bir bölümünü etkiliyor ve farklı etkiler ortaya çıkarıyordu. Genellikle güvenli bir ilaç grubuydu. Fakat sürekli idrar yapma ve mineral kaybı gibi bazı yan etkileri vardı. Ayrıca kan potasyum seviyelerini de etkileyebiliyordu En fazla görülen yan etkileri, baş ağrıları, baş dönmesi, kan şekeri yükselmesi, kas krampları, kolesterol yüksekliği, deri döküntüleri, yorgunluk ve kaşıntıydı...

Atatürk'ün kaşıntılarının her geçen gün bundan dolayı olması olasılığı var mıydı; merak konusuydu. Üstelik karaciğerinde siroz vardı, geçmişten beri süren böbrek rahatsızlığı nedeniyle sıkça kaplıca tedavi alıyordu. Diüretikler karaciğer rahatsızlıkları olanlarda çok dikkatli kullanılan bir ilaç türüydü...[45]

Atatürk: "Buradaki sancı beni çok rahatsız ediyor Fuat Paşa."

1 Şubat 1938 / Bursa

Atatürk keyifli görünüyordu. Moralini bozmamaya çalışıyor, rahatsızlığının fark edilmemesini istiyordu. Başbakan Celal Bayar ve Ali Fuat Cebesoy ile birlikte Yalova'dan ayrıldı. Akşam Çelik Palas Oteli'nde kalındı. Sofraya geçildiğinde canı rakı çekti, Ali Fuat Cebesoy'a dönerek sordu:

"Ne yapacağız bu akşam? Yemek yiyip uyuyacak mıyız? Masaların üzerinde de sudan başka bir şey yok. Bütün gece su mu içeceğiz?"

Ertesi gün Bursa Merinos Fabrikası'nın açılış töreni vardı. Sabah uyandığında bitkindi. Törende de keyifsiz olduğu her halinden belli oluyordu. Akşam otelde balo vardı. Atatürk halsizliğini ortadan kaldırmak için hafif bir makyaj yapmıştı. Salona girdiğinde o hali dikkatlerden kaçmadı. Sofraya geçti, kadehine rakı dolduruldu...

Sahnede Tamburi Selahattin Pınar vardı. Şarkısı, "Mâni oluyor, halimi takrire hicabım" idi. Gazeteci-yazar Nizamettin Nazif Tepedelenlioğlu da oradaydı. Tamburi Selahattin Bey çalarken, Atatürk derin düşüncelere dalmıştı. Birdenbire ürperir gibi oldu. Selahattin Bey'e işaret etti: "Dur!" diye seslendi:

"Bu akort bozuk... La ve si kulağıma yabancı geliyor. Ver bana tamburu."

Selahattin Bey hürmetle doğruldu ve tamburunu Atatürk'e uzattı. Parmaklarını tellerin üzerinde dolaştırdı, mandallarını sıktı. Tellerden biri kopmuştu. "Vay!" dedi.

"Ne yapacağız şimdi? Başka tel yok mu?" diye sordu.

"Yanımda yok, fakat otelde var paşam!"

"Güzel... Getirt."

Yakın arkadaşı Ali Fuat Cebesoy'a döndü:

"İnsan bilmediği işe burnunu sokmamalı. Mamafih... Hepiniz de farkına vardınız ki akordu bozuktu."

22.15'te balo başladı. Erkekler siyah smokinler, hanımlar şık tuvaletler içinde arabalarla belediye salonuna geçti. Atatürk, otomobilinden inip, çevik adımlarla merdivenleri çıktı, şapkasını, eldivenlerini, pardösüsünü ve bastonunu vestiyere bıraktı ve ikinci kata çıkıp kendisine takdim edilen hanımları selamladı. Sonra da valinin eşine kolunu teklif edip salona girdi. Bando İstiklal Marşı'nı çaldı.

Atatürk konuk hanımlardan bazılarıyla vals yaptı. Neşeli görünmeye çalışıyordu. Orkestra şefi Azerbaycanlı Mehmet'ti. "Zeybek" diye seslendi. Orkestra üyeleri şaşkın, bir zeybeğin melodisini mırıldanmaya çalışırlarken, Atatürk yeniden gürledi:

"Hayır! O değil... Sarı Zeybek..."

Davetliler etrafını çevirdi ve gösteriyi izlemeye başladı. Hastaydı, ölüme meydan okuyordu...[46]

Bir süre sonra Bursa Belediye Başkanı Neşet Kiper'e yazdığı mektubun okunmasını istedi. Mektupta Çelik Palas Oteli'nin kaplıcalarından kaldığı memnuniyeti dile getiriyor ve jestini açıklamıştı. Yaveri okudu:

"Çelik Palas Oteli'nin Bursa Belediyesi'nin de gayret ve yardımlarıyla daha fazla gelişmesini temin için bu otelin ait olduğu şirketteki 34.830 Türk liralık hissemi belediyeye terk ediyorum... K. ATATÜRK."[47]

Öleceğini hissediyormuşçasına, milletine bağış yapmayı sürdürüyordu...

Balo sabahın dördüne kadar sürdü. Alkışlar arasında salonu terk ederken kapıda bekleyen makam arabasına binmedi. Tek başına ayaza aldırmadan yürümeye başladı. Celal Bayar, Şükrü Kaya, Kılıç Ali, Salih Bozok telaşla peşine düştü. Yüz adım kadar, dalgın dalgın önüne bakarak yürüdü. Sonra dar yolun anacaddeye kavuştuğu yerde sendeledi. Birden durup silindir şapkasını başına geçirdi, eldivenlerini giydi ve bastonunu parmakları arasında döndürerek konuştu:

"Fakat bizim bir arabamız olacaktı. Yayan mı gideceğiz yoksa?"

Arabası hemen getirildi. Biner binmez şoföre seslendi:

"Çabuk ol çocuk. Üşür gibi oluyorum."

Yaver arabanın camlarını kaparken derin bir iç çekti:

"Ne güzel geceydi..."

Ertesi sabah o, Bursa'dan ayrılıp, Mudanya'ya geçti. *Ege* vapuruyla İstanbul'a dönerken sancılar içinde kıvranıyordu. Saat 23.00'tü. Sancıyan yerini silah arkadaşı Ali Fuat Cebesoy'a gösterdi.

"Buradaki sancı beni çok rahatsız ediyor Fuat Paşa."

"Lütfen istirahat ediniz, çok rica ediyorum..."

Arkadaşını kırmadı, kamarasına çekildi. Özel doktoru Neşet Ömer İrdelp muayenesini yaptı, sancısını hafifleten ilaçları vererek istirahat etmesini istedi...

Ali Fuat Paşa, endişeliydi. Uyuyamamıştı. Bir ara kalktı nöbetçisinin yanına giderek uyuyup uyumadığını sordu. O sırada arkadaşının sesini duyunca kamaraya buyur etti. Arkadaşının başucuna oturdu. Atatürk, kısık bir sesle yavaş yavaş konuştu:

"Doktorun müdahalesinden sonra kendimi daha iyi hissediyorum. Uyuyabileceğim. Fakat bu seferki hastalığımın tedavisi uzunca sürecek gibi görünüyor. Yatakta uzun zaman kalacak olursam çok sıkılacağım, ancak sizin gibi arkadaşlığımız mektep hayatından başlayan dostlarımla oyalanabileceğim. Beni yalnız bırakmayınız Fuat Paşa..."

Ali Fuat Bey gözlerinde toplanan yaşları belli etmemeye çalıştı. Atatürk'ün eli arkadaşının elleri içinde, aldığı ilaçların etkisiyle uyuyakaldı...[48]

Ali Fuat Cebesoy

Çankaya Köşkü "siyanidrik asit" ile dezenfekte edilir

Mudanya'dan İstanbul'a 4 Şubat 1938 günü dönüldü.

İki gün dinlendikten sonra akşam İstanbul'da Park Otel'e geçti. Zatürreenin kritik dönemini atlatmıştı. Akşam yemeği orada yenilecekti.

Sofra camekâna yakın bir yerdeydi. Hava soğuktu. Yakın dostu Kılıç Ali'nin omuzları tutuldu. Atatürk de soğuk aldı; üşüttü. Ertesi gece kuvvetli öksürüğe tutuldu. Kadıköy'de oturan özel doktoru Prof. Neşet Ömer İrdelp'e haber verildi. Ancak kuvvetli lodos vardı, gelemedi. Vakit kaybedilmeden bu kez Prof. Nihat Reşat Belger arandı.

Saat sabahın dördü olmuştu. Prof. Belger Taksim Sıraselviler'deki evinden Dolmabahçe Sarayı'na geldi. Atatürk muayene edildi. Tedaviye geçildi. Prof. Belger serum taktı, "idrar söktürücü" ve "sinir yatıştırıcı" ilaçlar verdi, evine döndü.

Sabah olduğunda bu kez Prof. Neşet Ömer Bey Saray'a geldi. Prof. Nihat Reşat Belger tekrar saraya çağrıldı. İki hekim Atatürk'ü muayene etti. Ateşi güçlükle kontrol altına alındı.[(49)]

5 Şubat olmuştu. Süreyya Anderiman bir kez daha telgrafla bazı ilaçlar istedi. Bedelleri 256,0 frank, gönderilme masrafı ise 625,50 franktı. Ancak bu telgraf metni arşiv kayıtlarına geçmedi.[(50)]

İsmet İnönü, hasta olduğunu duymuştu, izin istedi. Atatürk hemen yanına çağırttı. İsmet Bey bir gün sonra Ankara'dan geldi. (Bir hafta saraya konuk olacaktı...)

Süreyya Anderiman, Suat Davaz'a telgraf çekti:

> *"Önderimizin emirlerine binaen telgrafla ve telefonla vaki olan siparişlerden bazılarının geldiğini teşekkürle arz ve faturalarının da gönderilmesini rica ederim."*

Doktor Asım Arar Sağlık Bakanlığı müsteşarıydı...

Atatürk, Yalova Köşkü'ndeydi. Kaplıca banyolarına giriyordu.

Özel Kalem Müdürü Süreyya Anderiman, Asım Arar'ı telefonla aradı.

"Asım Bey, Köşk'ü (Çankaya) karıncalar bastı. Atatürk'ün gayet hassas cildi bu haşereler tarafından ısırılarak daima kaşıntı yapıyor. Bir çaresine baktırsak uygun olacaktır..."

Sinirleri gergindi. Burun kanamaları sürüyordu. Sol bacağının kasık bölgesi ile dizkapağı arasındaki kaşıntılar artmış, özellikle sofrada öksürük nöbetleri tutuyordu. Soluk alıp vermesi de endişesine endişe katıyordu.

Sofranın müdavimlerinden gazeteci Falih Rıfkı Atay, daima yanında bulunan hekimlerin neden Atatürk'ün bu durumuna yeterince dikkat etmediğini merak ediyordu...

Vakit kaybedilmeden "Veteriner Fakültesi Protozooloji ve Entomoloji Dalı" öğretim üyelerinden Parazitolog Doktor Nevzat Tüzdil çağrıldı. Karıncaları inceledi ve Çin'den Avrupa'ya gelen ve et yiyerek yaşayan türden karıncalar olduğunu açıkladı...

Nevzat Tüzdil, 1923-1924 yılları arasında İstanbul mezbaha veteriner hekimi olarak çalışmış, 1925 yılı başında Almanya'ya uzmanlık öğrenimi için gönderilmiş, dört yıla yakın orada kalarak Berlin Parazitoloji, Hamburg'da Tropen enstitülerinde çalışmıştı. 1936 yılında, *Mezbahalarda Parazitoloji* adında bir kitap yazmıştı...

Parazitolog Doktor Nevzat Tüzdil

Karar verildi. Atatürk Yalova Köşkü'ne geçecek, karıncalar haşere ilaçlarıyla yok edilecekti. Kaşıntıların gerçek sebebinin başka bir nedene dayalı olduğu kimsenin aklına gelmiyordu. Köşkü ilaçlamaya karar verildi.

Doktor Asım Arar, Genelkurmay'ın zehirli gaz uzmanı Nuri Refet Korur ile görüştü. Saray'ın zehirli "siyanidrik asit" içerikli "Zyclon B" gazı ile dezenfekte edilmesine karar verildi.

Köşk'e sıkılacak gaz gemilerde fare öldürmek için de kullanılıyordu. *Yavuz* zırhlısından gelen ekipte Dr. Nuri Refet Korur, Yüzbaşı Kimyager Arif Tekman, Üsteğmen Doktor Behiç Onul, Üsteğmen Faruk ve iki sıhhiye astsubayı vardı. Bu gruba Deniz Binbaşı Refik Kuntol, DKK Sağlık Dairesi Başkanı Albay Mazhar Tan da katıldı.

7 Şubat günü Dolmabahçe Sarayı'nın kapı, pencere tüm delikleri kapatıldı. Saray tamamen boşaltıldı. Kapı baca sıkıca hava çıkmayacak biçimde korundu. İçeri 48 saat "siyanidrik asit" içerikli "Zyclon B" püskürtüldü.[15]

Saraya beş gün kimse sokulmadı. İçeri girildiğinde ölü karıncalara rastlandı, haşerat temizlendi ve Atatürk'e bilgi verildi. Ne var ki burun kanamaları ve kaşıntıları halen sürüyordu...[(51)]

Atatürk birkaç gün sonra Dr. Behiç Onul'u Dolmabahçe Sarayı'na davet etti ve kendisinden Çankaya Köşkü'nde yapılan ilaçlamayla ilgili bilgi aldı.[(52)]

Zyklon B gazını üreten Alman ilaç devi IG Farben

"Zyklon B" önceleri haşereleri öldürmekte kullanılıyordu. Ne denli zehirli olabileceği bilinmiyordu. Gazı üreten firma, 1919 yılında kurulan DEGESCH'ti. Şirketin yüzde 42,5'lik payına 1931 yılında "IG Farben" adlı firma sahip olmuştu. Alman kimya sanayiinin deviydi. 1925 yılında kurulmuştu. Dünyanın en büyük kimya

15. Hitler, İkinci Dünya Savaşı'nda, Zyclon B gazıyla, toplama kamplarında katliam yapacaktı.

şirketiydi ve Rockefeller ailesinin "General Motors" ile "U.S. Steel ve Standart Oil Company"sinden sonra en büyük dördüncü genel sanayi kuruluşuydu. Alman siyasetine ve ekonomisine yön veren en önemli güçtü. Hitler'in ana destekçilerindendi.

Nazi Partisi'ne açık parasal destek veren Kepler'in yakın dostları, Himmler'in Çemberi gibi toplulukların en önemli üyelerinden birisi IG Farben'di.

Hitler'in ekonomi danışmanı Wilhelm Keppler tarafından 1932 yılında kurulan "Keppler'in Yakın Dostları" kulübünün amacı da Nazilerin bu partisine ekonomik katkı sunmaktı. Sermayenin Nazi Partisi ile dayanışma kulübü 1935 yılında "Himmler'in Yakın Çevresi" ve "Ekonominin Yakın Dostları" adlarını alarak daha da büyüdü.[53]

Alman sermayesinin en büyüklerinin yöneticilerinin üye olduğu 32 kişilik yeni kulüp, 1935-1944 yılları arasında her yıl Himmler'e 1 milyon mark ödüyordu. Hermann Schmitz, 1935-1945 yılları arasında IG Farben'in yöneticiliğini yaptı. Aynı zamanda Hitler hükümetinde savaş ekonomisinin başıydı.[54]

Dünya para baronları, "tavşana kaç, tazıya tut" demeyi sürdürüyordu. Tek hedefleri, Büyük İsrail Devleti'nin temellerini bir an evvel atmaktı...

İkinci Dünya Savaşı'nda kullanılan "Zyklon B" gazı kutusu

Fransa'dan istenen ilaçlar

24 Şubat 1938

Akşam saatleriydi...

Dışişleri Bakanı Tevfik Rüştü Aras İngiliz Büyükelçisi'ne Atatürk'ün sağlığı konusunda bilgi verdi, "Soğuk algınlığı mevcuttur" dedi.

Büyükelçi Sir Percy Loraine bir gün sonra, aldığı bu bilgiyi çok gizli ibareli bir telgrafla Londra'ya aktardı. Loraine, bir kaygı olduğunda da şahsen bilgilendirileceğini ekledi:

> *"(...) Dahası var: Mesele bu raddeye varırsa bizim, yani Türk Hükümeti'nin, beklenmedik bir olay karşısında ne gibi tedbirler almak niyetinde olduğunu dahi size söyleyeceğim. Kanaatimce, Aras'ın beyanı samimidir..."*

İngiliz büyükelçi iki aydan beri haber alamadığı konuyla ilgili bilgilendirilince memnun olmuştu. Yazıyı yollarken bir de özel mektup postaladı ve Aras'ın bu önemli demecinin İngiliz Kabinesi'ne de sunulmasını hatırlattı...[55]

Suat Davaz hukuk eğitimi almış, ardından Dışişleri Bakanlığı Ticaret Müdürlüğü, müsteşar vekilliği gibi görevler sonrasında, 1921 yılında Ankara'ya geçerek Milli Mücadele Hükümeti'ne katılmıştı. Dışişleri Bakanlığı'nın ilk müsteşarı olan Davaz, Cumhuriyet'in ilk yıllarında, 1923'ten 1932'ye kadar Roma Büyükelçiliği yapmıştı. Cumhuriyet'in ilanından sonra Atatürk devrimlerini adım adım izlemiş, destek vermişti. Daima Atatürk'ün güvendiği ve kendisiyle yazışarak fikirlerini aldığı bir aydındı. Atatürk örnek bir çiftlik kurmak istediğinde kendisinden doküman istemişti. Suat Davaz, Roma'dan konuyla ilgili yayınlar ve kitaplar göndermişti.[56]

Paris-İstanbul arasındaki ilaç yazışmaları sürüyordu. Yeni siparişler verildi:

> *"Beş kutu Pilules de haut (uzun haplar).*[16]
> *On iki şişe Solution Tisch.*
> *On kutu Agocholine zizine.*[17]
> *On iki kutu Extrait hepatique ampoule choay."*[18]

İlaçların bazıları yeni ısmarlanıyordu, daha önceki siparişlerde bunlardan yalnız bir tanesinin adı geçiyordu. Paris Büyükelçisi Suat Davaz, ilaçların gönderildiğini, bedelinin 790,80 frank, posta ücretinin de 731 frank tuttuğunu Ankara'ya bildirdi.

İlaçlarla birlikte kimi zaman bazı eşyalar da ısmarlanıyordu. Bunların arasında golf çorabı da vardı. O çorapların açık havada giyildiği bilindiğinden Atatürk'ün sağlığının çok ciddi olmadığı; yatağa düşmediği de anlaşılıyordu. Ancak söylentiler ayyuka çıkmıştı...[(57)]

Atatürk için ısmarlanan Agocholine Zizine

16. Hangi ilaç olduğu belirtilmemiştir. Fransızca "en iyi haplar" anlamına gelmektedir.
17. Karaciğer ve safra bozukluklarında kullanılan bir ilaç.
18. Karaciğer tedavisinde kullanılan ilaç.

Müsteşar Arar: "Yegâne çare bir ecnebi mütehassıs..."

27 Şubat 1938
Çankaya
Dışişleri Köşkü

Balkan Antantı'nın üzerinden dört yıl geçmiş Atatürk Çankaya'da antanta katılan ülkelerin üst düzey temsilcilerine davet veriyordu. Davete katılanlar arasında Romanya Dışişleri Bakanı Nicolae Petrescu-Comnen, ama daha önemlisi Yugoslavya Başbakanı Dr. Milan Stoyadinovitch ve Yunanistan Başbakanı İoannis Metaksas da oradaydı...

Metaksas, asker kökenliydi. İthaca'da aristokrat bir ailenin çocuğu olarak dünyaya gelmişti. 1912-1913 yıllarında Yunan Ordusu saflarında Balkan Savaşları'na katılmış, 1917'de Korsika'ya sürülmüştü. Dönüşünde ülkesinde siyasete atılmış, Freethinkers Partisi'ni kurmuştu. Nisan 1936'dan o yana başbakandı...

4 Ağustos 1936'da Kral II. George'un desteğiyle darbe yapmış, komünist karşıtı bir rejim kurmuştu...

Rejimini Faşist İtalya gibi yapılandırmıştı. Ülkesinde grevleri yasaklamış, basına sansür uygulatmış bir diktatördü...

Almanya, Yunanistan'ın en büyük ticaret ortağıydı. Metaksas dış politikada önceleri Almanya'ya sıcak baksa da sonrasında Fransa ve İngiltere'den yana tavır alacak, bu durum Adolf Hitler'in hiç hoşuna gitmeyecekti...

Büyük ölçüde bir İngiliz hayranıydı.

İngiliz Kraliyet Donanması'nın Akdeniz'deki üstünlüğü Yunanistan gibi bir denizcilik ülkesi tarafından göz ardı edilemezdi. Mussolini'nin yayılmacı politikasından ülkesini bu şekilde koruyabileceğine inanıyordu. Ama bu kez tercihini Türkiye'nin dostluğuna sığınarak bulmaya çalışıyordu...

Davet keyifli geçiyor, ancak Atatürk keyifsiz oluşunu hissettirmemeye çalışıyordu. Davete katılanlar dünyayı savaşa sürükleyen Hitler ve Mussolini'ye karşı gelenlerdi. Görüşmeler çok hassastı. Balkanlar, Avrupa demekti...

Sağlık Bakanlığı Müsteşarı Doktor Asım Arar ve eşi davete iki saat geciktiğini düşünürken yanılmıştı. Görevlilere sorduğunda gecikmenin Atatürk'ten kaynaklandığını öğrendi. Oysa Atatürk'ün davetlere saatinde geldiği bilinirdi. Burnunun kanadığını ve uzunca bir süre devam ettiği bilgisini aldı. Atatürk bu nedenle Köşk'ten geç çıkmıştı.

Saat 20.00'de başlaması planlanan yemek için tüm konuklar gelmiş, ancak Atatürk, hiç âdeti olmadığı halde gecikmişti. Herkes merakla davet sahibini beklerken, o da, odasında burnundan şiddetle akmaya başlayan kanın durdurulmasını beklemişti. Davetlilerin arasına katıldığında kısa bir süre konuklarıyla ilgilenmiş, halsizliğini hissettirmemeye çalışarak elinde bir konyak kadehiyle kanepeye oturmuştu...

Dr. Asım Arar, Atatürk'ün hareketlerini takip ederken düşüncelere daldı:

"Aylardan beri cereyan eden hadiseler, burun kanamaları, kaşıntılar, karınca hikâyeleri, müşahede ettiğim yorgunluk ve halsizlik, hülasa bütün bu vakalar? Alkol?"

Atatürk'ün amansız bir hastalığın pençesinde olabileceğini ve bu durumu mutlaka hükümet erkânına haber vermeyi düşündü:

"Aksi takdirde vazifemi yapmamış olur, derin bir manevi mesuliyet içinde kalırım..."[58]

O sırada kendisini çocukluğundan beri tanıdığı İçişleri Bakanı Şükrü Kaya'nın yanına giderek düşündüklerini anlattı:

"Şükrü Beyefendi size İçişleri Bakanı hem de bu vatanın kıymetli bir ferdi olarak çok mühim ve ağır bir şeyden bahsedeceğim. Atatürk çok vahim bir hastalığın başlangıcındadır ve öyle zannediyorum ki şimdiden tedbir almak hususunu ihmal edecek olursak maddi manevi mesuliyetimiz olur."

Bakan Kaya, "Gel seni Celal Bey'e götüreyim" dedi. Bayar o sırada Yugoslavya Başbakanı Stoyadinoviç ile görüşüyordu.

"Bakın Celal Bey, Asım mühim bir şeyden bahsediyor. Kendisini dinlemenizi rica ederim."

Bayar, Yugoslavya başbakanından izin istedi, yanından ayrıldı, Asım Arar'ın söylediklerini dikkatlice dinledi. Durumu öğrendikten sonra, "Ne yapalım?" diye sordu. Doktor Arar düşündüklerinde kararlıydı:

"Takip edilecek tek bir yol var! Atatürk'ü ciddi bir muayeneye tabi tutmak, ondan sonra da ortaya çıkacak duruma göre bir tedavi sayesinde kurtarmaya çalışmak. Bunun için de fikrimce, yegâne çare bir ecnebi mütehassıs getirerek onun da yardımıyla tedavi işlemini tanzim etmek..."

Başbakan Bayar, Atatürk'ün bu fikri beğenmeyeceğini tahmin ediyordu fakat kendisiyle mutlaka konuşacağını söyledi. Doktor Arar, "Burnundan gelen kanın ciğerden geldiği inancındayım, eğer şüphelerim doğruysa durum vahim demektir" diye uyarıda bulundu...

Atatürk o sırada vatanını koruma derdindeydi...

Doktor Asım Arar

Prof. İrdelp: "Atatürk'ten kan almaya çekindik..."

Mart 1938

Prof. Neşet Ömer, Ankara'dan Prof. Erich Frank'ı arayarak Atatürk'ün muayene etmesini istedi. Doktor, 2 Mart 1938 günü trenle başkente geldi. Kendisini akşamüstü garda Neşet Ömer Bey karşıladı. Kendi arabasıyla doktoru Köşk'e götürdü. Yolda giderken, Atatürk'ün çok hassas ve hastalığı sebebiyle gergin olduğunu anlattı, uyardı, "Muayene ettirmez..." dedi. Köşk'e varıldı.

Atatürk koltukta sıkıntılı halde oturmaktaydı. Selamlaştılar, Prof. Frank kendisinden muayene için izin istedi. Doktorun her sorusuna nazikçe Almanca olarak yanıtlar verdi.

Muayene bittikten sonra iki profesör bulguları ve tedavi yöntemlerini tartışmak için Prof. Neşet Ömer Bey'in Kızılay'daki evine gitti. Prof. Frank'ın kısa bir süre sonra duyacakları hayretler içinde bırakacaktı.

Atatürk'e o güne kadar bir kan tahlili yapılmamıştı. Ellerinde sadece Haseki Hastanesi'nde Başhekim olan Doktor Fethi Erden'in analiz ettiği, birkaç idrar raporu vardı.(59)

Profesör şaşkın vaziyette sordu:

"Bu nasıl olur efendim?"

Prof. Neşet Ömer Bey, yüzü asık yanıtladı:

"Atatürk'ten kan almaya çekindik..."(60)

Fethi Erden, hekim, bakteriyoloji ve hayati kimya uzmanıydı. 1928 yılında Muhibban-ı Hürriyet Locası'nda tekris edilmiş masondu. Uzun yıllar İstanbul Türk Ocağı Genel Sekreterliği'ni yürütmüştü.[19]

---

19. Prof. Erden Mayıs 1948'de Uyanış ve Hürriyet localarında Üstad-ı Muhteremlik yapacak, 1953'te Mason Büyük Üstadı olacaktı. Ayrıca Hamdullah Suphi Tanrıöver'in sahibi olduğu Türk Yurdu dergisinin genel yayın müdürlüğünü yapacak ve bu görevini vefat ettiği tarihe kadar sürdürecekti.

Prof. Fethi Erden

Atatürk siroz olduğunu öğrenir, konsere gider

6 Mart 1938

Türk hekimlerinden kurulu sağlık heyeti Çankaya Köşkü'ne geldi. 5 hekim vardı:

Prof. Dr. Akil Muhtar Özden

Prof. Dr. Neşet Ömer İrdelp

Prof. Dr. Hüsamettin Kural

Dr. Asım Arar

Dr. Ziya Naki Yaltırım

Kurul, önce Köşk'ün kütüphanesinde kendi aralarında bir toplantı yaptı. Eski raporlar incelendi. Ardından Atatürk'ün yanına çıkıldı. Üstünde koyu bir ropdöşambr vardı. Kanepede düşüncelere dalmış, oturuyordu. Yanında İsmet İnönü vardı. Doktorları karşısında görünce şaşkınlığını dillendirdi:

"Korkunç!"

Bütün vücudu, uzunca bir muayeneden geçirildi. Ayak bileğinde hafif bir ödemi vardı. Karaciğeri biraz büyümüştü. Hekimler izin isteyerek tekrar Köşk'ün kütüphanesine çekildi. Görüşmeler sonrasında beş hekim ortak kararını açıkladı:

"Hastalık: karaciğer atrofik sirozu başlangıcı..."[20]

20. Karaciğerin boyutlarının küçülmesiyle belirgin siroz.

Doktorlar, teşhisten sonra uzun uzun tedavi üzerine konuştular. Hastalığın sonunda mutlaka "ölüm" olduğunu düşünüyorlardı. Yapılabilecek tek şey, hastalığı mümkün olduğu kadar geciktirmekti. İlk ve en önemli karar Atatürk'ü alkolden uzaklaştırmaktı. Rapor düzenlenmesine karar verildi. Atatürk'e sunulacaktı.

Raporu Dr. Asım Arar kaleme aldı, doktorların hepsi imzaladı. Ve huzura çıkıldı. Takdim, yine Dr. Asım Bey'e kalmıştı.

Atatürk ayakta bekleyen Asım Arar'a, kulakları az işiten İsmet İnönü'yü göstererek seslendi:

"Yüksek sesle oku da paşa da duysun..."

Dünya liderlerinin gıptayla takip ettiği kahraman, hayatının bundan sonraki sürecini öğrenecekti. Soğukkanlılığını korudu. İnönü, dikkat kesildi. Başbakanlığı Celal Bayar'a bırakırken Atatürk ile aralarına az da olsa soğukluk girmişti. Birazdan duyacakları o arkadaşının akıbetinin ne olacağıydı.

Kara rapor okunmaya başlandı. Atatürk ara sıra başını sallayarak ve hiç sözü kesmeden dinledi. Sıra son cümlelerdeki alkolle ilgili bölümlere gelince hafifçe gülümseyerek sordu:

"Bu içki yasağı ne vakte kadar devam edecek?"

Doktor Arar, yanıtladı:

"Yine böyle bir heyet toplanıp, içki kullanmakta mahzur olmadığına karar verinceye kadar efendim..."

Gülümsemesi bir anda uçup gitti. Canı sıkıldı:

"Ben alkolü çok eskiden beri kullanıyorum. Bir şey olmadı. Şimdiki hastalığıma başka bir sebep aramanız lazım..."

Kimseden ses çıkmayınca Asım Bey cesaretini toplayıp, tekrar söze girdi:

"Efendim sizin birkaç defa sofranızda bulundum. Çok içiyorsunuz. Lakin bununla dimağı faaliyetinize hemen hiçbir şey olmuyor. Bunun sebebi şudur: İçtiğiniz alkolü çabuk yakıyor veya ziyansız bir şekle sokuyorsunuz. Bunu yapan en mühim uzvunuz karaciğerdir. Bugün karaciğeriniz hastalanmıştır. Artık vazifesini eskisi gibi göremeyecektir. Aldığınız alkol de sizi zehirleyecektir. Onun için bunu mutlaka bırakmanız lazımdır."

Yüzlerine dikkatlice baktı, başını salladı, kısa bir süre suskun kaldı, ardından sadece, "Peki" dedi...

Hekimlere teşekkür etti, başıyla "çıkabilirsiniz" işareti yaptı. El sıkıp çıktılar...

Dinledikleri hiç hoşuna gitmemişti. İsmet Bey ile yalnız kalmışlardı. Ses tonunu yükselterek konuştu:

"Bunların hiçbiri bir şeyden anlamıyor. Ben rakı içmek istediğim için söylemiyorum ve icap ederse yine içmeyeceğim. Fakat bunlara hastalığımın rakıyla hiçbir alakası olmadığını da ispat edeceğim. Beni en çok üzen şey, bugüne kadar doktorlarımdan hiçbirinin gerçek durumumu anlatıp, içkiyi mutlaka bırakmam gerektiğini söylememiş olmasıdır. Yoksa hiç tereddüt etmeden bırakırdım ve belki de bu hallere düşmezdim."(61)

Hayatı boyunca aldığı en önemli haberlerden birini almıştı. Yıllarca savaş meydanlarında siperden sipere koşarken, hayatını vatanı uğruna hiçe sayarken bile daha rahat hissetmişti...

Teşhisin akşamı neşesini toplamaya çalıştı. Yeni Sinema'ya, ses sanatçısı Melek Tokgöz'ün konserine gitti.

Sanatçı, saz arkadaşları Selahaddin Pınar ve Nubar Tekyay konser için hazırdı. Perde açıldı. Konser başladı. Melek Hanım bir ara başını kaldırdığında Atatürk'ü görüp arkadaşlarına sevinçle işaret etti...

Üst locada oturuyordu; habersiz gelmişti. Sanatçılar hemen Atatürk'ün en sevdiği Rumeli türkülerini okumaya başladı. Atatürk dalgın ama neşesini kaybetmeden konseri dinledi.

Son şarkı "Sarı Kurdelam Sarı" türküsüydü.

"İpek kuşak beldedir
Saçakları yerdedir
Dünyayı güzel sarsa aman ah, ah, ah
Yine gönlüm sendedir
Yandım hey hey, hey..."

Türkü bittiğinde ayağa kalkarak sanatçıları coşkuyla alkışladı. Ayrılırken Melek Tokgöz Hanım'ın özel çiçeği, kulisteki yerini çoktan almıştı...[62]

Melek Tokgöz

Prof. Frank'ın teşhisi: "Presiroz siroz."

12 Mart 1938

Almanya'nın Avusturya'yı ilhak etmesinin ardından, Naziler Alman ve Avusturyalı Yahudileri tutuklamayı hızla sürdürdü ve Almanya'daki Dachau, Buchenwald ve Sachsenhausen toplama kamplarına hapsetmeye başladı...

Türk hekimlerinin teşhisinden üç gün sonra Ankara Halkevi'nde güreş karşılaşmalarını izledi, sonraki günlerde Gazi Orman Çiftliği'nde vakit geçirdi, Etimesgut'taki Türk Kuşu Meydanı'nda düzenlenen uçuşları seyretti, gençlerle sohbet etti, halkının arasında gezintilerini sürdürdü. Adeta ölüme meydan okuyordu...

Doktoru Prof. Erich Frank, Berlin doğumluydu. 1908-1911 yılları arasında dünyaca tanınmış kaplıca Weisbaden'de romatizma sorunlarıyla ilgili bilimsel çalışmalar yapmıştı. O dönemlerde hipertansiyonun daima bir böbrek sertleşmesi sonucu ortaya çıktığı sanılıyordu. O sertlik olmadan da hipertansiyonun olabileceğini kanıtladı. Adını, "Essentielle Hyper tcnie" (gerekli hipertansiyon) koydu; tıp terminolojisine aldırdı.

"Diabetes insipidus"un (yalancı diyabet) nedenlerini aydınlatması o dönemde çok konuşulmuştu: Bir kişi kafasına kurşun sıkarak ölmek istemiş fakat şans eseri kurtulmuştu. Merminin saplandığı bölge "sella turcica"ydı (kafataslarındaki sfenoit kemikte bulunan eyer şeklindeki çukur). Hastada diyabet tespit edilmişti. Prof. Frank "Hypophysis cerebri" (beynin hipofiz bezi) arka kısmı ile "hipotalamus sahası"nın (beynin ön kısmı) "diabetes insipidus"taki (böbreklerin suyu koruma mekanizmasında yaşanan bozukluklar sonucunda ortaya çıkan bir hastalık; hastalarda önlenemeyen su içme isteği ve çok fazla idrara çıkma belirtileri görülür) nedenlerini ortaya çıkardı. 1915-1918 yılları arasında da buluşlarını sürdürdü.

"Purpura hemorrhagica"da (damar bozukluğundan ileri gelen ve deride morumsu lekelerle kendini gösteren hastalık) gerçek nedenin ilikte "megakaryosit"lerin (trombosit üretiminden sorumlu kemik iliği hücresi) trombosit yapmamaları olduğunu ileri sürdü. Bu hastalığa "Essentielle thrombopénie" ismini verdi.

Prof. Frank araştırmaya doymayan bir hekimdi.

"Aleukia Hemorrhagica" (eritrosit, lökosit ve trombositlerin azalışı ile belirgin, deri üzerinde purpura şeklinde kanama odaklarının eşlik ettiği ağır anemi şekli) ve "Aleukia Splenica" (dalakta kanın, lökosit sayısının yok denecek şekilde azalması) tablolarını çizmesi tıp dünyasında büyük sükse yapmıştı.[21]

1925 yılında diyabet hastalığında kullanılan "Synthaline" ilacını keşfetti. İlaç o yıl merkezi Berlin'de bulunan "Schering AG" firması tarafından üretilmeye başlanmıştı. Schering AG, çokuluslu bir ilaç şirketiydi.[22]

O ilacı buluşu kendisine iki yıl sonra Amerika kapılarını açmıştı. Almanya'ya döndüğünde Hitler kâbusu ile karşılaştı ve

21. Bugün halen kullanılan hipersplenizm (dalağın kan hücrelerini vaktinden önce ve aşırı yıkması durumu) tabiri ona ait.

22. Prof. Frank'ın bulduğu "Synthaline" ilacı 1941 yılında karaciğer üzerinde yan tesirler geliştirdiği için yeterli görülmeyince piyasadan çekildi.

çareyi Türkiye'ye kaçmakta buldu. 1934 yılından beri "İstanbul Üniversitesi 2. Dahiliye Kliniği" direktörlüğü görevindeydi.

Gençler kendisini çok severdi. Bunun nedeni iyi bir eğitmen oluşu ve Anadolu'daki fakir öğrencilere yardım edişiydi.[63]

Atatürk, 12 Mart 1938 günü işte böylesine uzman bir hekim tarafından muayene edilmişti. Prof. Frank muayenesini tamamladıktan sonra raporunu açıkladı:

"Teşhis: Presiroz siroz!"

Dünyaca ünlü profesör safra söktüren bir ilaç verdi. Ancak Atatürk bu ilaçtan da memnun kalmadı...[64]

Prof. Erich Frank

Atatürk'e bolca tatlı yedirilir...

Günün iki üç saatini arka üzeri ve uzun yatmak üzere geçirecek, bunu üç ay devam ettirecek, yorulmayacaktı. Kuvvetli beslenmesi, bilhassa çok tatlı yemesi, ayrıca taze soğanla peynir yemesi tavsiye ediliyordu. Çok sevdiği yağlı kuru fasulyeyi de istediği zaman yiyebilecekti. Ancak katiyen alkol almayacaktı.

Sıkı bir rejime koyulmuştu. Tavsiyeleri dinliyor, asla alkol almıyordu. Yalnız 24 saatin 23 saatinde uzanmak hoşuna gitmiyor, buna o kadar yaklaşmıyordu. Günün büyük çoğunluğunu Recep Zühtü Bey'in İngiltere'den getirtip hediye ettiği koltukta uzanarak geçiriyordu. Tek neşesi akşamüzerleri Salih Bozok, Kılıç Ali ve Cevat Abbas Güner ile yaptığı anı sohbetleri ve tatlı yemekler listesi tanzim etmekti. Doktorlar çok tatlı yemesini tavsiye etmiş oldukları için sofrada daima birkaç türlü tatlı bulunurdu. Bazen yakın arkadaşları evlerinden özel olarak yapılan aşure, helva gibi tatlılar da yaptırıp getiriyorlardı. Abdülhalik Renda'nın yaptırıp gönderdiği Yanya tatlısı ve Muhlis Erdener'in eşi Münire Hanım'ın gönderdiği irmik helvası çok hoşuna gidiyordu.[23]

Atatürk: "Ne yapacaksan çabuk yap, ben hastayım..."

Türkiye'deki doktorların teşhisinden sonra Başbakan Celal Bayar yabancı hekim konusunu bir kez daha Atatürk'e hatırlattı.

23. "Institute of Medicine"ın raporuna göre şeker kötü kolesterol olarak bilinen LDL ve trigliseritlerin yükselmelerine neden olarak damar tıkanıklığına yol açabiliyor. Damarların içindeki bu parçacıkların artması da kalp krizi riskini yükseltiyor. Karaciğerde fazla trigliserit birikimi yağlı bir karaciğere sahip olmanıza neden olabiliyor. Yapılan çalışmalar da gösteriyor ki fazla früktoz tüketimi trigliseritlerin yükselmesine yol açarak karaciğer yağlanmasını tetikleyebiliyor. Ayrıca fazla şeker tüketimi sonucu kilo artışı ve bunun sonucunda obezite ile gelen insülin direnci de karaciğer yağlanmasını tetikleyebilen diğer unsuru oluşturuyor. Avustralya Ulusal Üniversitesi'nde yapılan çalışmaya göre; kan şekerinin uzun süre normal değerlerin üzerinde seyretmesi sonucu bu kişilerde beynin küçülme riski normal bireylere göre daha fazla oluyor. Avustralya Ulusal Üniversitesi'nden araştırmanın sahibi Profesör Dr. Nicolas Cherbuin beyinde hafızayı oluşturan kısımlarda oluşan küçülmenin de hafıza sorunlarını ortaya çıkarabileceğini beliriyor. Fazla şeker tüketimi ayrıca dikkat eksikliği ve öğrenme güçlüğü de yapabiliyor. Sonuç olarak; sirotik hastaların beslenme durumu multidisipliner bir ekip tarafından tam ve doğru olarak değerlendirilmelidir. Beslenme durumu değerlendirilirken SGD, antropometrik ölçümler kullanılmalı, hastanın beslenme öyküsü ve besin tüketimleri kaydedilmeli ve hastaya özel beslenme planı geliştirilip hasta sık aralıklarla takip edilmelidir. Böylelikle erken dönemde malnutrisyonun tanılanması ve tedavi edilmesi hastanın yaşam süresini ve kalitesini artıracaktır. Türkiye'de siroz hastalarının beslenme durumu ve beslenme tedavisinin etkinliğine ilişkin çalışmalara ihtiyaç vardır.
İnsülin iğnesi 1922 yılında biliniyordu. 14 yaşındaki Leonard Thompson'a yapılmıştı. Kanada'daki Toronto General Hastanesi'nde yatan çocuk, diyabet hastalığı yüzünden ölmek üzereydi, enjeksiyon ile kandaki şeker miktarı normale döndü.

Yaklaşık bir buçuk ay önce de hatırlatmış, "Ortada Hatay meselesi var, hastalığım dışarıda duyulursa fena olur" yanıtını almıştı. Bayar, bir kez daha ısrarcı oldu:

"Efendim bizim için en önemli dava sizin sağlığınızdır. İzin verin bir yabancı uzman getirelim..."

Bu kez itiraz etmedi.

"Çocuk!" dedi. "Ne yapacaksan çabuk yap, ben hastayım."(65)

İngiliz Büyükelçi Sir Percy Loraine Atatürk'ün sağlık durumu hakkında her şeyi bilmek istiyordu. Dışişleri Bakanı Tevfik Rüştü Aras kendisini bilgilendiriyordu. O da aldığı bilgileri kendi ülkesinin bakanlığına acil koduyla geçiyordu. 19 Mart 1938 günü aynını yaptı:

> *"Tevfik Rüştü Bey ile görüştüm. Atatürk'ün hâlâ çelik gibi olduğunu, melekelerinin eskisi kadar sağlam, muhakemesinin seri ve emin, gerçekleri kavrama hissinin keskin, yoğun çalışmadan yorulmak bilmez ve dimağının her zamankinden daha fazla uyanık olduğunu, belirtti..."*

Aynı gün Paris'ten madensuları ve ilaçlar ısmarlandı. Paris Büyükelçisi Suat Davaz, bir miktar daha "Vichy madensuyu" yolladığını bildirdi.(66)

Prof. Eppinger'in Hitler'e resmi bağlılık yemini

22 Mart 1938

Avusturya artık tamamıyla Hitler'in avucunun içindeydi. Ülkedeki herkes gibi devletin başındakiler ve bilimadamları da Hitler'e yemin etmek zorundaydı.

Prof. Hans Eppinger de yemin etti. Ancak ettiği yemin bu kez Hipokrat değil, Faşist Lider Hitler'in kölesi oluşuna dairdi:

"Yemin ediyorum:

Alman İmparatorluğu'nun ve halkının lideri Adolf Hitler'e sadık ve itaatkâr olacağım. Kanunlara dikkat edecek ve bulunduğum mevkideki vazifelerimi vicdanlı yerine getireceğim. Tanrım bana yardım etsin.

Viyana, 22.3.1938

Hans Eppinger."(67)

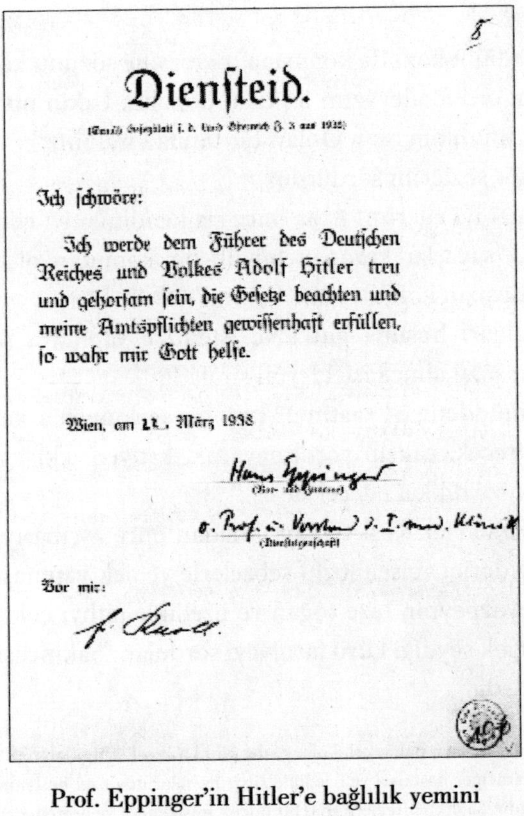

8

Diensteid.

[illegible]

Ich schwöre:

Ich werde dem Führer des Deutschen Reiches und Volkes Adolf Hitler treu und gehorsam sein, die Gesetze beachten und meine Amtspflichten gewissenhaft erfüllen, so wahr mir Gott helfe.

Wien, am 22. März 1938

Hans Eppinger

[illegible]

o. Prof. u. Vorstand d. I. med. Klinik

[illegible]

Vor mir:

Prof. Eppinger'in Hitler'e bağlılık yemini

Prof. Fissenger: "Karaciğer, bir orduda levazım tedarik eder..."

28 Mart 1938

Paris Tıp Fakültesi öğretim üyelerinden Prof. Noel Fissenger geldi ve Çankaya Köşkü'nde Atatürk'ü muayene etti. O da karaciğeri büyük buldu. Ayrıca karın boşluğunda bir miktar asit toplandığını fark etti. "Karaciğer iltihabı" teşhisi koydu, durumun vahametini en net biçimde açıkladı:

"Karaciğer, bir orduda levazım tedarik eden, orduyu besleyen bir kıtadır."

"Bilmediğin konuda konuşma" dercesine sözünü kesti:

"Bazen orduda levazım teşkilatı bozulur. Lakin orduyu yine beslemek mümkün olur. Onları bir tarafa bırakınız."

Profesör sözlerini sürdürdü:

"Ben sizi iyi ederim. Ama önce siz kendinizi iyi edeceksiniz. Siz, büyük savaşlar kazanan büyük bir komutan olabilirsiniz. Ama şimdi sizin komutanınız benim."

Duydukları hoşuna gitti. Ne istenirse yapmaya söz verdi. Doktor bu sözü alınca isteklerini sıraladı:

"3 ay müddetle 24 saatin 23'ünü bir şezlongda arka üstü yatarak geçirecek, çalışıp yorulmayacak, katiyen içki içmeyecek, beslenmenize dikkat edeceksiniz..."

Prof. Fissenger Köşk'ten ayrılmadan önce aşçıbaşıya uğradı. Kabızlık giderici ve selülozlu sebzelerle yemek yapmasını tavsiye etti. Beyazpeynir, taze soğan ve özellikle tatlıyı çok yemesini öğütledi. Çok sevdiği kuru fasulyeyi sordular. "Sakıncası yok. Yiyebilir..." dedi.[24]

24. Çay şekeri, çikolata, bal, reçel, kola, gazoz gibi basit şekerli gıdalar az tüketilmelidir. Kronik karaciğer hastaları ve özellikle siroz hastalarında özel beslenme programı düzenlenmelidir. Sağlıklı bireylere göre bir buçuk misli enerji ve protein gereksinimleri olan karaciğer hastalarının gereksiz yere protein ve diyet kısıtlamasına yönelmesi beslenme yetersizliğine ve hastalığın ilerlemesine neden olabilmektedir.

Kullanılacak ilaçları yazdı. Özel Kalem Müdürü aynı gün Ankara'dan Paris'e yine "acele" kodlu telgraf çekildi:

"Dört kutu Ampoules Biolipase Hoffman Roche.
Adresse rue Crilon No.10.
İki kutu Hormantoxone.[25]
Taze ananasın soyulup suyu sıkılması için aletler ve makine.
Acele gönderilmesini saygılarımla dilerim.
Süreyya Anderiman."

Prof. Fissinger ve kızı İstanbul'da

Atatürk'ün Fissenger'e rıza göstermesinde Prof. Neşet Ömer İrdelp'in büyük gayreti olmuştu. Prof. Fissenger'i

25. Karaciğer güçlendirici.

Ankara'ya getiren Prof. Nebil Bilhah'tı. Bilhah, İstanbul Üniversitesi öğretim üyelerindendi, Prof. Akil Muhtar'ın kürsüsünde çalışıyordu...

29 Mart 1938

Fissenger, hazırladığı raporu Cumhurbaşkanlığı Genel Sekreterliği'ne sundu:

"Teşhis: Hepatite Sclero congestive ethylique."[26]

Atatürk'e üç ayrı teşhis konulmuş görünse de (Atrofik siroz, Presiroz ve alkole bağlı sert ve kanlı karaciğer iltihabı) aslında hepsi sirozdu. Terminolojisi oluşmadığı günlerde herkes bir isim koymuştu. Presiro, daha oluşmamış siroz, siroz öncesi anlamına geliyor. Bazen önde gelen insanlar için hafifletici isimler kullanılıyor.

Profesör Köşk'tekileri rahatlatmıştı. "Atatürk dediklerimi yaparsa 7-8 sene yaşaması mümkün" demesi ise yüreklere su serpmişti.

Prof. Fissinger, Atatürk'ün genel sekreteri Hasan Rıza Soyak'a özel açıklama yaptı:

"Bu hastalığın sırf içkiden geldiği yolundaki düşünce doğru değildir. Benim Fas, Tunus ve Cezayir'den gelen birçok Müslüman hastam var ki ömürlerinde ağızlarına herhangi bir ispirtolu içki koymamışlardır. Hastalığın daha başka ve önemli etkenleri olduğunu kabul etmek lazımdır. Bence bunlar arasında bilhassa beslenme tarzı ve daimi kabızlık gibi etkenler başlı başına yer tutmaktadır..."(68)

Profesör İstanbul'dan ülkesine dönerken gazetecilere bir demeç verdi:

"Bu kadar dinamizmin, bu kadar zekâ ve canlılığın bir arada toplanması pek enderdir. Zamanımızın birçok büyük adamlarıyla temas ettim; fakat Büyük Şefiniz Atatürk, bunlardan hiçbiriyle bir tutulamaz!"

---

26. Alkole bağlı sert ve kanlı karaciğer iltihabı.

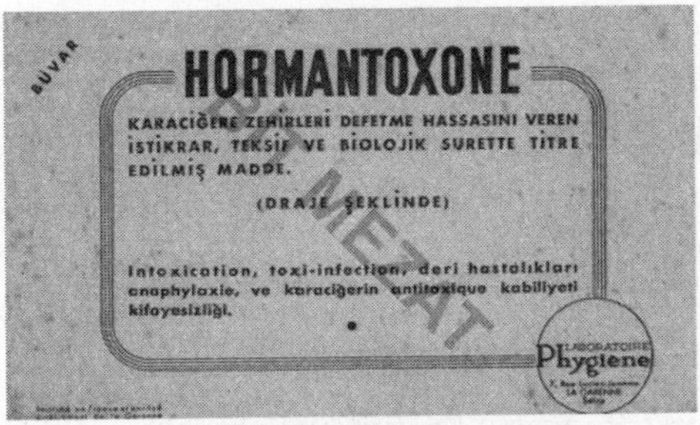

Hormantoxone ilaç tanıtımı

Atatürk - 15 Mart 1938

Echo de Syrie gazetesi: "Atatürk'e inme indi..."

30 Mart 1938

Atatürk'ün fazla ortalarda görünmemesi ve Fransa'dan özel doktor getirtilmesi aylardır sağlığı üzerine üretilen dedikoduları çoğalttı. Ankara'daki büyükelçilikler alarma geçirildi. "Çankaya'da neler oluyor?" sorusu her diplomatik sohbetin ana gündemiydi. Zira Avrupa'da savaş tokmakları davula vurmaya başlamıştı. Durum artık gizlenemez hal alınca hükümet, kamuoyuna bir açıklama yapma gereği duydu ve 30 Mart 1938 akşamı Cumhurbaşkanlığı Genel Sekreterliği, Anadolu Ajansı aracılığıyla açıklama yaptı.

Atatürk'ün sağlığına ilişkin karamsar yazılar devam etti. Her ne kadar Atatürk, nisan ayını genelde Köşk'te dinlenerek geçirip, biraz toparlandıysa da, özellikle Fransız basını, Fissenger'den sızan bilgilerle hastalığın öyle sıradan bir grip olmayıp ciddi bir siroza dönüştüğünü yazıp çizmeye başlamıştı. Fransızlar, özellikle Hatay sorununun bizzat içinde olduklarından, gözlerini Köşk'e dikmiş, Atatürk'ten haber almaya çalışıyorlardı. Nihayetinde nisan ayı sonunda Fransız Radyosu "Atatürk'ün ağır hasta olduğu" haberini verdi. Türkiye'nin Paris büyükelçisi hemen haberi tekzip etti:

"Atamızın sıhhat ve afiyeti tamamıyla berkemaldir."

18 Mayıs 1938

Yayınlar kesilmedi. O kadar ki artık Fransızlar, Atatürk'ün yerine Köşk'e kimin çıkacağı üzerine spekülasyon yapmaya başlamışlardı. Bu konuda bardağı taşıran haber 18 Mayıs 1938 günü İngiliz *Daily Telegraph* gazetesinde yayımlandı. Haber, Beyrut'ta yayımlanan *Echo de Syrie* gazetesine atfen veriliyordu ve "Atatürk'e inme indi..." diye bildiriyordu. Haberde üstelik "Devlet erkânı Atatürk'ün başucundan ayrılmıyor, Atatürk artık cumhurbaşkanlığı yapamaz halde ve yerini Celal Bayar'a bırakmaya hazırlanıyor..." deniliyordu.

Atatürk ortaya çıkmak istiyordu. Gizlice birkaç kez (nisan ve mayıs ayında 6 kez) Ankara Numune Hastanesi'ne muayeneye gitmişti.[27]

Son Cumhuriyet Balosu'nda herkesin içinde Fransa Büyükelçisi Henri Ponsot'a sohbet esnasında, "Ben toprak büyütme dileklisi değilim, barış bozma alışkanlığım yoktur; ancak

27. Bu muayenelere ilişkin belgeler ve kime muayene olduğuna ilişkin bugüne kadar bir bilgiye ulaşılamadı. Muhtemelen ya Atatürk böyle istemişti ya da hekimleri kendisini bu yönde uyarmıştı.

antlaşmaya dayanan hakkımızın isteyicisiyim. Onu almasam edemem. Büyük Millet Meclisi'nin kürsüsünden milletime söz verdim: Hatay'ı alacağım! Milletim benim dediğime inanır. Sözümü yerine getiremezsem onun huzuruna çıkamam, yerimde kalamam. Ben şimdiye kadar yenilmedim, yenilemem; yenilirsem bir dakika yaşayamam" demişti.(69)

Ertesi sabah 19 Mayıs törenleri vardı. Gece uyku tutmamıştı. Yaverine seslendi:

"Yarın Mersin'e hareket edeceğiz. Hazır olun."(70)

Sabah törenleri izledi, akşam saat 17.00'de trenle Ankara'dan Mersin'e hareket edildi. Yola çıkmadan önce İngiliz Kralı VI. George'un kendisinin doğum gününü kutlama tebrik telgrafını okudu...

İngiliz İçişleri Bakanlığı: "Yapılacak suikastın tarihi Şubat 1938!"

Türkiye'nin Londra Büyükelçiliği Başkâtibi Hikmet Anlı, 1 Kasım 1937 günü, İngiliz Dışişleri Bakanlığı görevlilerinden Mr. James Bowker'ı ziyaret etmişti. Anlı, Bowker'dan bazı saltanat üyelerinin "Hilafet Haklarını Koruma Cemiyeti" kurduklarına dikkat çekerek, Türkiye'ye karşı yıkıcı faaliyetler içerisinde olduklarını, bu kişilerin İngiltere'de ajanları olduğunu söyledi ve resmi bir ricada bulundu:

"İngiltere Hükümeti, bu cemiyetin ajanları, teşkilatı ve emelleri hakkında bilgi verebilirse Türk Hükümeti bundan memnun kalacaktır..."(71)

Başkâtip Anlı'nın bu bilgileri, İngilizleri telaşlandırdı. Zira çete başı saltanat üyesi Bahaeddin'in Londra'da bulunduğu biliniyordu. Üstelik İngiliz istihbarat servisi bu kişileri takipteydi. Bahaeddin'e destek olan Keith Williams ve Mr. Iddulph adlarında iki de İngiliz vardı. İngilizler bu gizli bilgileri Türk tarafına veremezdi ama Türk hükümetinin bunu bilmesi hoşlarına gitmedi.

Bahaeddin Sami'nin İngilizlerden isteği vardı:

"Atatürk ölürse, rejim de yıkılacaktır, nasıl olsa saltanat tekrar kurulacaktır. O zaman da tahta İngiliz yanlısı olan ve tahtın vârisi konumunda bulunan babam Prens Sami geçecektir. Aksi halde Almanya yanlısı olan son halife Abdülmecid de tahta çıkabilir. Almanya ve İngiltere'nin Birinci Dünya Savaşı'nda olduğu gibi karşı cephelerde savaşa gireceği belli olduğundan Türkiye'nin tutacağı taraf çok önemlidir. Eğer tahta Almanya yanlısı bir padişah geçmesi istenmiyorsa, İngiltere mutlaka Prens Sami'yi desteklemeli ve ihtiyaç olan 100.000 İngiliz lirasını vermelidir."

Bowker, bu hain bilgiyi onayladı. Fakat Hikmet Bey'e detaylı ve resmi bilgi verilmedi, sadece sözlü olarak faaliyette olduklarını bildiklerini söyledi. O sırada Türk istihbaratı her şeyin farkındaydı ve teyakkuzdaydı...

Osmanlı'nın sürgündeki saltanat üyeleri iki gruba ayrılmıştı. Bir grup vefat eden Vahdettin yanlısı, diğer grup ise eski halife Abdülmecid'in yandaşları... İngilizlerin verdiği bilgi yetersizdi. Aslında Abdülmecid yanlıları Almanya taraftarıydı. Vahdettin grubu ise İngiliz. Vahdettin 1926 yılında ölmüştü ama grubu dağılmamıştı. Grubun lideri Abdülaziz'in yeğeni Prens Sami'ydi. İngiliz İçişleri Bakanlığı, baba ve oğlu hakkındaki iç yazışmalarında 4 Aralık 1937 günü altı sayfalık bir rapor tutmuştu:

"Prens Sami grubu, Türkiye'de saltanatı yeniden kurabilmek için Cumhurbaşkanı Kemal Atatürk'e suikast tertipliyorlardı. Yapılacak suikastın tarihi Şubat 1938 olarak tespit edilmişti. Prens Sami'nin Türkiye'deki adamları Atatürk öldürülür öldürülmez, Türkiye tahtına oturması için kendisine teklifte bulunmuşlardı. Bu maksat uğrunda kullanılmak üzere, Prens Bahaeddin Sami, Londra Borsası'ndan 1.000.000 İngiliz lirası sağlamaya çalışıyordu. Mr. Keith Williams adındaki İngiliz sermayedarı, para bulma işinde prense yardım ediyor ve parayı sağlayabileceğini söylüyordu."(72)

Atatürk'ün dişçisi Günzberg ve Abdülhamid'in malvarlığı

Sözde prenslerin gerçek niyeti Abdülhamid'in Irak'taki petrol kuyuları üzerinden İngiliz Hükümeti'nden para koparmaktı. İngiltere, Abdülhamid'in Filistin, Irak, Suriye ve Kıbrıs'taki malları üzerindeki hak iddialarını reddediyordu.

O mallar 1908-1909 yıllarında Türkiye Hükümeti'ne ve 1923 tarihli Lozan Antlaşması'yla da Osmanlı İmparatorluğu'nun vârisi olan devletlere geçmişti. Ama saltanatçılar bunun aksini iddia ediyordu. Prens Bahaeddin Sami bunu öne sürerek para sağlamaya çalışıyordu.

Sultan II. Abdülhamid 20. yüzyılın başında Bağdat Demiryolu'nun inşası sırasında bölgedeki bazı arazilerin tapularını kendi üzerine kaydettirmişti. Bu arazilerde hükümdarın tahtından indirilmesinden ve bölgenin de Birinci Dünya Savaşı'nın ardından elimizden çıkmasından sonra petrol üretimine başlanınca Abdülhamid'in vârisleri, istihbarat teşkilatları ile maceraperestler, Ankara ve Londra arasında seneler sürecek bir mücadele başlattı. Şirketler kuruldu, istihbaratçısından milletlerarası dolandırıcısına kadar bazı adamlar ortalıkta dolaşmaya başladı, dava üstüne dava açıldı.

Mücadeleyi, 1922'de hanedan mensupları başlattı. Sultan Abdülhamid'in ailesi, Birinci Dünya Savaşı'ndan sonra da elden çıkan ülkelerde kalan mülkleri ve Musul'daki bazı arazileri geri alabilmek için işgal altındaki İstanbul'daki İngiliz birliklerinin istihbarat subayı olan ve savaştan sonra terhis edilen John Godolphin Bennett ile anlaştı.

Bennett'e önce vekâlet verdiler, ardından da şirketler kurdular.[28]

Eski halife Abdülmecid, 1930 yılında İngiltere Kralı Altıncı George'a "Çok aziz dostum" diye hitap eden bir mektup göndermiş ve İngiliz makamlarını Musul meselesinde aileye yardım sağlamadıkları için Kral'a şikâyet etmişti. O sırada Osmanoğulları birbirleri ile mahkemelik olmuşlar, sözcülüğünü ve liderliğini Beşinci Murad'ın torunlarından Osman Fuad Efendi'nin yaptığı 14 kişi, Halife'nin şirketlerden alınan paraları dağıtma biçimine itiraz etmiş, Abdülmecid aleyhinde "Nice Birinci Hukuk Mahkemesi"nde dava açmıştı... Mahkeme, Osmanoğulları arasındaki anlaşmazlığı çözmeleri için "Fransız Devletler Hukuku Enstitüsü" üyesi Andre Mandelstam ile Yunanlı hukukçu ve "Lahey Uluslararası Adalet Divanı"nın eski hâkimi Megalos Caloyanni'yi hakem tayin etti; taraflar, hakemlerin girişimi ile 1938'de yeni bir protokol yapacak ve gelirlerin 69 mirasçı arasında ne şekilde paylaştırılacağı tekrar belirlenecekti.

Musul o sırada Irak'ın olmuştu ve ailenin petrol konusunda senelerce devam eden çabaları da Abdülhamid'e ait olduğu iddia edilen tapuların geçersiz kabul edilmesi yüzünden sonuçsuz kaldı. Hisse senedi çıkartılırken toplanan paraların sadece küçük bir kısmı Abdülhamid'in vârisleri ile hanedanın diğer mensuplarına intikal edebilmiş, büyük meblağlar ise aileye aracılık yapanlar tarafından götürülmüştü! Musul petrollerinin büyük

---

28. Bennett, miras işine nasıl girdiğini yarım asır sonra, 1974'te yayımladığı *Witness* yani *Tanık* isimli hatıralarında anlatacaktı:

"(...) Abdülhamid'in özel dişçisi Sami Günzberg'i muayenehanesinde ziyaret ettim. Sami Bey, bana büyük planından bahsetti: Abdülhamid'in mallarına haksız olarak el konmuştu. Hükümdarın vârisleri beni tanıyor ve güveniyorlardı. Bana vekâlet verek, barış konferansında İngiliz hükümetinin önünde kendilerini temsil etmemi istiyorlardı. Birkaç gün sonra, Vahdeddin'in haremağası ile buluştum. Bana, Sultan'ın da konudan haberdar olduğunu söyledi. Daha sonra, şehzadeler beni yemeğe davet ettiler. Yemekte konu hiç açılmadı ama ertesi gün çok etkilendikleri ve bana vekâlet vermek istedikleri haberi geldi. 22 Nisan 1922'de, "Abdülhamid Estates" şirketi için 22 mirasçının on dokuzuyla bir anlaşma imzaladık ve hisse senetlerini teati ettik..."

hissesini ise İngilizlerin "British Petrolium" şirketi almıştı ve açılan davalar peş peşe kaybedildi.[73]

Prens Bahaeddin Sami (ortada)

Gizemli dişçi

Sami Günzberg, Sultan Abdülhamid, Sultan Vahdettin ve Cumhuriyet'in ilk kurucu kadrosunun ve bu kadrolara yakın isimlerin hem dişçisi hem de sırdaşıydı. Bu ilişkilerine dayanarak, kendi menfaatleri doğrultusunda, iç ve dış politikaya hâkimdi. Atatürk, İsmet İnönü ve Celal Bayar'ın dişçiliğini yapıyordu...[74]

1876 yılında İstanbul'da doğmuştu. Dişçilik eğitimini yurtdışında alarak Bahriye Nezareti'nde dişçilik yapmaya başlamıştı. Osmanlı Sarayı ile olan ilişkisini Polonyalı bir Yahudi olan annesi bohçacılık yaparken kurmuştu. Saraya gidip gelen Madam Günzberg, kadınefendilerle samimiyetini ilerletmiş oğlunu saraya dişçibaşı yaptırmıştı...

Hem Türk hem de yabancı ülke siyasetçileriyle ilişkide olup, fazla göze batmayan bir nevi diplomatik kariyer sürdürmüştü. Muayenehanesi, İstanbul yüksek sosyetesinin Abdülhamid günlerinden beri randevulaştığı, nice aile ve politika sırlarının toplandığı bir santraldi. Hayatını kökten değiştiren aslında altın bir diş olmuştu:

Şehzade kadınlarından biri diş ağrısıyla yardım istemişti. Bu sırada İstanbul'da Osmanlı tebaasından sadece iki dişçi vardı. İkisi de Yahudi olan dişçiden piyango Sami Günzberg'e vurmuştu.

Saraylı hanımın acılarını dindirmekle kalmadı, çektiği dişin yerine altın bir diş taktı. Bu altınla yapılan ilk protezdi ve büyük bir merak uyandırmıştı. Bunu işiten Abdülhamid, Günzberg'i sarayın dişçibaşısı ilan etti.

Resmi davetlere kız kardeşi Lili ile birlikte gidiyordu. İkisi de hiç evlenmemişti. Lili, Atatürk'ün manevi kızı Sabiha Gökçen ile çok samimiydi. Sami ve Lili kardeşlerin Abdülhamid'in jurnalcisi olduğuna dair söylentiler dilden dile dolaşmıştı. Kimi zaman da İngilizler lehine çalıştığı konuşuluyordu. Bu nedenle yaşamı boyunca hafiyeler tarafından takip ediliyordu. Hanedana olan sadakati nedeniyle vârislerinin miraslarını elde edebilmesi için canla başla çalıştığı ve bu yönde çok para harcadığını anlatanların yanı sıra, hanedan üyelerini dolandırdığını anlatanlar da vardı. Padişaha her diş tedavisi için geldiğinde bir rütbe almış ve bahriye subaylığından yüzbaşılığa kadar yükselmişti.[29]

Günzberg, mütareke yıllarında itilaf kuvvetleri ile birlikte çalışmıştı. 1923 yılının Haziran ayında Türk orduları İstanbul ufuklarında görüldüğünde geçmişinin korkusuyla Avrupa'ya kaçmış, daha sonra bir Türk konsolosluğundan edindiği pasaportla geri dönmüştü. "Bursa Askeri Heyeti Mahsusa", Sami Günzberg'in Milli Mücadele'ye katılmama ya da aleyhinde çalışma neticesinde devlet hizmetinde çalışmaması için kararname teklifi hazırlamış, bunun üzerine Günzberg TBMM'ye baş-

29. Atatürk'ün biyografyacısı olan Lort Kinross'a göre Günzberg, Sultan Abdülhamid ve Sultan Vahdettin'in sırdaşıydı. Sultanın "Diş Paşa" dediği Günzberg'le, siyasi konuları konuşmayı âdet haline getirmişti.

vurarak karara itiraz etmiş, TBMM de heyetin verdiği kararları gözden geçirmeye imkân veren yeni bir kanun çıkartmış ve üç general ve temyiz mahkemesi üyesinden oluşan "Âli Karar Heyeti" kurmuştu. Bu heyet Günzberg'i aklamış, hatta İstanbul askeri yönetiminin isteği üzerine Günzberg'e İstiklal madalyası verilmesi gündeme gelmiş ve İsmet Paşa Günzberg'i "Adalet yerini buldu!" diye şahsen kutlamıştı.

Atatürk ile tanışmaları, çenesinde bir iltihap oluştuğunda gerçekleşmişti. Doktorlar ameliyat etmeye cesaret edememişler, Atatürk de Sami Günzberg'e giderek muayene olmuştu.[30]

Atatürk, İstanbul'da olduğu zamanlar bazen diş hekimi Sami Günzberg'in Beyoğlu İstiklal Caddesi'nde İsveç Konsolosluğu'nun karşısında bulunan sokaktaki muayenehanesine gidip dişlerini muayene ettirir ve daha sonra öğle yemeğini de orada yerdi. Bazen de Sami Bey Dolmabahçe'ye gider, Atatürk'ü orada muayene ederdi.(75)

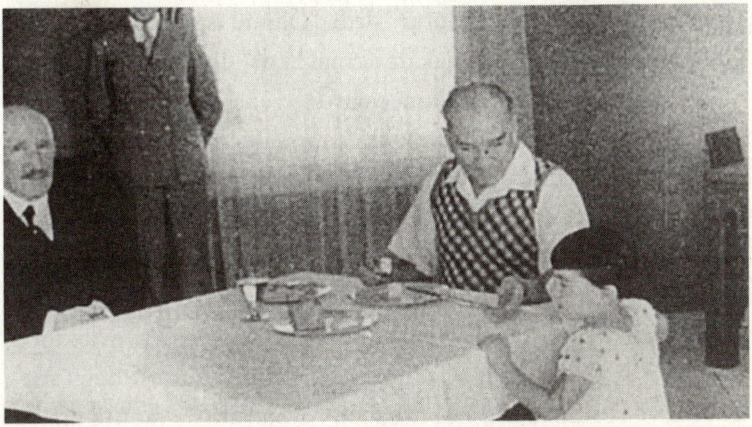

Atatürk dişçi Sami Günzberg ile

30. İleriki günlerden birinde o anı şöyle aktaracaktı:
"Bana geldi ve 'Cesaretin var mı?' diye sordu. 'Evet' dedim. Ağzını açtı. Titriyordum. 'Şöyle bir bakayım' diye aldatmaya çalıştım. Fakat o büyük adam benim yapacağımı anladı. Birden dişini çektim ve korkudan elimdeki aletleri atarak banyoya kaçtım...

Şükrü Saracoğlu: "(...) Bu, bir ölü rengi."

20 Mayıs 1938 / Mersin

Biraz olsun kendini iyi hissediyordu. Sahil gezintisine çıktı. Akşamın serinliği hoşuna gitmişti. Bir gramofon bulunmasını emretti. Acele bulup getirdiler. Kısa bir zaman önce vefat eden, hayranı olduğu Hafız Mehmet'in bir plağını koydular. Çok sevdiği eski bir sesin yankılarını duyunca dalıp gitti. Plak bitince derin bir iç çekti ve yanındakilere: "Çocuklar" dedi. "Gördünüz ya, bu kubbede kalan meğer yalnız hoş bir seda imiş..."

Tarsus'u ziyaret etti, ardından Adana'ya geçti. 1 saat 20 dakika süren askeri resmi geçidi ayakta izledi. Dünyaya "Hasta değilim, sapasağlamım" mesajı vermek istiyordu.

Tren Pozantı'yı geçerken yanına gelen Salih Bozok'a, "Ben öleceğim Salih çünkü benim hastalığım sirozdur. Bu hastalık beni ölüme götürecektir. Okudum, tetkik ettim. Bu hastalıktan kurtuluş yoktur. Siroz insanı muhakkak öldürür" dedi. "Ölümü istemek cesaret değildir ama ölümden korkmak da ahmaklıktır" diye de ekledi.(76)

Bir ara Celal Bayar'ı yanına çağırdı:

"Ecnebi sefirlerine deyiniz ki Atatürk Mersin'dedir ve Hatay meselesini halledinceye kadar da Mersin'de kalacaktır."

Tören biter bitmez soluğu Seyhan Nehri kıyısındaki Belediye Parkı'nda aldı. Hasır bir koltuğa oturdu, istirahat etti. Uzun uzun Seyhan Nehri'ni izlemeye başlarken düşüncelere daldı. Tam o sırada kendisine portakal ikram edilince kendine geldi ve doktoru Prof. Neşet Ömer İrdelp'e dönerek, "Portakal zararlı değil midir?" diye sordu. "Posası olmasaydı, iyi olurdu..." yanıtını alınca şekersiz bir kahve istedi. Yiyemediği için üzüldü.(77)

Muhafız Alay Komutanı İsmail Hakkı Tekçe ve Prof. Neşet Ömer Bey aralarında konuşuyordu. Neşet Ömer Bey, "Paşa Hazretleri iyi, beş kilo daha aldılar" dedi. Bunun üzerine İsmail Hakkı Bey itiraz etti:

"Ama hocam! Buraya geleli daha bir hafta olmadı. Bir haftanın içinde beş kilo alması sizin dikkatinizi çekmedi mi? Burada bir gayri tabiilik olacak."

Prof. Neşet Ömer Bey suskun kaldı...[78]

Dinlenmesi bittikten sonra özel treninin vagonuna geçti. Ayakta duracak hali kalmamıştı. Hararet bastı, hediye edilen portakallardan yedi sekizini buzluktan çıkarıp yedi; yedikçe "Oh!" çekti. Arkadaşı Salih Bozok'a da yedirdi, sonra gidip yattı. (Bir önceki akşam yemeğinde yine burnu kanamıştı.)

Kendini hiç iyi hissetmiyordu ama beklediği sonucu almıştı, güç gösterisi yapmış, dünya basını aracılığıyla liderlere mesaj vermişti...

Ankara'ya gelişinin ertesi günü İstanbul'a gitmek istedi. Devlet erkânı garda toplanmıştı. Dostlarına, birlikte kurdukları başkente veda etti. Garın salonuna kadar güçlükle geldi. Ayakta duramayarak oturdu. Yanında bulunan Şükrü Saracoğlu, arkadaşı Falih Rıfkı Atay'a, "Atatürk'ün derisinin rengine bak. Bu, bir ölü rengi" dedi.[79]

Atatürk Mersin'de - 20 Mayıs 1938

Salih Bozok: "(...) Ne yapmak lazım geleceğini artık siz takdir edersiniz."

27 Mayıs 1938 / İstanbul

Biraz dinlendikten sonra saraydan ayrılıp, otomobille Florya'ya gitti. Deniz Köşkü'nü gezdi. Kılıç Ali'nin evine uğradı. Yorgun ve neşesizdi. 20.00 sıralarında saraya dönmek üzere Florya'dan ayrıldı.

Otomobili Bahçelievler'e yaklaşırken aniden fenalaştığını hissetti. Daha önce iki kez geçirdiği kalp krizi acısına benzer bir sancı göğsüne çöktü. Yanındakiler telaşlandı. Aracı Bakırköy Hastanesi'nin yanındaki kavşakta durduruldu. Kalbinden rahatsız olan Salih Bozok, yanından ayırmadığı "trinitrin hapından"[31] bir tane çıkarıp, Atatürk'e verdi. Bir süre orada beklenildi, tekrar yola konuldu.

Araç yol alırken sıkıntıdan gömleğinin bütün düğmelerini açmıştı. Saraya vardıklarında adeta ayakları birbirine dolaşarak yürüyebiliyordu. Kılıç Ali ve Salih Bozok kollarına girdiler, asansöre kadar götürdüler. Merdiven çıkabilecek durumda olmadığından Dolmabahçe'de Atatürk için gizli bir asansör yaptırılmıştı. Asansörle yukarı çıkarıp, yatağına yatırdılar. Yüzü kül rengindeydi. Prof. Neşet Ömer İrdelp'e haber salındı. Ancak profesör saraya geldiğinde Atatürk, derin bir uykuya dalmıştı...

Ertesi gün genel sekreteri Hasan Rıza Soyak ile Neşet Ömer Bey odasına girdiklerinde Atatürk'ü ayağa kalkmış, banyosunu yapmış, sokağa çıkmaya hazırlanırken buldu. Karnındaki şişliği inceliyordu.

"Biraz yürüyüş yapmalı, bunu eritmeli..." dedi ve yaverine döndü:

"Yarın bir masör çağırınız..."

---

31. Koroner atardamarları genişleterek kalbe daha fazla kan ve oksijen taşınmasını sağlayan dilaltı ilacı.

Prof. İrdelp izin isteyip, muayeneye başladı. Daha ilk temasında doktorun yüzündeki ifade Hasan Rıza Bey'in gözünden kaçmadı. Profesörün yüzü kırışmış, telaş eseri göstermeye ve terlemeye başlamıştı. O halinin Atatürk'ün gözünden de kaçmadığını fark etti. Doktor muayenesini bitirince, doğruldu.

"Karnımda ve ayaklarımdaki şişliğin sebepleri nedir doktor?"

Profesöre aniden ter bastı, en uygun nasıl söyleyebileceğini aklından geçirirken sözler dudağından dökülüverdi:

"Efendim, bağırsaklarınızda ödem hasıl olmuş, su topluyor. Arka üstü yatmakla ve müdrir ilaçlarla (idrar söktürücü) önüne geçilmesi kabil olacaktır..."

Yalnızca, "Yaaa..." demekle yetindi.

Profesör odadan ayrılırken, Kılıç Ali Bey'e döndü:

"Yahu, iş profesörün dediği gibi çıkarsa, adam ölür."

Hasan Rıza Bey merakını gidermek için Prof. İrdelp ile birlikte odadan çıkmıştı. Sağlık durumunun son halini sordu. Profesör üzgün ses tonuyla yanıtladı:

"Dünkü krizin kalple alakası yok. Bu tamamen karaciğere aittir. Bizde buna 'rüzgârdan sonra yağmur' derler. Maatteessüf karnı su toplamaya başlamış."

29 Mayıs 1938

Salih Bozok üzgündü. Takvime gözü ilişti, Saat gece 02.00'ydi. Tereddüt etmeden telefona sarıldı. Aradığı kişi bizzat Başbakan Celal Bayar'dı.

"Efendim hastamızın vaziyeti iyi değildir. Korktuğumuz şeylerden birisinin vukua gelmiş olmasına ihtimal veriyorum. Çünkü kilosu, nazarı dikkatimi çekecek kadar arttı. Karnında ve ayaklarında şişler var. Ne yapmak lazım geleceğini artık siz takdir edersiniz..."

Celal Bayar da üzüntüsünü dillendirdi. Sesi titredi:

"Anladım Salih, meşgul olacağım."

Celal Bayar ertesi gün hemen İstanbul'a geldi. Kendisini Pendik İstasyonu'nda Kılıç Ali karşıladı. Haydarpaşa'ya kadar Atatürk'ün sağlığını konuştular. Akıllarına gelen tek çare, Fransız Prof. Fissenger'i yeniden çağırmaktı. Acele telgraf çekildi ve İstanbul'a gelmesi istendi.

Atatürk'ün İstanbul'a son gelişi - 27 Mayıs 1938

Prof. Belger: "(...) Kuru fasulye, mercimek ve nohut..."

Haziran 1938

Savarona yatı uzun yolculuğunun ardından 1 Haziran 1938 günü adeta bir kuğu zarafetiyle Dolmabahçe Sarayı'nın önüne demirlemişti. Atatürk ve arkadaşları saat 15.00 gibi yata çıktı. Prof. Nihat Reşat Belger kendisini muayene etti. Karın boşluğunda sıvı birikmişti. Atatürk'e uygun bir dille, telaş yapmadan söyledi.

Atatürk kızdı:

"Doktor! "Bana, şişmanlıyorsun" diyorlar! Fakat ben hissettim ki bu şişmanlama normal değildir! İşin içinde başka bir şey vardır! Bu bir hastalıktır! Gördünüz siz odadan içeri girdiğiniz zaman ben aynanın önünde pantolonumu iliklemeye çalışıyordum ve buna muvaffak olamıyordum..."(80)

Prof. Belger "*Savarona* yatında deniz iklimi kuru faydalıdır. Ancak aşağıdaki şartların tatbik edilmesi elzemdir" dedi ve yapılması gerekenleri açıkladı:

"Sakin ve asude bir hayat geçirmek...

Dimağı ve bedeni her türlü yorgunluktan sakınmak...

24 saatin 16 saatini ufki (yatay) vaziyette istirahata hasretmek...

Evvelce tayin edilen rejime devam etmek...

Yumurta ve yumurtalı gıdaları ve bir müddet yaş ve çiğ meyveleri yememek.

Kuru fasulye, mercimek ve nohut gibi çok gaz yapan maddelerden de kaçınmak..."[32]

Sıcaklar artmıştı. Atatürk *Savarona* yatında yaşamaya başladı. İlk günlerde yine doktorlarının tavsiyelerine o kadar ehemmiyet vermiyordu. Uzun oturmaktan, yatakta yatmaktan sıkılıyordu. Eski pantolonları üzerine dar geliyordu. Öğle ve akşam yemekleri yukarı salona çıkarılıyor, arkadaşlarıyla birlikte yiyordu. Halbuki yürümesi sakıncalıydı. İştahı yoktu. Zorla yemek yiyordu.

Yatta bir iki fizyoterapi aleti vardı. O gün yanında Prof. Nihat Reşat Belger bulunuyordu. Kendisine seslendi:

"Doktor bey, acaba bunlardan istifade edebilir miyim?"

Doktor sorunun kontrol mahiyetli olduğunu hemen fark etti. Hastalığının önem derecesini ve tehlikenin boyutunu kestirmeye çabalıyordu.

"Şimdilik müsaade buyurun. Belki daha sonra bunu yapabilirsiniz, efendim..."

Hiç ses çıkarmadı. Ama yüz ifadesinden hoşnut kalmadığı anlaşılıyordu...

---

32. Oysa iki ay önce Fransız Prof. Leon Fissenger kuru fasulye için "Sakıncası yok. Yiyebilir..." demişti.

Savarona yatında ilk gününde dinlenirken - 1 Haziran 1938

"Dava adamı" Prof. Nihat Reşad Belger

Prof. Nihat Reşad Belger, 11 Kasım 1900 tarihinde sınıf ikincisi olarak, tabip yüzbaşı rütbesiyle "Mekteb-i Tıbbiyeyi Şahane"den mezun olmuştu.[81]

O dönemde, askeri tıbbiyeden mezun olan hekimlerin staj gördüğü, "Gülhane Tatbikat Mektebi ve Seririyat Hastanesi"nde staj gördü. Aylıkların verilmediği gerekçesiyle grev yapan arkadaşlarına destek verdi, üç gün zindan cezası alıp, Hicaz'ın Yenbu kasabasındaki askeri birliğin doktorluğuna sürgün edildi.[82]

Yol hazırlıklarını yaptığı sırada İstanbul'da dört veba vakasının görülmesi hayatının akışını değiştirecekti. Endişeye kapılan İkinci Abdülhamid, vebayla mücadele konusunda bilgi ve görgüsünü artırması amacıyla iki genç askeri hekimin, bu hastalığın kaynağı olarak görülen Hindistan'a gönderilmesini emretti. Nihat Reşat Bey Bombay'a hareket etti.[83]

Orada önce hastanelerde çalıştı, veba hakkındaki bakteriyolojik araştırmaları, özellikle de veba aşısı üzerine yapılan çalışmaları izledi. Pasteur'ün öğrencisi Prof. Dr. Haffkine'nin idaresinde Bombay civarında Parel'deki hastanede ve bakteriyoloji laboratuvarında çalıştı. Yaklaşık bir buçuk yıl kadar süren çalışmalarının ve incelemelerinin ardından İstanbul'a döndü. Elinde sertifikasıyla Türkiye'de veba ile mücadele edebilecek bir genç hekim olarak bir süre bir göreve tayin edilmeyi bekledi. Ancak, ataması yapılmadı...[(84)]

Bunun üzerine Hindistan'dan dönüşünde 1903 yılında Besim Ömer Paşa'nın açtığı on yataklı doğumevinde, bir süre asistan olarak çalıştı. 22 Kasım 1903 tarihinde "Beyrut Askeri Hastanesi" hekimliğine tayin edildi. Beyrut'ta tutuklandı ve askeri hastanede bir odaya hapsedildi. Tutuklanma iddiası, zararlı fikirlere sahip olduğu ve Beyrut'tan kaçarak Jöntürklere katılacağına dair Mekteb-i Tıbbiye Baş Eczacısı Refik Bey tarafından saraya verilen bir jurnaldi.[33]

Beyrut'tan Lefkoşe ve Mısır üzerinden Paris'e geçti.[(85)]

Böylece, uzun sürecek Fransa yılları başlamış oldu. Orada, Prens Sabahattin ile tanıştı...

Prens, Sultan Abdülmecid'in torunu, V. Murad, II. Abdülhamid, V. Mehmed ve VI. Mehmed'in yeğeniydi. Annesi Osmanlı Padişahı Abdülmecid'in kızı ve II. Abdülhamid'in üvey kız kardeşi Seniha Sultan, babası ise Kaptan-ı Derya Damat Gürcü Halil Rifat Paşa'nın oğlu Damat Mahmud Celalettin Paşa'ydı. Hanedanla anne tarafından gelen bağından ötürü bir "sultanzade" idi ancak "prens" unvanını kullanmıştı. Prof. Belger ile dostlukları çok ileri derecedeydi. Prens Sabahattin ileriki yıllarda Türkiye'de merkez sağın ideoloğu olarak anılacaktı...

---

33. O jurnal üzerine Refik Bey'in rütbesi tuğgeneralliğe terfi ettirildi. Erzurum'a sürgün edildi. Oraya gitmeden hapisten kaçtı.

Prof. Belger'in dünyaca ünlü hocaları

Paris'te Tıp Fakültesi'ne giderek dersleri izledi, ardından kaydolmaya karar verdi. O dönemde, "Assistan de Publique" adında bir kurum tıp fakültesiyle sıkı işbirliği içerisindeydi. Kurum, açmış olduğu sınavı kazanan yabancı uyruklulara ve fakir gençlere fakültede eğitimini sürdürme olanağı sağlıyordu.[(86)]

Sınavı kazandı. 1907'ye kadar Salpetriyer Hastanesi'nde Prof. Joseph Jules Dejerine'in servisinde nöroloji ve psikoterapi üzerine kendini geliştirdi.

Prof. Dejerine, beyin rahatsızlıkları konusunda dünyaca ün yapmıştı.[34]

Ayrıca talamik sendromun patolojisini incelemişti.[35]

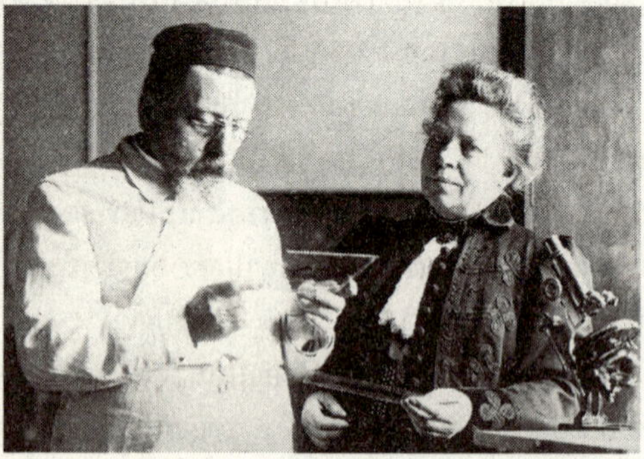

Prof. Joseph Jules Dejerine

1908'e kadar Laennec Hastanesi'nde Prof. Léon-Henri Thoinot'un servisinde çalışmalarını sürdürdü. Thoinot, hassas

34. Dokunsal duyusal verileri yorumlayan ve boşluk ve uzuvların konumunun algılanmasında yer alan somatosensoriyel ilişki korteksinin bir parçası. Aynı zamanda diğer insanların duruşlarını ve jestlerini tanımlamakla ilgilidir ve bu nedenle ayna nöron sisteminin bir parçasıdır.

35. Talamik sendrom (talamik ağrı sendromu), posterior serebral arterden yetersiz kan akışıyla ilişkili olabilen bir durum. Bu, beynin duyuları etkileyen bir bölümü olan talamusun hasar görmesi sonucu vücudun ağrıya karşı aşırı hassas hale geldiği nadir görülen bir nörolojik bozukluk...

mikrobiyal teknik ve patojenik mikroplar üzerinde çalışmalarıyla ün yapmıştı...

Prof. Léon-Henri Thoinot

Bir yıl kadar Dubois Hastanesi'nde Doktor Enriquez'in servisinde gastroenteroloji eğitimi gördü...

Tifonun biyolojik usulle teşhisinin kâşifi olan dünyaca ünlü Fransız Georges Fernand Isidor Widal ile çalıştı.

Prof. Widal, bulaşıcı hastalıklar, eripezeller (yılancık hastalığı olarak da bilinen erizipel; deride ağrı, kızarıklık, şişlik ve ısı artışı ile ortaya çıkan en çok bacaklarda görülen bir deri enfeksiyonu), sinir ve karaciğer sistemleri ile ilgileniyordu...

Prof. Isidor Widal

Prof. Belger, meşhur Fransız profesörü Marsel Labbe'nin asistanı olarak da tecrübesini artırmıştı...

Prof. Labbe, beslenme ve diyabet konusunda ün yapmış, 1908, 1922 ve 1930'da İstanbul'u üç kez ziyaret etmişti. 1922'deki ikinci ziyaretinde İstanbul Üniversitesi Tıp Fakültesi'nde, şeker, nefrotik ve karaciğer yetmezliği konularında yedi konferans vermiş, üçüncü ziyaretinde Yalova Kaplıcaları'nı ziyaret etmişti.

Prof. Marcel Labbe

Paris'in en büyük hastanelerinde yaptığı çalışmalar ve edindiği tecrübeler Prof. Nihat Reşat Bey'e mesleğinde geniş bir ufuk kazandırmıştı. Güvenlerini, sevgilerini ve takdirlerini kazandığı hocaları yalnız Fransa'da değil dünya genelinde şöhret sahibi kişilerdi...

Türkiye'den kalbi kırık ayrılmış, ülkeye dönmeden önce Atatürk'ün kendisini hatırlayacağı tarihe kadar hekimlik yapmıştı...[36]

36. 15 Ekim 1936 tarihinde, Atatürk tarafından yurda çağrılarak "Yalova Kaplıcaları"nın müdürlüğüne ve mütehassıs doktorluğuna tayin edilmişti.

Prof. Nihat Reşat Belger

İçişleri Bakanı Kaya: "(...) Hastalıktan ölür mü? Ne vakit ölebilir?"

Atatürk'ün yorulmaması için artık yanına kimse alınmayacak, yaverleri bile huzuruna nadiren gireceklerdi. Tam da o günlerde İsmet İnönü'nün ağır hasta olduğu haberi geldi. Ve Fissenger apar topar Ankara'ya, İsmet Paşa'ya gönderildi. Profesör, İnönü'yü muayene etti. Safrakesesi iltihaplanmıştı. İsmet Bey şeker hastasıydı, ameliyatı tehlikeli olabilirdi. İlaç tedavisi önerip, İstanbul'a döndü.

Prof. Fissenger, Atatürk'ü son bir kez muayene ettikten sonra da Fransa'ya dönmek istediğini bildirdi. Başbakan Celal Bayar ve diğer hükümet erkânı, bir hafta-on gün daha kalmasını rica edince Fransız profesör ilginç bir yanıt verdi:

"Bırakın döneyim. Bir gün daha kalacak olursam, ben onun dediklerini yapmaya başlayacağım. Öylesine tesiri altındayım..."

Doktor, muayene raporunu hazırlarken, Atatürk İçişleri Bakanı ve CHP Genel Sekreteri Şükrü Kaya'yı yanına çağırttı ve doktorların ne dediklerini sordu.

"Bağırsak ve karaciğer rahatsızlığı..." dedi. "Perhiz, istirahat ve tedavi ile geçer diyorlar. Galiba suyun alınmasına da karar verildi."

"Suyun alınması" lafı her şeyi anlatmaya yetmişti. Şükrü Kaya'ya talimat verdi:

"Bu akşam Fissenger senin davetlin olsun. Onu Florya'ya götür. Çay içer, baş başa konuşursunuz. Ama her şeyi, her şeyi konuşursunuz."

Aslında ne kadar yaşayabileceğini merak ediyordu...

Bakan Şükrü Kaya akşam olduğunda Prof. Fissenger'e sorusunu gayet net sordu:

"Doktor! Ben içişleri bakanıyım ve Atatürk'ün partisinin genel sekreteriyim. Muayenesinde, konsültasyonlarda bulundum. Meslekten değilim. Bir şey anlayamadım. Şimdi sizden şunu öğrenmek istiyorum: Atatürk bu hastalıktan ölür mü? Ne vakit ölebilir? Bana bu soruları hükümet de, parti de, meclis de soracaktır."

Profesör önce Atatürk'ü öven cümlelerle lafa girdi. Sonra da durumu anlattı:

"Şimdi, hepimiz kazaya uğramış bir geminin içinde bulunuyoruz. Başımıza gelecek felaket beni de sizin kadar müteessir etmektedir. Atatürk, tıbbın müdahalesi ve tabiatın yardımıyla daha iki yıl yaşayabilir. Tıp tarihinde bunun misalleri çoktur. Ama şimdi yata döneriz, bağırsak ya da beyin kanamasından Atatürk'ü ölmüş de bulabiliriz. Onun için siz Cumhuriyet'in selameti için gereken tedbirleri şimdiden alınız."

Bakan Kaya durumu sabah olduğunda izah etmek için Atatürk'ün yanına gitti. Anlatmakta güçlük çekerken, Atatürk, konuyu kısa kesti:

"Her şeyi, ama her şeyi görüştünüz mü?"

"Evet, efendim..."

"Öyleyse Ankara'ya dön, işlerinle uğraş."(87)

Paris'ten yeni ilaçlar istenir ve ilk büyük kriz

8 Haziran 1938

Karın boşluğundaki sıvı her geçen saniye artıyordu. Kaldığı kamara çok ısınıyordu. Serinlemesi için leğenlerin içine buz konulmuştu. Yanında bulunan içişleri Bakanı Şükrü Kaya'ya buzları gösterdi:

"Bak, benim bağırsaklarım da leğenlerdeki buzlar gibi su içinde yüzüyorlarmış, insan böyle yaşar mı?"

Cumhurbaşkanlığı Özel Kalem Müdürü Süreyya Anderiman Dolmabahçe'den Paris Büyükelçiliği'ne yine ilaçlar ısmarladı:

> *"6 Btes Extr. Hep. Choay a 50, 55.*[37]
> *6 Diurene a 15; 12.*[38]
> *Formocarbine a 14, 35.* [39]
> *6 Psyllium Langlebert a 12; 4.*[40]
> *Gastrocalsine bism. A 21, 50."*[41]

Bir hafta sonra; 11 Haziran 1938'de Paris'e "acele" bir telgraf daha çekildi:

> *"Üç kutu ampoules Biolipase Hoffman Roche*
> *Adresi: Rue Crillon 10*

---

37. Heparin Choay: Heparin, kan pıhtılarının oluşumunun önlenmesinde; pıhtı oluşumu riski içeren kalp, akciğer ve dolaşım bozukluklarının tedavisinde kullanılan reçeteli antikoagülan bir ilaçtır. Antikoagülan, kanın pıhtılaşmasını önleyen maddeler. Heparin doğal bir antikoagülan olduğu gibi klinik amaçla en çok sodyum ve potasyum sitrat, EDTA, kumadin kullanılmaktadır.
38. İdrar söktürücü.
39. Karın şişliği için kullanılan ilaç. Yan etkileri arasında aşırı duyarlılık reaksiyonu gösterdiği biliniyor. İçeriğinde soya yağı olduğundan dolayı, fıstık veya soyaya alerjisi olanlar ilacı kullanamıyor.
40. Kabızlık tedavisinde kullanılan gaz çıkarıcı bir ilaç. Yatağa mecbur hastalara yazılırken dikkat edilmesi gerekiyor, dışkı etkisi mevcut.
41. Kabızlık giderici.

Üç kutu ampoules Sodathormon Byla
Acilen gönderilmesi... Saygılarla."[42]

İstenilen ilaçlar zamanında gönderildi. Süreyya Anderiman telgrafta yazan ilaçların dışında 22 Haziran günü "Listerin" isimli ilacı ekledi. Bunun karaciğer hastalığı ile ilgisi yoktu.

Listerin, o dönemde kullanılan benzersiz bir formüldü. 1879 yılında Doktor Joseph Lawrence, Sir Joseph Lister'in araştırmalarından ilham alarak kendi laboratuvarlarında benzersiz bir formül geliştirmiş, förmüle "Listerine" adını vermişti. Ürün ameliyathanelerde dezenfektan ve yaraları temizleme solüsyonu olarak üretilip satılıyordu.[43]

Büyükelçilik bunu da gönderdi. İlaç ve ürünler için İş Bankası aracılığıyla 4788,20 frank havale edildi.[(88)]

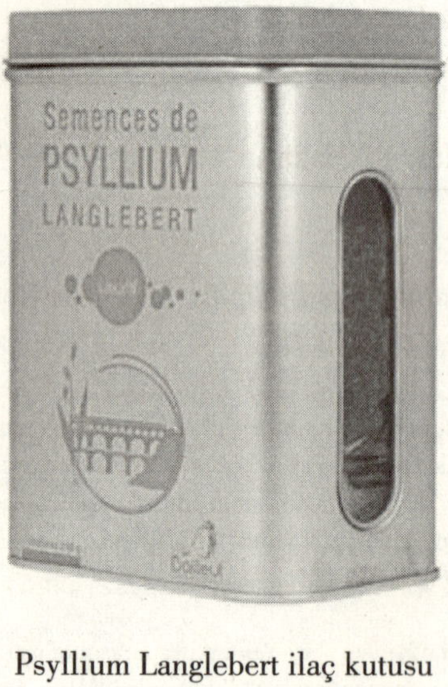

Psyllium Langlebert ilaç kutusu

42. Bazı ilaçların tanımlamaları piyasadan kaldırıldığı ya da o dönemdeki yazışmalarda konuşulduğu gibi yazıldığından tespit edilememiştir.
43. Günümüzde ağız temizleme suyu olarak kullanılmaktadır.

Atatürk: "(...)Bence doktorların yanlış görüş ve hükümleri sebebiyle..."

14 Haziran 1938

Aklında bin bir güçlükle, milletiyle kurduğu Türkiye'si ve dünyada çıkacak muhtemel savaşta ülkesinin ne yapacağını düşünüyordu. Yerine kim geçebilir, canından çok sevdiği ülkesi, on beş yaşındaki evladı Türkiye Cumhuriyeti'ni kim geleceğe taşıyabilirdi?

Savarona yatından, Cenevre Üniversitesi'nde okumakta olan Afet İnan'a mektup yazdı:

"Afet,

(...) Vaziyetim şudur. Bence doktorların yanlış görüş ve hükümleri sebebiyle hastalık durmamış, ilerlemiştir. Vakitsiz ayağa kalkmak, yürümek, hususile burunda yapılan atuşman üzerine gelen kusma neticesi; yapılan istirahatları hiçe indirmiştir. İstanbul'a gelince, Hükümet reyimi almaya dahi lüzum görmeksizin Fişenjeyii getirtti. Yeniden tetkik, muayene yapıldı. Karaciğeri eski halinden farksız ve karın birkaç kiloluk müterakim su ve gaz dolayısıyla şişkin ve defigüre bir halde buldular. Şimdilik Temmuz 15'e kadar yeni tretman ve yeni rejim tahtında repo apsolüyü zaruri buldular. Bunun esası da yatak ve şezlong istirahatidir. Bu müddet sonunda Fişenjge tekrar gelecektir. Ahvali umumiyem eyidir. Tamamen iadeyi afiyet ümit ve vağadi kuvvetlidir. Senin için asla mucibi merak ve endişe olmamalıdır. Serinkanlılıkla imtihanlarını vererek muvaffakiyetle avdetini bekler ve muhabbetle gözlerinden öperim...

K. ATATÜRK."

Adeta öleceğine inanmaya başlamıştı.

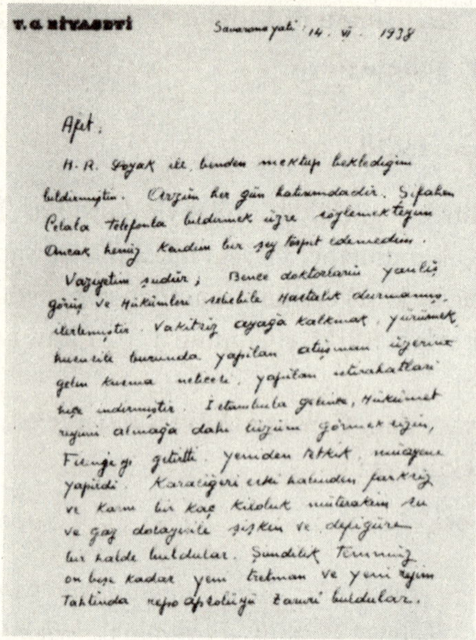

T. C. RİYASETİ

Savarona yatı 14. VII. 1938

Afet;

H. R. Soyak ile benden mektup beklediğini
bildirmiştin. Arzun her gün hatırımdadır. Şifahen
Celal'e telefonla bildirmek üzre söylemekteyim.
Ancak henüz kendim bir şey tespit edemedim.

Vaziyetim şudur; Bence doktorların yanlış
görüş ve hükümleri sebebile hastalık durmamış,
ilerlemiştir. Vaktiyle ayağa kalkmak, yürümek,
hususile burunda yapılan ateşin üzerine
gelen kusma neticesi, yapılan istirahatları
hiçe indirmiştir. İstanbula gelince, Hükümet
reyini almağa dahi lüzum görmek için,
Fiessinger'i getirttik. Yeniden tetkik, muayene
yapıldı. Karaciğeri eski halinden farklı
ve karnı bir kaç kiloluk müteraküm su
ve gaz dolayısile şişkin ve değişüre
bir halde buldular. Şimdilik Temmuzun
on beşine kadar yeni tretman ve yeni rejim
tahtında repo apsolüyü zaruri buldular.

Atatürk'ün Afet İnan'a yazdığı mektubun birinci sayfası

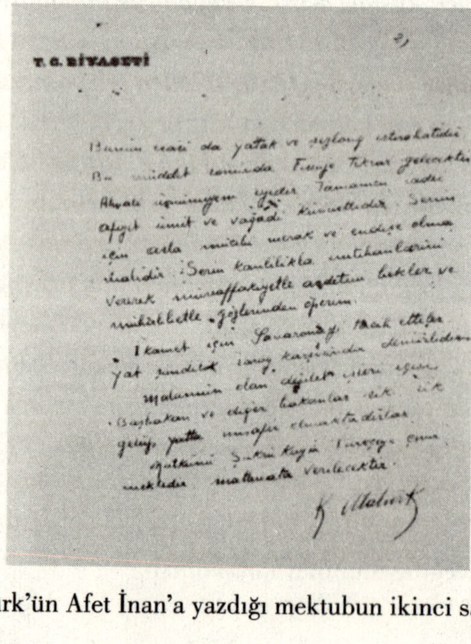

T. C. RİYASETİ

2)

Bunun icabı da yatak ve şezlong istirahatidir.
Bu müddet zarfında Fiessinger tekrar gelecektir.
Ahvali umumiyem iyidir. Tamamen [illegible]
afiyet ümit ve vaadi [illegible]. Senin
için asla [illegible] merak ve endişe olmamalıdır.
[illegible]: Senin kanaatimce imtihanlarını
muvaffakiyetle aştığını [illegible] ve
[illegible] gözlerinden öperim.
İkamet için Savarona'yı [illegible]
yat şimdilik [illegible] karşısında demirlidir.
malumun olan değilse ileri için
Başbakan ve diğer bakanlar [illegible]
gelip yatta misafir olmaktadırlar.
[illegible] Şükrü Kaya'nın [illegible]
mektuptan malumat verilecektir.

K. Atatürk

Atatürk'ün Afet İnan'a yazdığı mektubun ikinci sayfası

Atatürk *Savarona* yatında -14 Haziran 1938

Romanya Kralı Karol'un özel ziyareti

25 Haziran 1938

Savarona yatında Romanya Kralı II. Carol'u kabul ettiğinde ayakta duracak hali yoktu. O halini kimseye hissettirmedi. Üzerinde blö maren ceket, beyaz flanel pantolon, beyaz süet iskarpin, beyaz ipek gömlekten oluşan zarif bir deniz kıyafeti vardı...

Eski Romanya Kraliçesi Marie de Atatürk gibi aynı günlerde, sirozdan tedavi görüyordu. Tedavisini Hitler'in özel seçilmiş doktoru Prof. Hans Eppinger yapıyordu.

Kral Carol ile yaptığı özel görüşme tarih sayfalarına 19 Haziran 1938, nedeni ise "bazı özel nedenlerle" olarak düşecekti...

Erdek açıklarından dönüşe geçildi. Erdeklilerin sevinçleri kursaklarında kalmıştı. Yüzünü görmek için sahile koşanlar hüsrana uğramış, aralarından birçoğu "Bizi sevmiyor!" bile diye düşünerek yıllarca sitemkâr davranacaktı. Ama gerçek bu değildi. Rahatsızlığı artmıştı. Başında doktorlar vardı. *Savarona* Atatürk'ün kriz arasında verdiği bir emirle Adalar'a yöneldi.

25 Haziran Cuma günü saat 05.25'ti. *Savarona* Adalar arasından dolaşarak Yorgolu önüne vardığında yatağında dinlenirken sordu:

"Neredeyiz?"

"Büyükada önünde, Yorgolu sahilindeyiz, paşam!"

"Burada duralım!"

Savarona demir attı. Kamarasına dolan rüzgârı içine çekti. Fakat keyif alamadı; nefes darlığı başladı. Dönüşe geçildiğinde saat gece iki olmuştu. Sahilde açık hava balosu vardı. Kalabalık kendilerine uğrayacağını sandı. Müziği susturdular, bütün ışıkları yakarak fark edilmeye çalıştılar. Fakat *Savarona* Dolmabahçe Sarayı'na dümen kırınca üzüldüler.

Dünya savaş baronlarına kök söktüren, onlara "Yurtta sulh cihanda sulh!" demeyi öğretmeye çalışan mavi gözlü dev ise kendinden geçmiş, iniltiler içinde sayıklıyordu...

Romanya Kralı 2. Karol

Dişçi Günzberg ile Haim Weizmann'ın planları

Temmuz 1938

Siyonist lider Haim Weizmann, Atatürk ile yüz yüze görüşmeyi hedeflemişti. Gözü kulağı Türkiye'deki gelişmelerdeydi.

Ama Atatürk hastaydı. Weizmann, Ortadoğu'da bir "Türk Balkan-Yişuv bloku"[44] tesis etmeyi teklif etmeyi düşünüyordu.

Ona göre bu blok, Boğazlardan Süveyş Kanalı'na kadar uzanacak, İngiltere'nin Nazi-Faşist baskısına karşı koyması için uygun bir destek olacak ve Türkiye'yi Hitler'in baskısından kurtaracaktı. Bir amacı da Türkiye'ye kredi imkânı sunmaktı. İngilizlerin desteğini Atatürk'e iletmek istiyordu...

Dişçi Sami Günzberg bir süredir Haim Weizmann'a Yahudi bankerlerle birlikte Türkiye'yi ziyaret etmesini ve Türkiye'nin altyapı yatırımlarına finansman sağlamasını telkin ediyordu.

28 Haziran 1938 günü Weizmann ile Londra'da buluşmuşlardı.

9 Temmuz günü Türkiye'ye döndüğünde ilk işi Cumhurbaşkanı Genel Sekreteri Hasan Rıza Soyak'a Weizmann ile aralarında geçen konuşmayı bir notla aktarmak oldu:

> *"(...) Avrupa'dan dönüşümde Cumhuriyet Hükümeti'mizi yakından alakadar edebilecek derecede mühim bir finans kombinezonunu ilgili makamlara arz ve teklif etmek üzere bazı mühim maliyeciler tarafından vazifelendirildim. Bu teklifi gayet faydalı, mühim ve acil buldum. Zatıâlinizce de malumdur ki böyle işlere Büyük Önder'imize arzı malumat etmeden başlamam. Fakat kendileri henüz istirahatta bulunduklarından baş ağrıtmaya cesaret edemeyip örneği bağlı ekteki yazıyla Muhterem Başbakan Celal Bayar'a maruzatta bulundum. Okunduktan sonra ne suretle icabı icra edilmek tasvip buyurulursa reyi alilerine bağlı olduğumu saygılarımla teşebbüs ederim."*

Günzberg açıkça Yahudi bankerlerin Türkiye'ye kredi sağlayacağını söylüyordu. Dışişleri Bakanı Tevfik Rüştü Aras'ı aracı koymak istediyse de ret yanıtı aldı. Türk hükümeti çıkacak muhtemel

44. İsrail devleti kurulmadan önce Filistin Yahudilerine "Yahudi cemaati" anlamına gelen Yişuv denmekteydi.

bir dünya savaşı için ne Alman, Ne İngiliz hiçbir otoriteye bel bağlamak istemiyordu.[89]

Ancak Dişçi Günzberg Weizmann ile Türk Hükümet yetkilileri arasında mekik dokuyor, bir tür ikili oynuyordu...

Avrupa'da savaş yaklaşıyordu.

Weizmann, Türk Hükümeti ile önce kişisel temaslar kurmak, ardından finans uzmanlarıyla Türkiye'ye 7 Kasım 1938 günü gelmeyi planlıyordu. Asıl niyeti Filistin'de kurulacak bir İsrail Devleti'nin Türkiye tarafından uygun görülecek zemininin hazırlanmasıydı. İngiliz hükümeti Weizmann'ın Atatürk hastayken Türkiye'ye gelmesini uygun görmedi...

Atatürk: "Her gelişin, bir gidişi vardır."

Hekimlerin müdahalesiyle biraz olsun acıları dinmişti... Antakya'da, 3 Temmuz 1938 günü Türk ve Fransız askeri heyetleri arasında imzalanan "Askeri Antlaşma" gereğince her iki tarafın Hatay'da eşit sayıda asker bulundurması kararlaştırıldı. Öncü birliklerimiz iki gün sonra Hatay'a girdi.

Anadolu Ajansı aracılığıyla demeç verdi:

"Hatay milli meselemizin dostça tedbirlerle olumlu sonuca ulaştırılmasından duyulan sevinç yerindedir."[90]

9 Temmuz 1938

Hatay sorununun çözülmesi mutlu etmişti. İstirahat etmesi için herkes elinden geleni yapıyordu. Yatın yardımcı kuvvet ve elektrik devrelerini besleyen makinelerin gürültü ve sarsıntısından rahatsız olmasın diye *Savarona* Dolmabahçe önünde demirlediği zaman bordasına denizaltı gemisi gönderilerek bataryalarından cereyan alınıyordu.

Bir gün önce, izinli olarak İstanbul'a gelen Londra Büyükelçisi Ali Fethi Okyar'ı kabul edip konuşmuşlardı. Gün içinde Bakanlar Kurulu'nu *Savarona*'da toplamıştı. (Bakanları ile son toplantısı olacaktı.)

Yorulduğunu hissetti. Kamarasına çekildi. Doktoru Neşet Ömer Bey yanına gelip kontrollerini yaptı. "Huille Camphre"[45] enjekte ederken ellerini açarak, "Allahım beni iyi et!" diye duacı oldu.

Yatta bulunan uşağı Cemal Granda'ya yemek servis ederken üzgün olduğunu fark etti. "Doktorlar iyi olacağımı söylüyorlar amma Cemal..." dedi, ekledi:

"Buna pek ben inanmıyorum, sen nasıl görüyorsun, iyi olacak mıyım dersin?"

Boğazı düğümlendi, yutkundu, gözleri doldu, Paşa'sına yanıt veremedi. Teskin edici sözlerle Cemal Bey'in üzülmesinin önüne geçti ve son suyunu yudumlamadan önce, "Her gelişin, bir gidişi vardır." dedi...

Atatürk *Savarona* yatında Sabiha Gökçen ile birlikte

45. Kâfur yağı: Eklem, bel ve baş ağrılarını dindirmede etkili bir doğal ilaç. Yatıştırıcı özelliği sayesinde kısa sürede ağrıyı gideriyor. Sinir sistemi, solunum merkezi ve kalp üzerine uyarıcı bir etkiye sahip. Kaynak: Eren Akçicek, Turhan Baytop, *Türkiye'de Bitkiler ile Tedavi (Geçmişte ve Bugün)*, Sanal Matbaacılık, İstanbul, 1984, s. 265-268. Özel Şahingiray, *age*. s. 47.

Atatürk 6 dondurma yiyince zatürree olur

10 Temmuz 1938

Pazar sabahıydı. Saat 10.00'da uyandı. Berberi Mehmet'e, yatın kuaför kısmında tıraş olacağını söyledi. Banyosunu aldı. Öğle yemeğini aynı yerde yedi. Yemekten sonra genel sekreteri aracılığıyla emir verdi:

"*Acar* motoru gelsin. Boğaz'da bir gezinti yapacağım."

Neşeli görünmeye çalışıyordu. Onu öyle görenler de mutlu oldu. Acar motoru gelip *Savarona*'ya yanaşırken, uşağına seslendi:

"Cemal bir kutu dondurma alınız!"

İstikamet Florya Köşkü'ydü. *Savarona*'nın hareket ettiğini gören halk sevinç duydu. Zaten o da bu gezintiyi bunun için istemişti. Günlerdir halkına görünmemişti...

Hekimleri bol güneş ve açık havadan istifade etsin diye kendisine izin vermişti. *Savarona* Sarayburnu'nu dönerken bir dondurma yedi. Ardından bir tane daha istedi. Bir çocuk gibi mutluydu. Yedikçe hararetini bastırdığını hissediyordu. Florya'ya varıldığında biraz dinlendikten sonra iki dondurma daha yedi.

Prof. Neşet Ömer Bey'in gözünden kaçmamıştı. Uygun bir dille kendisini uyardı. Fakat dinletemedi...

Dönüş yolculuğunda Boğaz'da biraz gezinti yapılmasını emretti. *Acar*, bütün hızıyla *Savarona*'nın yanından geçerek yol aldı. Atatürk burada da iki dondurma yedi.

Acar Büyükdere önlerine geldiğinde neşesi birdenbire kayboldu, dudaklarındaki gülümseyiş silindi. Bu ani değişimi fark eden doktor endişe ile Atatürk'e baktı. Onların kendisine baktığını fark edince, "Hafif bir baş ağrısı ve kırıklık hissediyorum! Dönelim!" dedi.

Acar motoru dönüşe geçti. Dolmabahçe Sarayı'na varıldığında rahatsızlığı şiddetini artırmıştı.

İsteksiz tavırlarla yata çıktı. Salona uğramadan Cumhurbaşkanlığı dairesine geçti. O andan sonra titremeye başladı, ateşi yükseldi. Doktorlar hemen kendisini muayene etti, rahatsızlığına tanı konuldu:

"Zatürree başlangıcı!"

Yaz sıcağında suyun üstünde hareketsiz duran teknenin güvertesi makine dairesinin içi gibi sıcaktı. O durum ıstırabını artırıyordu. Siroz tedavisi görürken zatürreeye yakalanmasına nasıl izin verilebilirdi? Hastalık başından def edilmesi gerekirken dünyanın gözünün üzerinde olduğu bir lider onca uzman hekimin gözetimi altında, bir gün içinde zatürree olmuştu. Oysa birkaç gün önce Varşova dönüşü Atatürk'ü ziyaret eden General Fahrettin Altay'a *Savarona*'nın ne anlama geldiğini sormuş, "Göllerde yaşayan uzun boyunlu bir kuştur efendim" yanıtını aldığında, "Arkadaşlar vapura *Savarona* dediler. Hastalığı savan bir gemi demekmiş" diye gülümseyen gözlerle bakmıştı...[(91)]

Kraliçe Marie'nin ölümü, Prof. Eppinger ve Hitler

Romanya Eski Kraliçesi Marie'nin unvanı kocası Kral Ferdinand 20 Temmuz 1927 günü öldükten sonra sona ermişti. Dul kaldıktan sonra Bükreş'ten ayrılmış ve Bulgaristan'ın Karadeniz'e bakan Balchik köyündeki kırsal bir alanda inzivaya çekilmişti. Bir rivayete göre orada Müslüman bir balıkçı olan Hasan ile aşk yaşadığı iddia edildi. Hatta sevdiği adam için malikânesine bir cami yaptırmıştı...[46]

Profesör Fissenger bir kez daha, bu kez eşiyle Türkiye'ye gelmişti. 16 Temmuz 1938 günüydü. Yattan ayrılırken tedavi eden heyetteki Türk doktorlara, karındaki suyun artma olasılığına karşın tembihte bulundu:

46. Cami hâlâ yerinde durmaktadır.

"İlaçları mutlaka kullanmaya devam etmeli, su birikmesi devam ederse kesinlikle su alınmalı!"

Profesör ülkesine döndü, Türk hekimler tedaviye devam etti. Gün geçtikçe Atatürk'ün sıhhatinde azıcık da olsa iyileşme belirtileri fark ediliyor, karnındaki şişlik azalıyor, neşesi yerine geliyordu...

Kraliçe Marie 1937 yazında hastalanmıştı.

Özel doktoru Prof. Aldo Castellani kendisine pankreas kanseri teşhisi koymuştu. Castellani Etiyopya'daki İtalyan Ordusu'nu sağlıklı tuttuğu için "kinin" tedavisi uygulamış, bu nedenle Mart 1937 tarihinde özel olarak Faşist lider Mussolini'nin emriyle Afrika'da bulunmuştu. Aynı dönem ABD'de Louisiana Eyalet Üniversitesi'ndeki çalışmalarına da devam ediyordu...

Almanya'dan gelen Hitler'in özellikli Yahudi doktoru Prof. Hans Eppinger de kraliçenin tedavisi için yanındaydı. Tanısı karaciğer sirozu oldu. Kraliçe Marie şaşırmış, "O zaman karaciğerin alkolsüz bir sirozu olmalı, çünkü hayatımda hiç alkol kullanmadım" demişti...[92-93]

Prof. Eppinger kendisine soğuk yiyecekler ve yatak istirahatı önerdi.

Castellani ve Eppinger'in tedavileri yanıt vermedi. Kraliçe günden güne eriyip tükendi. Bazı anlar öyle zayıf düştü ki bir kalemi dahi tutamayacak duruma geldi.

Şubat 1938'de iyileşebileceği umuduyla İtalya'daki bir sanatoryuma gönderilmiş, o da işe yaramamış, gittikçe güçsüzleşince Romanya'ya geri götürülmesini istemişti. Dönüşü için hiç benimsemediği Hitler'den gelen "Özel uçak tahsis edilsin" emrine karşı çıkmış, treni tercih etmişti...

18 Temmuz 1938

Pelişor Kalesi'nde matem havası vardı. İnsani yönünden çok, Balkanlar ve Avrupa'daki siyasetiyle de tanınan İngiliz kökenli, ancak Romanya kraliçesi oluşuyla hatırlanacak olan kraliçe komadaydı. Prof. Hans Eppinger başındaydı. Sekiz dakika dayanabildi. Saat 17.38'i gösterdiğinde, mavi gözleri kapandı.

Yaşamı boyunca Rumence ve İngilizce 34 kitap ve kısa hikâye yayımlamıştı. Eşi I. Ferdinand Alman gücüne inanmasına karşın, Birinci Dünya Savaşı'nda itilaf devletlerinin safına katılmıştı. Hitler'i benimsemiyordu. Eşi öldükten sonra Bahai inancına yönelmişti.

Bahai tarikatı Siyonizm'den kısa bir süre önce kurulmuştu. Her iki oluşumun kökleri Avrupalı politikacılar ve Filistin'de atıyordu. Bahailik İslam'dan sonra gelmesi gereken din olarak algılanıyordu. Siyonizm ise, siyasi ilerici bir hareket olarak dünyanın siyasi gelişmesine etki ediyordu. Filistin her iki akımın coğrafi merkezine dönüşmüştü.

Ölümünden iki gün sonra Bükreş'e getirilen cenazesi için büyük bir tören düzenlendi. Marie'nin naaşı, Cotroceni Sarayı'ndaki beyaz salonda üç gün sevenleriyle buluştu. Törene katılanlar arasında çok sayıda işçi vardı. Marie'nin kalbi vasiyeti üzerine Romanya eyaletlerinin amblemleriyle süslenip Bulgaristan Balchik'teki Stella Maris Şapeli'ne gönderilip küçük bir altın tabutta Bran Şatosu'nda muhafaza altına alındı.[(94)]

Bahai Lideri Şevki Efendi üzüntüsünü dile getirdi:

"(...) Büyüleyici ve parlak bir kişiliğe sahipti; yüksek yetenekli, açık görüşlü, cesur ve insani bir karaktere sahipti. Kendisini tüm girişimlere adamış biriydi. Bu ünlü kraliçe gelecekte ortaya çıkacak olan ve her biri, Baha'u'llah'ın kendi sözleriyle 'Tanrı'nın gözü' olarak alkışlanacaktır. Yaratılışındaki parlak süsleme, tüm dünyaya bereket çeşmesi..."[(95)]

Kraliçenin ölümündeki esrar perdesi aralanamadı. Karaciğer sirozu tanı ve tedavisini Hitler'in özel seçilmiş Yahudi doktoru Prof. Hans Eppinger yapmıştı. Gizemli profesör sadece 13 gün sonra Dolmabahçe Sarayı'nda, Atatürk'ün yanı başında olacaktı...

Romanya Kraliçesi Marie

Prof. Hans Eppinger

Atatürk: "Hakikaten burası yattan daha serin."

Sıcaklar her geçen gün artıyordu. Serin olur diye doktorların da tavsiyesi üzerine *Savarona*'ydı. Fakat bitkindi, yatıyor, konuşmakta zorlanıyordu. Gece saat 04.00 sularında hararetlendi ve kısık sesle konuştu:

"Hava istiyorum!"

Zatürreenin etkisinden kurtulmuştu. Kaptana, "Yarın hareket için hazırlık yapın!" emrini verdi...

24 Temmuz 1938 Pazar

Lozan Antlaşması'nın 15. yıldönümüydü. İsmet İnönü'yü arayarak iltifat etti, iyi dileklerini sundu. *Savarona* 16.30'da hareket etti, Dolmabahçe önünden geçerek Marmara Ereğlisi'ne kadar seyretti. Dönüş, 22.00'de oldu.

Durumu iyi değildi. Yürüyecek takati yoktu. Saraya girişini kimsenin görmemesini istiyordu. Genel sekreteri Hasan Rıza Soyak önceden rıhtıma çıkarak kıyıdaki ışıkları kararttırdı, nöbetçi ve hizmetçiler uzaklaştırıldı. Sedye getirildi, kabul etmedi. Israrcı olanlara çıkıştı. Bu nedenle *Acar* motorundaki hasır koltuk getirtildi. Koltuğu Kılıç Ali, Muhafız Komutanı General İsmail Hakkı Tekçe, genç bir sivil polis tutarak üzerinde Atatürk olduğu halde sarsmadan kaldırarak *İstanbul* motoruna bindirildi. Motor saraya yaklaşırken Prof. Neşet Ömer İrdelp, sürekli nabzını kontrol ediyordu. Kıyıya varıldı yine sarsılmadan saraydaki asansöre kadar taşındı. Koltuktan güçlükle kalktı, kendisi için hazırlanan 71 No.lu odaya kadar gitti ve içeri girer girmez bedenini yatağa bıraktı, "Oh! Dünya varmış!" dedi:

"Hakikaten burası yattan daha serin."

Yavaş yavaş kendinden geçti. Nabzı yükselmeye başlamıştı. Nefes alıp vermesi de düzensizdi. Hekimler muayenelerini yaptı, komaya girmesi engellendi. Berber Mehmet, Atatürk'ün yanında kaldı. Hekimler yan odada koma geçinceye kadar beklemek üzere aralarında yeni tedavi konusu üzerinde konuşup evlerine gitti...

İlaçların ardı arkası kesilmiyordu. Bu kez 25 Temmuz günü Süreyya Anderiman yine acele bir telgraf gönderdi:

> *"Beş kutu Dyspertine Hepp.*
> *Üç şişe Eupnine Vernade.*[47]
> *Altı kutu Gastrocalcine Bismuthee Oberlin.*[48]
> *Adres: Paris Rue Crillon 10."*[49]

47. Kafein iyodür içeren, tedaviye katkı sağlayan ilaç.
48. Mide, bağırsak rahatlatıcı.
49. Bazı ilaçların tanımlamaları piyasadan kaldırıldığı ya da o dönemdeki yazışmalarda konuşulduğu gibi yazıldığından tespit edilememiştir.

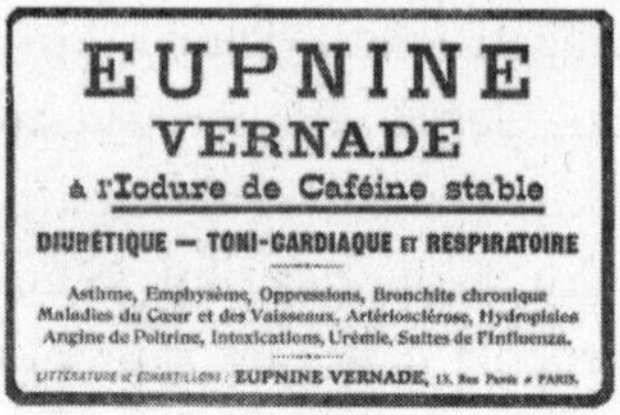

Eupnine Vernade tanıtımı

Gastrocalcine Bismuthee Oberlin ilaç kutusu

İsmet İnönü: "Velinimetim Atatürk..."

26 Temmuz 1938 Salı

Sağlık Bakanlığı Müsteşarı Doktor Asım Arar, her gün saraya uğrayıp hastalığın seyrini takip ediyor, Hükümet'e rapor veriyordu...

Daha geniş ve havadar olması itibariyle saraydaki yatak odasına kavuşmak, Atatürk'ü ilk anda memnun etmişti; fakat bu memnunluğu çok sürmeyecekti. Sıcaktan aşırı bunalıyordu.

Ali Fuat Cebesoy ziyaretine geldiğinde kendisini gözleri çukur çevresi kararmış ama tıraşlı yüzüyle buldu. Ali Fuat Bey'e dönerek konuştu:

"*Savarona*'da iken denizin fazla rutubetinin bu halime sebep olduğunu söylemişlerdi. Şimdi de 'Sarayın taşlı duvarları sıcağın şiddetinden ısınıyormuş, bu ısınma havayı kurutuyormuş, ondan iyi nefes alamıyormuşum' diyorlar. İtfaiye her gün iki defa yatak odamın cephesine pompa ile soğuk su salıyor, ben halimde bir fark görmüyorum..."[(96)]

Gençlik arkadaşı Ali Fuat Bey üzüntüsünü içine gömdü...

Askeri denetlemelerden dönen Genelkurmay Başkanı Fevzi Çakmak ve Başbakan Celal Bayar'ı kabul etti. İsmet İnönü'den gelen mektubu okudu:

"Büyük, Sevgili Atatürk, Lozan günü vesilesiyle iltifatlarınızı söyletmek lütfunda bulundunuz. Kendi ıstırabınızı unutarak bana yeniden sağlık, bahtiyarlık verdiniz. Şükran ve minnetlerimi kabul buyurunuz. Velinimetim Atatürk, kesinlikle eminim ki bu hastalık günlerini geçireceğiz. Siz, bütün afiyet ve neşenizle ve şerefle daha çok uzun seneler millet ve memleketi idare buyuracaksınız Derin tazimle ve dayanılmaz bir özleyişle ellerinizden öperim velinimetim."

Hitler'e yemin eden Prof. Eppinger Dolmabahçe Sarayı'nda

Kraliçe Marie'ye siroz tedavisi yapan Hitler'in deneyci doktoru Prof. Hans Eppinger, 30 Temmuz günü Türkiye'ye yaklaşmak üzereydi...

Tevfik Rüştü Aras da Prof. Eppinger gibi, Bükreş'te katıldığı, Kraliçe Marie'nin cenaze töreninden dönmüştü...

Bulgaristan o günlerde ordusunu ve silahlarını sınırlandıran "Neuilly Antlaşması" hükümlerinin geçersiz olduğunu ilan etmiş, ordusunu oluşturarak Sofya'da Kral Boris'in önünde yapılan bir tören geçidi aracılığıyla bunu Avrupa'ya bildirmişti...

Bakan Aras, Atatürk'e bu konuda açıklamalarda bulundu.

Atatürk güç de olsa derin bir kavrayışla kendisine uygun yanıtlar verdi. O haliyle bile diplomatik konularda yorumlar yapması iyileşeceğini düşündürüyordu...

Türkiye ile İngiltere arasındaki siyasi ilişkiler iyiye gidiyordu. Gerek İngiliz gerekse Türk basını konuyla ilgili hemen her gün sayfalarında buna ilişkin haberler yapıyordu...

Gün içinde sürekli ve danışman hekimler tarafından kontrol altında tutulmuştu. Saat 15.00 gibi Prof. Akil Muhtar Özden de saraya çağrıldı...

31 Temmuz 1938 Pazar
Dolmabahçe Sarayı

Hitler bıyıklı, ince uzun burunlu, iri kulaklı, göz ferleri sönük; asık ve solgun bakışlı, elmacıkkemikleri keskin, sert bir yüz ifadesi vardı. Dolmabahçe Sarayı'nın 71 numaralı odasına girdiğinden o yana selamlaşmanın dışında hiç konuşmamıştı. İşine odaklıydı. Oysa muayene ettiği hastası samimi kişiliğiyle bilinen, cesur bir asker, dâhi bir politikacı ve dünyanın tanıdığı bir devrimciydi...

Adını da şöhretini de çok iyi biliyordu. Bilmemesine imkân yoktu. Dünya askeri ve siyasi tarihine damga vurmuş biriydi. Ne var ki tüm bunları umursamaz tavırlar içerisinde muayenesini tamamladı, teşekkür etti, geldiği soğuk yüzünü alıp odadan ayrıldı...

Atatürk gördüğü muameleden hiç hoşnut kalmamıştı. Muayene sırasında odanın dışında bekleyen saray görevlileri ve Türk hekimler merak içindeydi. hâlâ bir umut olabilir miydi? Bir nebze olsun o çok sevip saydıkları babaları için sevindirici bir haber alabilirler miydi? Tek istedikleri buydu. Günlerdir başında dönüşümlü nöbet tutan berberi Mehmet Tanrıkut Mete, kütüphanecisi Nuri Ulusu, sofracıbaşı İbrahim Ergüven ve yaverleri Prof. Eppinger'in odadan çıkarkenki soluk bakışını yakaladıklarında, tekrar üzüntüye boğuldu.

Hayatında hiç alkol almadığını söyleyen ancak karaciğer sirozu teşhisi koyduğu ve 13 gün önce yaşamını yitiren Romanya Kraliçesi Marie'nin cenaze töreninden dönmüştü. Kendisini İstanbul'a hükümet yetkilileri çağırmıştı. Bu kez karaciğer sirozu teşhisi koyacağı ve kendi yöntemlerini uygulayacağı hastası Türkiye'nin lideri ve dünya politika tarihine yön veren isimlerden biri olan Atatürk'tü...

Altmış yaşındaydı. Prag'da doğmuştu. Avusturyalı Yahudi bir ailenin çocuğu olarak dünya gelmişti. Uzmanlık alanı iç hastalıkları, özellikle de karaciğer rahatsızlıklarıydı. Çevresince kaba biri olarak bilinirdi. Hastayı muayene etmeden önce her biri mesleklerinde uzman olan Türk hekimlerini hiçe sayarak, hiçbir bilgi alışverişinde bulunmadan, Atatürk'ün yattığı odaya girmişti.[50] Yıllardır konuşulan cıvalı ilaç "Salyrgan" ilk kez o an mı verilmiştir ya da başka bir ilaç enjekte edilmiş midir bilinmemektedir. Özel Şahingiray'ın Celal Bayar'ın arşivinden derlediği, *Atatürk'ün Son Nöbet Defteri–Atatürk'ün hastalığından vefatına kadar tutulan hastalık seyrini ve tedavi metodunu tespit eden jurnaller / 1 Ekim 1938-10 Kasım 1938* kitabındaki tarihlerde Prof. Eppinger'in gelişi ve yaptığı muayene ile tedavi yöntemleri bulunmamaktadır. Varsa da bugüne kadar kamuoyuna açıklanmamıştır. O güne ait bilgiler, yani kullanılan ilaç ve muayene yöntemi kamuoyuna açıklandığında bazı gerçekler de gün ışığına çıkacaktır.

Oysa hekimler arası konsültasyon (görüş alışverişi) çok mühimdi. Hastanın durumu hep birlikte görüşülüp tartışılmalıydı...[51]

Atatürk, tam anlamıyla bir insan sarrafıydı. Ortalık sakinleşince Sağlık Müsteşarı Asım Arar'ı yanına çağırttı. Kendisini tek başına muayene eden Prof. Eppinger ile ilgili bilgi aldı, sonrasında görüşlerini dile getirdi:

"Ne kaba bir adam, kendisinden hiç hoşlaşmadım!"

Hekimler akşam saatlerinde bir araya gelebildi. Prof. Eppinger de yanlarındaydı. Konuşulanları dinledi, diyet önerisini açıkladı:

"(...) Çiğ meyve kürü ve bol bol karpuz kavun yedirilmeli."

---

50. Prof. Eppinger'in Atatürk'ü tek başına muayene etmesi sırasında neler yaşandığına dair bugüne kadar herhangi bir bilgi mevcut değildir.
Temmuz 1932 tarihinde, Salyrgan'ın zararları konusunda klinik ve anatomik bir çalışma mevcut. İlacın cıva diüretiği olduğu, yaygın olarak kullanılmasına rağmen, zararsızlıkları konusunda o dönemde hâlâ şüpheler olduğuna dikkat çekiliyor. Aynı çalışmada prostat büyümesi olan hastalarda ilacın aktif kullanımına karşı uyarılarda bulunuluyor. (https://jamanetwork.com/searchresults?author=LEONARD+TARR&q=LEONARD+TARR)
Kısacası; Salyrgan 1938 yılında biliniyor ve Prof. Eppinger tarafından da "tecrübe mahiyetinde" denilerek bilinçli olarak enjekte ediliyor.

51. "Atatürk'ün Sağlığı, Hastalıkları ve Ölümü" üzerine en kapsamlı araştırmayi yapan Doktor Eren Akçiçek'in yorumu: "Doktor Eppinger, konsültasyon olabileceğini bilmesine rağmen deortolojik olarak bir gün sonra İstanbul'a gelecek olan Prof. Bergman'ı bekleyerek muayeneyi birlikte yapması gerekirdi" yorumunu getirmektedir.

Ardından uygulanacak tedavi yöntemini ve kullanılması gereken ilacı söyledi:

"(...) Karnındaki asidin boşaltılması için hastanın bedenine idrar söktürücü mahiyette olan 'Salyrgan' ilacının enjekte edilmesi gerekir."

Hekimler şaşırdı. İlacı ilk kez deneyeceklerdi.[52]

Atatürk'e "Salyrgan" veren Prof. Hans Eppinger

Atatürk: "Vay hınzır herif, beni galiba tavşan zannetti."

Hükümet, Prof. Eppinger ile birlikte Alman Profesör Gustav von Bergmann'ı da Türkiye'ye çağırmıştı...

Bergman, iç hastalıkları uzmanıydı. Ünlü cerrah Ernst von Bergmann'ın oğluydu. Doktorasını 1903 yılında Strazburg'da almış, daha sonra Prof. Friedrich Kraus'un (Atatürk'ü daha önce tedavi eden hekim) altında, Berlin'deki Tıp Fakültesi Hastanesi'nde çalışmıştı. Fonksiyonel patolojinin savunucusuydu ve psikosomatik (psikolojik kökenli fiziksel hastalıklar) tıbbın kurucularından biri olarak kabul ediliyordu. Araştırmaları

52. "Salyrgan"ın içeriğinde cıva bulunmaktaydı... O yıllarda cıvalı ilaçların karaciğere ya da başka organlara zarar verip vermediği biliniyor muydu; bilinmez. Bilinmese bile, Salyrgan'ın Atatürk'e kasıtlı enjekte edilip edilmediği konusu, halen muamma olmayı sürdürüyor.

gastrointestinal ülserler, hipertansiyon ve otonom sinir sistemi çalışmaları üzerineydi.

Prof. Bergman, İstanbul'a ulaştığında heyet bir kez daha toplandı. Bu kez muayene, tüm hekimlerce yapıldı. Her kafadan bir ses çıktı. Sonrasında karara varıldı.

"Hasta sirozdur!"

Prof. Bergman da Atatürk'e, sevmediği doktor Prof. Eppinger'in uygun gördüğü kür ve ilacı uygun gördü.

"Bolca kavun, karpuz, çiğ meyve kürü ve Salyrgan."

Doktorlar o günkü raporda "siroz" teşhisini, hep beraber ilk kez koymuştu ve son cümle bir tarihin göçtüğünün ilk kanıtıydı:

"Durum ciddi ve vahimdir."

Atatürk ertesi gün yine Prof. Eppinger'in tavsiye ettiği diyeti uyguladı. Ancak akşamına ishal oldu. O yönteme, karşı görüş bildiren Türk hekimleri Prof. Nihat Reşat Belger ile Prof. Abravaya Marmaralı'ya, "Hakkınız varmış. Vay hınzır herif, beni galiba tavşan zannetti" diye görüşünü açıkladı.[97]

Hem Prof. Eppinger hem de Prof. Bergman'ın teşhisi, "vena porta trombozon" olasılığıydı. Yani; dalak ve bağırsaklardan gelen kanı, karaciğere taşıyan büyük toplardamarın pıhtı ile tıkanması...

Teşhislerini, rapor ettiler:

"1. Atatürk'te bir siroz vardır. Asit yapmış, biraz subikter (hafif şiddette sarılık) oluşmuştur.

2. Bunun esas nedeni alkoldür.

3. Önceden Atatürk'ün çektiği malaryanın (sıtma) bir etkisi olmadığını kesin olarak söylemek mümkün değildir.

4. Vena Port'un (karaciğerin fonksiyonel damarıdır, karaciğere gelen kanın %70-80'i bu yolla gelir) bir şubesinde flebit (toplardamar iltihabı ve eşlik eden damar içi pıhtılaşma) olması da olasılık dışı değildir."

Hekimler görüşmeleri bittikten sonra Atatürk'ün huzuruna çıktı. Tercümanları Doktor Asım Arar'dı...

Prof. Eppinger: "Tecrübe mahiyetinde olacaktır..."

Prof. Eppinger ve Prof. Bergman alanlarında ünlüydü. Ancak karakterleri zıttı. Bergman, kibarlığı ve zarafeti ile Atatürk'ün üzerinde iyi etki bırakmıştı. Eppinger için bu söz konusu değildi. Kabalığı ve muamele bilmezliği Atatürk'ü kızdırmıştı...

Eppinger, Atatürk'e patlıcanı bile çiğ yemesini önermişti. Bergman ise rendelenmiş elma yedirilmesini tavsiye etti.

Diğer tüm doktorlardan gelen bir başka öneri, "afyon mürekkepleri (sıvı) ile şibih kalevi (alkali benzeri su)" oldu...

Karın ağrıları için birçok tartışmadan sonra, "Bellafoline,[53] Phos de Codeine 0,03 santigram"[54] –yan etkileri arasında bulantı, kusma, sersemlik hissi ya da baş dönmesi, karın ağrısı, kabızlık, nefes almada güçlük ve bulunuyordu– verilmesi kararlaştırıldı. Prof. Bergman ateşine karşılık Pyramidon[55] tavsiye etti. Unlu yiyecekler, az gazlı ve şekerli gıdalar da verilecek, bunlarla günde bir, nadiren iki kere dışarı çıkması sağlanacaktı.

Atatürk'ün canı bamya ile kavun istemişti. Yiyip yiyemeyeceğini sordu.

Prof. Eppinger, söze girdi, soğuk ses tonuyla, "Yiyebilirsiniz..." dedi.

Bazı hekimler Atatürk'e ponksiyon yapılmasının iyi geleceğini söyledi. Karında biriken asit kalın bir iğneyle dışarı çekilecekti.

Prof. Neşet Ömer Bey, söz aldı:

"Prof. Fissenger afyon mürekkeplerini ve şibih kalevilerin verilmemesini ve cıvalı müdrirler kullanılmamasını söylemişti" diye uyardı.

---

53. Mide, bağırsak sancılarında kullanılan ilaç.
54. Hafif veya orta şiddette ağrılar için kullanılan ilaç.
55. Atatürk vefat ettiği güne kadar 100 kutuya yakın bu ilaçtan kullanmıştır.

"Kalbi kuvvetlidir, kalbi güçlendirecek ilaçlar kullanılmalıdır" diye de ekledi.[56]

Prof. Eppinger şırıngasına "Salyrgan" ilacını çekti, enjektörün havasını ortaparmağıyla vurarak aldı. Her zamanki asık yüz ifadesiyle, hekimlere görüşünü söyledi:

"Tecrübe mahiyetinde olacaktır..."

Ertesi gün olduğunda Atatürk yatakta dik duramıyordu. Karnındaki şişkinlik sıkıntı vermeye başlamıştı. Arkasına yastıklar konulup dik oturması sağlandı. Çevresindekilere neşeli görünmeye çalışsa da, acısı yüzünden okunuyordu. Yorgunluk ve halsizlik yüzünü inceltmişti...

Her kafadan ayrı bir ses çıkmıştı. Prof. Akil Muhtar Özden o günün akşamı 38,5 derece ateşle hastalandı. (3 Ağustos'a kadar muayenelere katılamayacaktı.)

Asım Arar, akşamüzeri profesörler Eppinger ve Bergman'ı kaldıkları Pera Palas Oteli'nde ziyaret etti. Eppinger az konuştuğu sohbet sırasında kötü Fransızcasıyla iki meslektaşını şok edecek üç kelime kullandı:

"Un cas triste..." (Üzücü bir durum...)[(98)]

Prof. Gustav von Bergman[57]

56. Aynı profesör, 4 gün sonra, kalbi kuvvetlendirici iğne yapılmasına karar verecekti.

57. Prof. Bergman, 1939'da Alman Araştırma Vakfı'nın bir projesi üzerinde çalışacak, İkinci Dünya Savaşı'nda (1942) ise orduda hizmet vermesi için Adolf Hitler tarafından ataması yapılacaktı.

Salih Bozok, İsmet İnönü'ye oğluyla elden mektup gönderir

57 yaşındaydı. O yaşına değin en son Türk Devleti'ni kurmayı başarmış, o raddeye gelene değin dünya lideri sanılan İngilizleri alaşağı etmişti. Sadece Türkiye'de değil, sömürgeci devletler karşısında direnen İslam Âlemi'ne de örnek olmuştu...

İkinci Dünya Savaşı yaklaşıyordu ve Atatürk dünyanın en stratejik noktasında bulunan Türkiye'nin lideriydi. Ülkesi her geçen gün hızla güçleniyordu. Tüm dünya liderlerinin gözü kulağı Atatürk'ün sağlık durumundaydı. Özellikle İngilizlerin dikkatleri Türkiye'nin Arabistan Yarımadası'na açılan güneyinde ve Ortadoğu'daki kutsal topraklarda kurulacak Yahudi Devleti'ndeydi...

Siyonistler harıl harıl çalışıyordu. Bunu en çok onlar istiyor bu nedenle de küresel sermayeyi ellerinde bulunduran küresel para baronlarının gücünü kullanıyorlardı. Ayrıcalıklı Yahudiler Kudüs'te bir devlet kurulacağını hesaplıyordu fakat milyonlarca günahsız Yahudi olan bitenlerden ve olacaklardan habersizdi...

Prof. Noel Fissenger'e göre Atatürk eylül ayına doğru iyileşebilirdi. "Cumhurbaşkanı bize anlaşılan kötü şaka yapıyor; demir gibi bünyesiyle şaka yapabiliyor; daha zayıf kimseler olsaydı göçüp giderlerdi" bile demişti...

Prof. Fissenger, Atatürk'ü muayene ettikten sonra kendi ülkesinin elçiliğinde sorguya çekilmişti. Türkiye'nin Lideri'nin ancak iki yıl kadar yaşayabileceğini sanıyordu...

Profesörler Neşet Ömer İrdelp, Akil Muhtar Özden, Nihat Reşat Belger, Mim Kemal Öke, Abravaya Marmaralı, Doktor Mehmet Kâmil Berk, neredeyse Dolmabahçe Sarayı'nda yatıp kalkıyordu. Sarayda bir matem havası hâkimdi... Hekimler her ne kadar belli etmemeye çalışsalar da hizmetliler Atatürk'ün günlerinin sayılı olduğunu hissetmeye başlamıştı. Çocukluk ve dava arkadaşı Salih Bozok da o ruh halindeydi. Sabah olduğunda ilk işi Başbakan İsmet İnönü'ye mektup yazmak oldu:

"Aziz ve Muhterem Büyüğüm İnönü,

Ben bu mektubu sonuna kadar yazmaya, siz de okumaya bilmem muvaffak olabilecek miyiz? Parmaklarım kırık, gözlerim kör olsaydı da ben size böyle acı bir mektup yazmaya muktedir olmasaydım. Fakat vatan aşkı, millet ve memleket sevgisi ile işittiklerimi, gördüklerimi acı ve feci de olsa size bildirmeyi bir vazife, bir borç bildim ve bu mektubu yazmak mecburiyetini hissettim.

Sevgili Paşam,

Büyük kurtarıcımız Atatürk'ümüz dün, ecnebi profesörlerin de bulunduğu bir sıhhi heyet tarafından muayene edildi. Konsültasyon neticesinde icap edenler yapıldı. Fakat bu konsültasyonda bulunan bazı doktor arkadaşlar tarafından bana mahrem olarak söylenenlere ve benim de görüp anladığıma göre Atatürk'ümüzün bugünkü sıhhi vaziyeti korkulacak kadar vahimdir. Kalbim parçalanarak size bu elim haberi vermek mecburiyetinde kaldığım için ayrıca acı duymaktayım. Artık buna göre ne yapmak ve nasıl bir tedbir almak lazımdır, bilemem. Ankara'da bulunduğunuz için buradaki vaziyetten sizi, memleket ve milletimin büyüğü, kıymetli İnönü'müzü haberdar etmekle vicdani vazifemi yapmak istedim.

Gözyaşlarımla ve derin saygılarımla ellerinizden öperim."

Salih Bozok, mektubunda "Artık buna göre ne yapmak ve nasıl bir tedbir almak lazımdır, bilemem" derken muhtemel bir iktidar boşluğunu mu kastediyordu? Zira o günlerde Atatürk'ün Ankara ve İstanbul'daki arkadaşları arasında alttan alta süren bir iktidar mücadelesinin filizlendiğini de apaçık ortadaydı...

Salih Bozok, mektubu oğlu Cemil'e verdi, Ankara'ya bizzat götürmesini ve elden teslim etmesini istedi...[99]

Atatürk ve Salih Bozok (sağdan) 20 Mayıs 1938

Prof. İrdelp: "Akil Bey, yahu masa başına gelsenize şu işi bitirelim!"

Profesörler Eppinger, Bergman, İrdelp ve Belger, 2 Ağustos Salı günü bir araya gelmişti...[100]

Ertesi gün saat 11.00'de bu kez aralarına profesörler Mim Kemal Öke, Süreyya Hidayet, Abravaya Marmaralı, Akil Muhtar Özden Doktor Mehmet Kâmil Berk ve Başbakan Celal de katılmıştı. Uzun görüşmelerin ardından sonuç açıklandı:

"Atatürk'te siroz vardır. Asit yapmış, biraz sübikter hasıl etmiştir.

Bunun esaslı nedeni alkoldür. Evvelden Atatürk'ün çektiği Malarya'nın bir tesiri olmadığını kesinlikle söylemek doğru değildir.

Ven Port'un bir şubesinde flebit olması da imkân haricinde değildir.

Ree ödem ve ihtimanı bu hastalığı ait olabilir.

Hararetin yükselmesini yine aynı hastalıkla açıklamak kabildir.

Eppinger'in 'Hepatit Siroz'u sorguya değerdir.

Sonuç ciddi ve ağırdır.

Tedavi:

A. Asiti Salyrgan şırıngalarıyla gidermeye çalışmalıdır.

B. 2-3 defa sonra ponksiyon yapılacaktır. Salyrgan'dan evvel Chlorure d'ammonium'la amonyum klorür (suda yüksek oranda çözünen, beyaz kristallere sahip, çözeltileri hafif asidik tuz) hazırlanmalıdır.

C. Oubaine[58] şırıngaları (kalbi güçlendirecek iğneler) yapılacaktır.

D. Hararete karşı 0,90 santigram kadar pyrmidon verilecektir. (Atatürk ölümüne kadar 100 kutuya yakın kullandı. İlaçlar Ankara'daki İstanbul Eczanesi'nden alındı.)

E. Kabıza karşı, filhakika (doğrusu) elma kürü kabız yapmıştı, müleyyin (yumuşaklık veren) haplar verilecektir.

F. Hafif bir Quinin (kinin) (vefatına değin 43 şişe kullanılmıştır) tedavisi yapılabilir.

G. Lüzumunda bazı müsekkin (yatıştırıcı) ilaçlar kullanılabilir.

H. B vitamini çok olan Campolon şırıngaları yapılacak."

Prof. Eppinger kısa konuştu, gözleme dayanan tanılarını, soyut bilgilerle sundu...

---

58. Ouabaine, Afrika'da, öncelikle av için zehirli oklarda kullanılmıştı. 1882 yılında önce Fransızca kimyacı Leon Albert Arnaud tarafından bitkiden izole edilmişti. Kardiyak durumların tedavisi için kullanılabileceği düşünülmüştü fakat ileriki yıllarda kalpte ritim bozukluklarına yol açtığı anlaşıldı. Aşırı alındığında ölüme de yol açabiliyordu. Atatürk'ü güçlü kılmak için zaman zaman Ouabaine uygulanmıştı. En çabuk etki yapan ve etkisi en kısa süren bir gliozitti. Damar yoluyla tatbik ediliyordu.

Doktor Nihat Reşat Belger raporu yazmaya başladı. O esnada Akil Muhtar Özden, Hasan Rıza Soyak'ın yanına giderek dışarıda çıkarılan söylentilerden bahsetti. O sırada Afet İnan içeri girdi. Bir ara Neşet Ömer Bey'in sesi duyuldu:

"Akil Bey, yahu masa başına gelsenize şu işi bitirelim!"

Akil Muhtar Bey, "Halbuki yapılacak bir şey kalmamıştı..." diye içinden geçirdi.

Atatürk, Mim Kemal Öke'yi yanına çağırttı. Prof. Öke yanında Başbakan Celal Bayar, İçişleri Bakanı CHP Genel Sekreteri Şükrü Kaya ile odaya girdi.

"Kemal Bey, su almak icap ederse ne olacak? Bana evvelce yaptığın ameliyatlarda hiçbir şey hissetmemiştim. Bu da öyle olabilir mi? Bağırsak delinmez mi?"

"Paşam bu onlardan daha basittir. Yine o usulü yaparız. Bağırsak delinmesi, kan damarının yaralanarak kanama olması, usulü dairesinde yapılan bir su alma ameliyesinde varit değildir. Siz müsterih olunuz. Takdir buyuracaksınız ki bu ilk ponksiyondan sonra şayet yapılmasına ihtiyaç görülürse, ondan sonrakilerde bu endişelerden hiçbirini hissetmeyeceksiniz..."

"Artık bu müdahaleden çekinmiyorum, kolaymış."

Profesörler Eppinger ve Bergman karındaki sıvı alınmadan önce bu suyun cıvalı idrar söktürücülerle, idrar yoluyla boşaltılmasına karar vermişlerdi.

Atatürk'ün adalesine 2 santigram daha cıva içerikli "Slyrgan" enjekte edildi.[(101)]

İnönü: "Doktor Bergman tecrübeli, şöhretli bir doktor imiş..."

İsmet İnönü'nün, Salih Bozok'a yazdığı cevabi mektup da o gün İstanbul'a ulaştı:

"Kardeşim Salih,

Mektubunuzu büyük teessürle okudum. Dayanılmaz bir surette yüreğim bir daha sızladı. Acılı duygularımı nasıl ifade edeceğimi bilemiyorum. Vefalı, vatanperver kalbinizin elemlerini anlıyorum. Elimden geldiği kadar vaziyeti takip ettim. Hastalığın ciddi olduğu görülüyor. Ben, kuvvetli ümidimi muhafaza ediyorum. Hastalığın tevakkuf (duraksama) haline geçmesi ve vücudun kuvvetlenmesi ihtimali daima vardır. Son alınan sıhhi tedbirlerin de canımızdan sevgili hastamızın afiyeti için yeni bir ümit şulesi (ışık) olduğuna inanıyorum.

Kardeşim Bozok,

Sevgili Atatürk'ü gördükçe, onun ümidinin sarsılmamasına ve mümkün olduğu kadar neşeli kalmasına çalışmalıyız. Yine en büyük sıhhi iyilik, onun maddi ve manevi kuvvetinden gelecektir. Beni haberdar etmek lütfunuza çok minnettarım Bozok. Teessürlü, ümitli olarak ve candan dua ederek takip ediyorum. Alman Doktor Bergman tecrübeli, şöhretli bir doktor imiş. Bu hastalığın seyrinde birdenbire iyilik, tevakkuf devresi (durduğu) husule geldiği vaki imiş. Bu ihtimaller, çok ümit bağladığımız ışıklardır.

Atatürk'ü gördüğün zaman, yormayarak, benim tarafımdan ellerini, yüzünü hasretle öper misin? Mektuplarını daima beklerim. Gözlerim yaşlı olarak, muhabbetle gözlerinden tekrar tekrar öperim sevgili kardeşim."[102]

Makale, kedi, testis, kadavra çalan bir profesör

Prof. Akil Muhtar Özden saraya gittiğinde Prof. Eppinger'i orada bulamadı. Prof. Bergman ile karşılaştı. Atatürk, 1 litre idrar çıkarmış; ödemleri azalmıştı...

Atatürk, "Daha fazla idrar geleceğini ümit ediyordunuz değil mi?" diye sordu. Bergman düşünmeden, "Evet" dedi...

Dolmabahçe Sarayı telaşlı günlerinden birini yaşıyordu. Koridorlar görüş alışverişi yapan hekimlerin sesleriyle yankılanıyordu. Gelişen yeni bir tedavi yöntemi var mıydı? Olan tedaviler sağlığına kavuşturabilir miydi? Tedaviler uygun muydu? Tüm bunlar bir muallaktı...

Prof. Eppinger, kendine has prensipleri olan biriydi. Yaşamın, başarıyla bina edileceğine inananlardandı. Hırslıydı. İçine kapanık; duygularını dışa vuran biri değildi. Mantığını ön planda tutardı. Hedefine kilitlendiğinde gözü başka bir şey görmezdi. Sebebi ne olursa olsun hiçbir gecikmeye tahammül edemezdi. Ketum ve ciddi tavırlıydı. Gelenekçiydi. Çocukları dahil arkadaşlarıyla mesafeliydi. Sabırlı, kuşkucu ama en önemlisi acımasızdı.[(103)]

Hitler insanları sınıflandırmaktan zevk alıyordu. Bazı üst düzey asker ve bilim insanlarına onun özel izniyle Deutschblütigkeitserklärüngen (Alman Kanı Sertifikası) verilmişti.[(104)]

Prof. Eppinger de onlardan biriydi. Eş dindarlığı seçmişti. "Resmi Aryan" olarak akredite edilmişti.

Mesleki ilgi alanları ve uzmanlığı, iç hastalıkları, patoloji, diyafragmatik kusurlar, kardiyak astım, dolaşım bozukluğu, nefroz, hemolitik anemi, inflamatuar reaksiyon, paratiroid hastalığıydı. Karaciğer hastalıkları üzerinde deneyler de yapıyordu.

Viyana'dayken kütüphanedeki kitaplardan ve ciltli dergilerden sayfa keserken yakalanınca üniversite kütüphanesine girmesi yasaklanmıştı...

Ünlü Hollandalı anatomist hocası Karel Frederik Wenckebach'ın laboratuvarından safrakeselerini çaldı ve daha sonra bu örnekleri onay olmadan kullanarak, beriberi hastalığından ölen kişilerde safrakesesi ödemi içerikli fenomen makalesini yayımladı...[(105)]

Meslektaşları kendisini Alman edebiyatçısı Goethe'nin kaleme aldığı *Faust* isimli eserindeki şeytan karakterine benzetirdi.

Yüksekte bulunduğu zamanlar aşağıdaki hastalara tükürdü...

Asistanlarına cansız malzeme gibi muamele ediyordu...

Bir keresinde formalin (kimyasal sıvı) içinde bulunan bir cesedin testisinin tamamını almıştı. Hastaların izni olmadan bilimsel deneme yapacağını söyleyerek karaciğer biyopsisi yapardı...

Bir hastanın sebepsiz yere radial arterini (el bileğinde birbirine paralel seyreden, eli besleyen 2 atardamardan biri) izinsiz açmıştı...

Klinikte çekinmeden lavaboya idrarını yapardı...

Günün ortasında sadece kısa bir gecelikle yarı çıplak klinikte dolaşırdı...

Günün birinde polis kontrolünde bir hastasının kimlik kartını göstermiş bu nedenle sorguya çekilmişti...

Sevmediği kişilerin laboratuvar dolaplarını kirletiyor ya da kırıyordu.

Başhemşirenin en sevdiği kedisini çalmış ve deney için kullanmıştı... (Kendisinin pire dolu köpeğine ayrıcalık tanıyordu.) Tedavide ölen hastalara reaksiyonu oldukça gaddardı...

Difteri hastalığından ölen bir kızına evde kendisi otopsi yaparak parçalamıştı.

Hastalarına duyduğu tutumun onurlu bir yaklaşım olmadığını savunan meslektaşları ileriki yıllarda bunu kitaplarına konu edecek, saygın Alman teolog Helmut Thielicke, Eppinger'i "acımasız, tehlikeli ve aşağılayıcı tedavi uygulayan biri"[59] olarak tanımlayacaktı.

Eppinger'in ateşli bir Nazi olduğu herkesçe biliniyordu.[(106)]

Dachau toplama kampındaki deniz suyu deneylerinde de önemli bir rol oynayacak, insanlar üzerinde deneyler yapacaktı...[(107)]

---

59. Aynı şekilde 1930 yılında Viyana'da tıp öğrencisi olan ünlü Dr. Otto Fleming de Prof. Eppinger ile ilgili kötü anılarını kitaplaştıracak, Eppinger'den "Bir konferansta nefritli bir hastayı karşımıza çıkardı. Bu adamın hastalığının 'trajedisinin son eylemi'nde olduğu kişi olarak tanıttı. Öğrencilerin çoğu gözyaşlarına boğuldu..." diye yazacaktı.

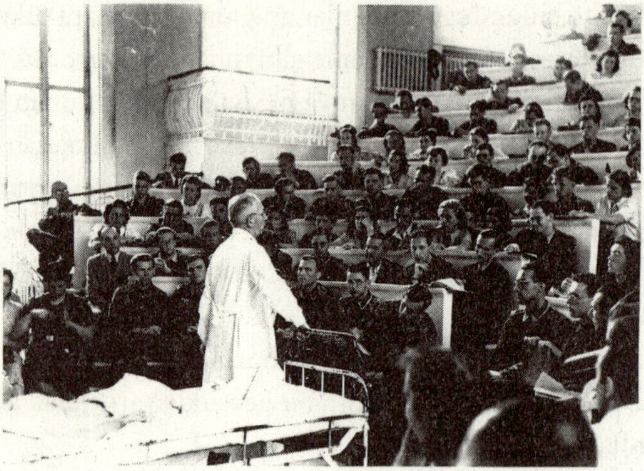

Prof. Hans Eppinger hastasıyla ders verirken[108]

Salyrgan'ın içine "amonyum klorür" konulmadı

İngiliz *The Daily Herald* gazetesi, 6 Ağustos 1938 günü Atatürk'ün ağır hasta olduğunu yazdı:

"Resmen grip denilmekle birlikte aslında Atatürk karaciğerinden rahatsızdır. Başucunda beş doktor beklemektedir, bir Avusturyalı bir de Alman doktoru çağrılmıştır."

Prof. Eppinger ve Prof. Bergman akşam 17.00'de son muayenelerini yapmak için Atatürk'ün yanına geldi. İki hekim, chlorue d'ammonium (amonyum klorür) ile hazırlandıktan sonra bir Salyrgan daha yapılmasına karar verdi.[109]

Prof. Akil Muhtar Özden de saraya çağrılmıştı...

İlaç siparişleri sürüp gidiyordu...

Prof. Özden, saraydan ayrılırken, Prof. Neşet Ömer Bey kendisine seslendi:

"Artık siz rahatsız olmayın. Lüzum olursa ben sizi çağırtırım."[110]

Akil Muhtar Bey evinin yolunu tuttu. Birkaç gün sonra edindiği bir bilgi aklında soru işareti bırakacaktı.

Profesörler Eppinger ile Bergman'ın Atatürk'e tekrar yapılmasını söyledikleri (son cıva içerikli) Salyrgan ilacında amonyum klorür yoktu. Amonyum klorür, ilaç sanayiinde Adjuvan yani reçetede yer alan ve diğer ilaçlara ait etkilerin ortaya çıkmasında yardımcı nitelik taşıyan madde olarak, (öksürük şuruplarında, balgam ve idrar söktürücü özelliği için) kullanılıyordu.[(111)]

İdrar miktarını artırmak için kullanılan cıvalı diüretik olan Salyrgan enjeksiyonlarından da bir sonuç alınmamıştı.[60]

Atatürk'e zaman zaman, Amonyum Bromür de verilmişti. Bromürler santral sinir sistemi depressantı (iç karartıcı) olup, sedatif etkiye (hastanın tüm reflekslerinin korunarak, derinliği kontrollü olarak ayarlanabilen uyku hali) sebep olmaktaydı. Amonyum tuzları, karaciğer hastalığı için mahzurlu olup, hiperamonyami (amonyak oranının kanda artması), karaciğer koması tehlikesi yaratabilmekte ve ölüm riski taşımaktaydı.

Salyrgan, Alman ilaç devi IG Farben'ın ürettiği bir ilaçtı. İleriki yıllarda Auschwitz Toplama Kampı'nda da kullanılacak, ancak ne amaçla kullanıldığı anlaşılamayacaktı. İlacı üreten IG Farben firması yöneticileri Hitler'e destek vermelerinden ötürü Nürnberg Mahkemeleri'nde yargılanacak ve çeşitli cezalara çarptırılacaklardı.

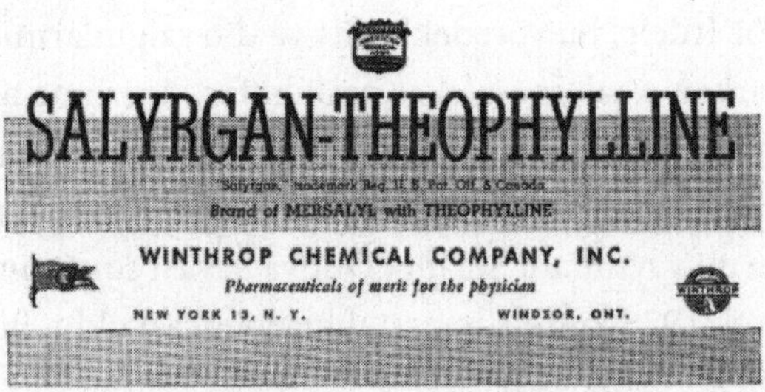

Salyrgan ilaç kutusu

60. 1920-1950 yılları arasında popüler olan cıvalı diüretikler toksik etkileri ve enjeksiyon yerinde irritasyon yapması dolayısıyla terk edilmişti. Bunların yerini ağızdan etkili, toksik olmayan ve cıva ihtiva etmeyen diüretikler almıştı.

Atatürk'ün "en özel" doktoru Prof. Neşet Ömer İrdelp

Yirmi yaşında tıp fakültesinden mezun olduktan sonra Beypazarı Hükümet Tabipliği'ne ve sonrasında Ankara Belediyesi Hastanesi Başhekimliği'ne atanmıştı. 1908 yılında zamanın meşhur hekimlerinden Mehmet Kâmil Berk'le beraber Paris'e gitti ve orada meşhur kalp doktoru Prof. Henry Vaquez'le çalıştı...

1936 yılında ölen Prof. Vaquez, kalp hastalığı tedavileriyle ünlenmişti. 1892'de "Osler-Vaquez hastalığı" olarak da bilinen kan hastalığı polisitemi vera veya polisitemi rubra verayı tanımlayan ilk kişi olmuştu. Ayrıca "Stokes-adams Sendromu" (kalp atışlarını sağlayan sinir iletim sisteminin aniden bozulması sonucu meydana gelen bilinç kaybı durumu; belirtileri arasında, solukluk, duygu veya bilinç kaybı bulunmaktadır) konusunda uzmandı.

Prof. İrdelp, orada aldığı eğitim sonrasında, 1910 yılında Üniversite Tıp Fakültesi Birinci İç Hastalıkları Kliniği'nde Prof. Fevzi Paşa'nın yardımcısı olarak göreve başladı. 1915'te ordunun hekimleri göreve çağırması üzerine "Kudüs Hilal-i Ahmer Süveyş Heyeti İmdadisi"nde çalıştı ve sonra yedek binbaşı olarak 4. Ordu Sağlık Başkanlığı yaptı.

Kudüs'te Hilal-i Ahmer'de çalışırken yanında çalışanlardan birisi de talebesi Doktor Asım Arar'dı.[61]

Profesör İrdelp, bu yöredeki tifüs ve tifo salgınlarını önlemek için uğraşırken sıcak memleket hastalıkları üzerinde arkadaşları bakteriyolog Arif Ata, Doktor Goldberg, Doktor Hasan Ferit Cansever ve Doktor Seyfullah Bey'le beraber araştırmalar yaptı ve bulgularını yayımladı. Birinci Dünya Savaşı sonrasında fakülteye dönerek 1925 yılında iç hastalıkları hocası oldu. Bir yıl sonra dekanlık görevine yükseldi.[(112)]

Atatürk, Dr. Neşet Ömer Bey'e Ankara Yenişehir semtinde eskiden su deposunun olduğu yerde bir ev sahibi olmasına yardım

61. Her ikisi de sonraki yıllarda Mustafa Kemal Paşa ve annesi Zübeyde Hanım'ın hastalıklarının tedavisiyle ilgilenecekti.

ettiğinden Ankara'ya geldiğinde burada kalırdı. Profesörü sever ve onun aleyhinde söz söylendiği zaman, "Ne karışıyorsunuz? Adam hoşuma gidiyor!" diyerek uyarırdı.

1933 yılındaki üniversite reformu sırasında tekrar rektör olmuştu...[113]

Doktor Hasan Ferit Cansever'in babası Kasımpaşa'daki Türabi Baba Tekkesi'nin şeyhi Mehmed Ali Bey'di. Askeri Tıbbiye'yi bitirmişti. Birinci Dünya Savaşı'nda, Kudüs'teki Hilal-i Ahmer Hastanesi'nin başhekimliğini yaptı. Kudüs'te öğretmenlik yapan Hatice Saime Hanım ile Halide Edip Adıvar tarafından tanıştırılıp evlendi. Filistin bölgesindeki araştırmalarına dayanarak Tevrat'a göre *Yakın Şark'ta Yamyamlık* (1952) adlı bir kitap yazacaktı. Türk Ocağı'nda kalkınmanın köyden başlaması gerektiğine inanıyordu. Antalya ve Adana'da görev yaptığı sırada sıtma ile savaştı.

Türk Ocakları'nın kuruluşunda aktif rol aldı. Genel sekreterliği sırasında 1927 Kurultayı'na sunduğu tekliflerini *Tekliflerim* adıyla kitaplaştırdı. Eserde hem komünizme hem faşizme şiddetle karşı çıktı; İtalyan faşizmini değil, Anglosakson sistemini örnek almayı önerdi. Et yemezdi. Hayatını sebze, meyve ve bitkisel yağlarla yapılmış yemeklerle geçirirdi. Hayvani gıdalarla beslenen Orta Asya Türklüğü'nün bu yüzden çöküntüye uğradığını; Çinliler ve Hintlilerin pirinç gibi bitkilerle beslendikleri için çoğalarak Asya'ya hâkim olduklarını öne sürmüştü.

Prof. Neşet Ömer İrdelp

Dr. Hasan Ferit Cansever

"Salyrgan"dan sonraki günler...

7 Ağustos 1938 Pazar

Karnındaki asitli su azalmıyordu. Durumunu doktorlarına sürekli şikâyet ediyordu. Özellikle Fransızca yazılmış, siroza ilişkin eserlerin getirilmesini emretti. (Atatürk bunları okuma olanağını bulamadan ebediyete göçtü.)

8 Ağustos 1938 Pazartesi

Paris Büyükelçisi Suat Davaz'ı kabul etti.

9 Ağustos 1938 Salı

İsmet İnönü, Cumhurbaşkanlığı Genel Sekreteri Hasan Rıza Soyak'a mektup gönderdi:

> *"(...) Dr. Tevfik Aras bana, Atatürk'ün cihan değer selamlarını getirdi. Atatürk'e en derin saygılarla minnetlerimi ve en samimi afiyet dileklerimi takdim ederim. Bir münasip fırsatta yüce huzurlarına arz ederseniz size çok teşekkür ederim. Sevgilerle selamlar..."*

Mektuba yanıt yazdırdı, iyi dileklerini bildirdi...

Bilgi kirliliği vardı. Kimilerine göre Atatürk iyileşiyordu. Hatta Harf Devrimi'nin 10. yıldönümü kutlamasına bile katılacağı söyleniyordu. Büyük hazırlıklar yapıldı. Halk, Sarayburnu'nda toplandı. Fener alayları düzenlendi. Gece, üniversite konferans salonunda bir toplantı daha yapıldı. Burada rektör ve profesörler Harf İnkılabı'nın öneminden söz etti. Ne var ki bunların hiçbirine Atatürk katılamadı...

Dolmabahçe'ye gelen alaylar sarayın önünde, "Yaşa Atatürk, büyük Atatürk!" sesleriyle etrafı inletirken yatağından kalkıp balkona çıkmak istedi. Ancak doktorları buna izin vermedi.

Doktorların aklı fikri karında biriken sıvıydı. Biriken su azalmıyor hatta gün geçtikçe artıyordu. Atatürk her fırsatta sorular soruyor, suyun azaltılmasını istiyordu...[(114)]

Doktorları Prof. Nihat Reşat Belger, Prof. Neşet Ömer İrdelp, Prof. Mim Kemal Öke, Prof. Akil Muhtar Özden, Sinir Hastalıkları Mütehassısı Prof. Hayrullah Diker, İç Hastalıkları Mütehassısı Prof. Süreyya Hidayet Serter, Sağlık Bakanı Dr. Hulusi Alataş ve Bakanlık Müsteşarı Dr. Asım Arar ile Dr. Abravaya Marmaralı ve Dr. Kâmil Berk'ten oluşan 11 kişilik konsültasyon kurulu hemen her dakikalarını onunla geçiriyordu. Hijyeni, tuvalet ve banyo ihtiyacıyla berberi Mehmet Tanrıkut Mete bizzat ilgileniyordu.[(115)]

İdrarı her geçen gün azalıyordu. Karnındaki büyüklük tamamen göze çarpıyordu. Nefes alıp verişinde güçlük çekiyordu. Sağ baldırında uyuşukluk hissediyordu. Ara ara ateşleniyordu. Prof. Akil Muhtar Özden, sağlığını olumsuz yönde etkileyebilir düşüncesiyle olup bitenlerin Atatürk'e anlatılmamasını önerdi. Zira her fırsatta ayrıntılı sorular soruyordu. Durum inanılır gibi değildi. Bir gün, 11 kişilik koca bir doktorlar heyeti hastayı muayene ediyor, teşhisler koyup, tedaviler öneriyor, ertesi gün bir başka doktor gelip, bambaşka bir yöntem uygulamaya koyabiliyordu.

Doktor Mustafa Hayrullah Diker'in babası belediye memuru Mehmet Salih Efendi'ydi. Mektebi Tıbbiye-i Askeriye-i Şahane'de yükseköğrenim gördü. 1897'de yüzbaşı rütbesiyle mezun oldu. 1900'de Kastamonu'da frengi ile mücadele etti. On yıl sonra Savunma Bakanlığı'nın bursuyla Paris'e gitti. Sinir hastalıkları ihtisasını orada tamamladı. 1924'te askerlikten ayrılıp Haydarpaşa Tıp Fakültesi'nde kurulan Türkiye'nin ilk bağımsız nöroloji kliniğinin başına geçti. 1936'da ordinaryüs profesör unvanını aldı.

Prof. Mustafa Hayrullah Diker

Dişçisi Sami Günzberg Atatürk'ün dişetlerini kesince...

11 Ağustos 1938 Perşembe

Atatürk yorulmaması için ziyaretçi kısıtlamasına rağmen bazı kimseleri hekimlerin haberi olmadan kabul ediyordu...

Prof. Neşet Ömer İrdelp ve Dr. Asım Arar, sarayın Mabeyin dairesinde otururlarken, yukarıdan koşarak gelen berber Mehmet Tanrıkut Mete'nin sesini duydu:

"Atatürk'ün ağzından kan gelmekte!"

İki hekim koşarak Atatürk'ün yanına çıktı. Dişçisi Sami Günzberg bayılmış, yerde yatıyordu...(116)

Atatürk'ü hemen muayene ettiler ve dişetlerinde iltihap uzantıları olduğunu gördüler. Atatürk bu uzantıların daha önce kendisini rahatsız ettiğini söylemişti. O gün kendi diş hekimi olan daha önce Abdülhamid'in de diş doktorluğunu yapan Yahudi diş hekimi Sami Günzberg ziyaretine gelmiş ve konuşurlarken bu şikâyeti konu olmuştu. Günzberg kendisini bu şikâyetlerden kurtaracağını söyleyerek bir makas istemiş ve bu makası yakarak dezenfekte etmiş, sonrasında da üstdudağın sağ tarafındaki burjonu (dokuyu) kesmişti. Sami Bey bu kanamadan dolayı çok korkmuş ve telaş yaşamıştı. Bayılması bundandı.

Prof. Neşet Ömer Bey hemen telefonla Prof. Mim Kemal Öke'yi aradı.

"Ufak bir arıza oldu. Kan durdurucu ilaçları alarak saraya gel..."

Kanama yaklaşık 20 dakika sürerken, hekimler kan durdurucu mahlulü kullanarak kanı durdurdu. O sırada Prof. Mim Kemal Bey gerekli ilaçları eczanede hazırlatarak saraya geldi. Geldiğinde kan tamamen durmuştu. Tamponu yerinde bıraktılar ve kanama bir daha tekrar etmedi.

Yaşanılanlardan sonra ziyaretlerin yasak edilmesi işi son derece ciddiyetle ele alınmaya başlandı.(117)

<u>11. VIII. 1938 Perşembe.</u>

Yatma)
Kalkma) Yatakta

Tartı: ——

Derece : (36,6) sabah.
(37,0) Akşam.

Nabız : (88)
İdrar : (580)
Evakuasyon : Normal
Uyku : Gece uyudular
Banyo: (36°), (3) dakika.

Ağrısı : Fazla kaşıntı.

(Protez vurduğundan dolayı üst dudağın freninin sağ tarafından iki üç kaşıkluk kan gelmiştir. Bu kan su oksijene ile derhal durmuştur.

İlâç : ——
Kahvealtı : Perhiz
Öğle yemeği : İştihalıca
Akşam yemeği: Perhiz

Rümark: Prof. Dr. Neşet Ömer, Dr. Nihat Reşat ve Dr. Asım Arar konsültasyon yaptılar. Rapora müracaat. Öğleden sonra (14) te celb edilen dişçi Sami Günzberg gece kanamış olan üst dudağın freninin sağ taraftaki burjonu makasla kesmiş ve bu radan (20) dakika müddetle kan akmıştır. Bu kan, Dişçi tarafından aldırılan perklorür de fer mahlulü ile durdurulmuştur. Davet edilen Prof. Mim Kemal ile Neşet Ömer ve Dr. Asım Arar, yaptıkları konsültasyonda bu dişçinin bundan sonra tadi ve fuzulî müdahalelerine nihayet verilmesini tavsiye etmişlerdir.

Son hastalığında dişeti kanaması nedeniyle doktorlar tarafından Atatürk için tanzim edilen rapor

Atatürk'ün dişeti kanaması sonrası yazılan rapor

Atatürk: "Mal olarak nemiz varsa derhal bir listesini yap..."

24 Ağustos 1938 Çarşamba

Günden güne artan suyun verdiği ıstıraba çare olup olmadığını doktorlara sordu, kendisine Prof. Noel Fissenger'in söyledikleri hatırlatıldı:

"Su almak önlemine sakın kalkışmayın... Suyu ilaçlarla bünyeye yok ettirmek sisteminden başka bir sistem hastalığı tehlikeye götürür. Sonuç maalesef hepinizi gözyaşlarına boğacak bir biçime varır..."

Suyun ancak karaciğer tarafından imhasının tıbbi bir zorunluluk olduğu anlatıldı. "Bunun için de mutlaka kıpırdamadan yatmanız gerekir" denildi. Ama bu mümkün değildi. Yatakla özel koltuğu arasında gidip geliyor hatta idari ve siyasi işlerle bile uğraşıyordu. Heyecanı, 30 Ağustos Zaferi'nin yıldönümünün yaklaşmasıydı. Bu nedenle karnındaki sıvıyı aldırmakta kararlıydı. Sürekli doktorlara bunu soruyordu.

5 Eylül günü vasiyetnamesini yazmaya karar verdi.

Genel Sekreteri Hasan Rıza Soyak'ı çağırttı. "Yanıma otur" dedi. Elini tuttu, başını önüne eğdi ve ağır ağır konuştu:

"Bu yolda konuşmak, benim için de, senin için de ağır bir şey, ama başka çaremiz yoktur. Konuşmaya mecburuz çocuk... Hani seninle ara sıra bir işimizden bahsederdik; hatta bunun için bir de hususi kanun çıkarılmıştı. Şu vasiyetname meselesi... Bugün yarın o işi bitirmeliyiz. Ne olur ne olmaz. İhtiyatlı olalım. Mal olarak nemiz varsa derhal bir listesini yap, bana getir."

Hasan Rıza Bey sarsıldı. Emrini yerine getirdi.

Konu siyasi mirasın nasıl paylaştırılacağı sorununa geldi.

"Elbette bunda söz ve intihap hakkı sadece milletin ve onun mümessili olan Türkiye Büyük Milet Meclisi'nindir; yalnız ben bu meseledeki mütalaamı ifade edeceğim. Evvela akla İsmet Paşa gelir. Evet! O, memlekete büyük hizmetler ifa etmiştir. Fakat nedense umumun sempatisini kazanamadığı görülüyor; bu yüzden durumu pek de cazip olmasa gerek. Bir de Mareşal Fevzi Çakmak var. O, hem memlekete büyük hizmetler etmiş hem de herkesle iyi geçinmiş, salahiyet sahiplerinin mütalaalarına daima kıymet vermiştir. Kimse ile münazaa halinde değildir. Bu itibarla bence devlet başkanlığı için en münasip arkadaş odur. Filhakika kendisi ordu işleriyle uğraşmaktan çok hazzeder, belki ordudan ayrılmak istemez. Ama cumhurreisliğinde, aynı zamanda başkomutanlık mevkiinde de olacağı için bu meşguliyetine devam imkânı daima mevcut demektir. Binaenaleyh, kanuni bir yol bulup kendisi namzet gösterilir ve seçilirse çok iyi olur zannederim..."

Hasan Rıza Soyak yıllar sonra yazacağı anılarında fikirlerini şöyle açıklayacaktı:

"Sözlerinden anladım ki İsmet Paşa'nın tenkide tahammülsüzlüğünü, hoşgörürlük hassasının yetersizliğini, gerek hükümette ve gerek parti başında salahiyet ve mesuliyet sahibi arkadaşlarının sıfat ve haklarına lüzumu kadar, hatta bazen hiç itibar etmeyerek, her işte yalnız kendi arzu ve fikirlerini yürütmeye çalışmasını beğenmemekte, bu hal ve itiyadıyla, (alışkanlıkla) ilk günden beri hedef tutulup, varılması için mücadele edilen gayeye tamamen aykırı olarak memleketi, o zamanlar Avrupa'da mevcut bazı şef idarelerine doğru götüreceğinden endişe etmektedir. Belli idi ki rahmetli Recep Peker'in bir Avrupa seyahatinden döndükten sonra, partinin son kongresine teklif edilen nizamname ve programın faşist esaslarını unutmamış, bunlar kafasında yer etmişti.

İnönü'nün, cumhurbaşkanlığına geçer geçmez, hiçbir ciddi sebep ve lüzum olmadan, kendisini milli şef ve partisinin değişmez başkanı ilan ettirmesi ve bu hali, hür âlemle beraber, yurdumuzda da alıp yürüyen fikir cereyanlarının yarattığı kuvvetli dalgalara çarpmaya kadar devam ettirmeye uğraşması, derin ve uzak görüşlü büyük adamın endişelerinde ne kadar haklı olduğunu ispat etmiştir."[118]

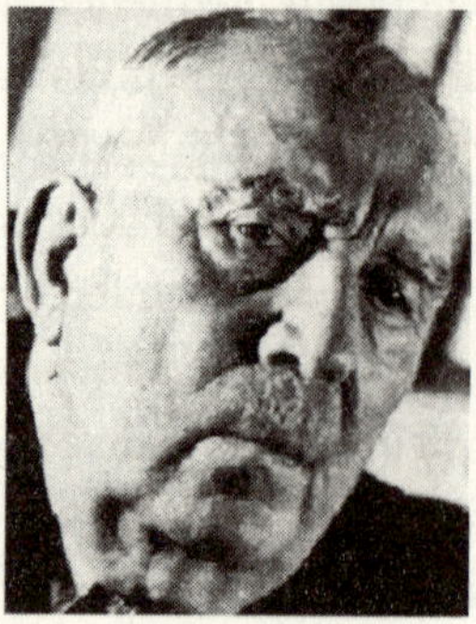

Hasan Rıza Soyak

Atatürk: "Aman bu kazma anestezisiz nasıl batırıldı?"

6 Eylül 1938 Salı

Prof. Fissenger, dördüncü kez İstanbul'a gelmişti. Kendisini muayene etmesini istemese de hükümet aksi karar vermişti. Profesör muayene etti, durumunu hiç beğenmedi, meslektaşlarına, "Aziz hastamı daha iyi bulacağımı tahmin ederek çok neşeli gelmiştim" dedi...

Istırabı dayanılmaz olmuştu. Toplanan suyun derhal alınmasını istiyordu. O güne kadar bu işlemi mümkün olduğunca geciktirmeye çalışan doktorları sonunda boyun eğdi.

Ponksiyon, yani karından su çekme işlemi hemen ertesi gün Dr. Mim Kemal Öke tarafından yapıldı. Dr. Fissenger ile Dr. Neşet Ömer İrdelp de operasyon sırasında nezaret etti.

Prof. İrdelp, sonraki günlerde Mim Kemal Öke'nin o gün "Bu müdahaleyi uygun olmayan koşullarda yaptık" dediğini aktaracak ve onu sorumluluktan kaçmakla suçlayacak, Prof.

Fissenger'in de, Prof. Öke için, "İşleri güçleştiriyor" şeklindeki sözlerini aktaracaktı.

Karından tam 12 kilo kadar su çekildi. Çıkan suyun neredeyse bir tenekeyi dolduracak kadar olması herkesi şaşkına çevirmişti. Ama o rahatlamış, günlerdir ilk kez derin bir oh çekmişti. Sıvı boşaltıldıktan sonra karnına sargı yapıldı. Rahatladı, kahve ve sigara isteyip içti. Karnına giren iğneyi merak edip, görmek istedi. Prof. Mim Kemal Bey kendisine başka küçük bir iğne gösterdi. Görünce hayretle, "Aman bu kazma anestezisiz nasıl batırıldı? Birkaç defa anestezi yapılmadan bu yapılmazdı. Fakat bir diğeri icap ederse rica ederim daha incesini intihap edelim" dedi.

Kılıç Ali Bey, ponksiyondan sonra yanına gelmişti. Kendisini bir anda çok çökmüş buldu. Adeta birdenbire zayıflamıştı. İki kolunu başının altına alarak arka üstü yatıyordu. Odadan içeri girer girmez yanına koştu: "Geçmiş olsun paşam!" diyerek başının altına aldığı kollarının pazısını öptü. Doktorların duyamayacağı kadar yavaş bir sesle, "Çıkan suyu gördün mü Kılıç Ali?" diye sordu. "Bu kadar bir su kabı insanın karnı üzerine konsa nasıl tahammül eder? Bak ben ne haldeyim, nasıl tahammül etmişim?"

Fazla yormadı, gözyaşlarını içine akıtarak vedalaştı.

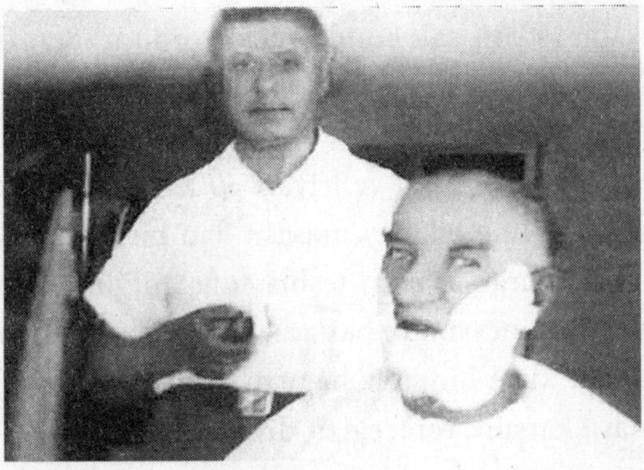

Atatürk hastalığında tıraş olurken berberi Mehmet Tanrıkut Mete ile

Atatürk: "(...) İriyarı 30 kadar adam içeri girdi..."

Beş kişi o geceden itibaren yan odada nöbet tutmaya başladı. Yaverleri Salih Bozok, Celal Öner, Kılıç Ali, Muhafız Komutanı İsmail Hakkı Tekçe ve Genel Sekreteri Hasan Rıza Soyak artık gece gündüz sırayla nöbet tutuyordu.

Onlar gibi, "Çocuklarım bana bakar!" dediği berberi Mehmet Tanrıkut Mete, kütüphanecisi Nuri Ulusu, sofracıbaşısı İbrahim Ergüven her an yanı başındaydı. Gecenin nöbetçisi Salih Bozok'tu. Saat sabaha karşı 06.30'a geliyordu. Yatak odasındaki zili acı acı çaldı. Salih Bozok kunduralarını çıkararak ayaklarının ucuna basarak hemen Atatürk'ün odasına koştu. Yatağı içinde oturmuş, sigara içiyordu. Kapıdan baktığını görünce:

"Ve aleykümselam" dedi. "Nöbetçi sen misin?" Sonra gülümsemeye çalışarak ilave etti:

"Salih, gördün mü şu başıma gelenleri?"

"Hepsi geçecek paşam... İnşallah tamamen iyileşeceksiniz."

O sırada kendisine borsch çorbası getirmişlerdi. "Şimdi bir çorba içip yatacağım. Su alındıktan sonra epeyce rahat ettim. Doktorlar almak istemiyorlardı. Fakat ben dayanamadım, suyu aldırdım..." dedi.

Gördüğü rüyayı anlattı:

"Büyük bir otelin salonunda oturuyordum. Sen de yanımdaydın. Salonun köşesinde bir bilardo masası vardı. Masanın başında arkası kendisine dönük olan bir zat oturuyordu. Tam bu sırada odanın kapısı açıldı ve iriyarı 30 kadar adam içeri girdi. Bunlardan biri, eline bilardo masasından bir isteka alarak masanın önünde oturan, benim teşhis edemediğim zatın omzuna bütün kuvvetiyle indirmeye başladı. Zat ayağa kalktı, 'Bana niye vuruyorsunuz!' diye hiddetle bağırmaya başladı. Sen bana, 'Bu saldırıya nasıl karşılık vereceğiz?' diye sordun. Ben de 'Sakın kıpırdama' manasına gelen bir işaretle seni sessizliğe davet ettim.

Bu sırada eli istekalı adam, bize doğru yaklaşarak karşımızda tehditkâr bir vaziyet almıştı. Sen yine müdahale etmek istedin. Ben tekrar sana 'Sus' işareti yaptım. Adama, 'Sen kimsin?' diye sordum. Adam bu suale cevap vereceği yerde, cebinden bir tabanca çıkararak iki kurşun sıktı. Biri bana öteki sana geldi. Sonra bu adam bize, 'Kalkın dans edelim' emrini verdi. İkimiz de kalkıp onun huzurunda dans ettik..."

Bu karışık rüya Atatürk'ün yine buhranlı bir gece geçirdiğine delalet ediyordu. Salih Bozok, "Bu bir şey değil" dedi. "Ben daha korkunç rüyalar görmüşümdür. Hele bir tanesini hiç unutmam. Müsaade ederseniz anlatayım."

Meraklandı, "Anlat bakalım" dedi.

"Efendim, beni bir gece rüyamda korkunç bir öküz kovalamıştı. Alabildiğine kaçıyordum. Fakat öküz bana gitgide yaklaştı. Biraz sonra da bir yarın dibine yaklaştırarak boynuzları ile tartaklamaya başladı. Bir yandan haykırıyordum, bir yandan da yatağımı kirletmişim..."

Atatürk rüyanın sonunu beklemeden gülmeye başladı. Bu, onun son gülüşü idi. O günden sonra tebessüm ettiğini bile görmek kısmet olmayacaktı...

Atatürk hastalığının arttığı günlerde

Üç profesörden bir başka "ortak rapor"

8 Eylül 1938

Karın ponksiyonundan sonra Prof. Neşet Ömer İrdelp, Prof. Nihat Reşat Belger ve Profesör Noel Fissenger tarafından bir kez daha muayene edilerek rapor yazıldı:

8 Eylül 1938 / İstanbul

Reisicumhur Atatürk'ün sıhhatlerinin hali hazarı üzerine tanzim edilen rapor tarihinde mükemmel şerait altında bir parasentez yapılmıştır:

Yarım santimetre Neokain mahlülle mevzii anestezi altında:

Nokta halinde enzisyondan sonra, orta çapta trokal ile, müşkülatsız (10,5) litre serö (masli) mayi çıkarılmıştır.

Bu mayin tahlilinden alınan netice ve malümat berveçhi atidir. (aşağıdaki gibi)

1. Renk: Sarı, berrak
2. Reaksiyonu: Alkalin
3. Depo: Yok
4. Dansite: (1008)
5. Rivalta reaksiyonu: Menfi
6. Klorür dö sodiom dozajı: Litrede 7,59 gram
7. Kan: Müspet, bütün reaktiflerle
8. Mecmuu albümin, serin ve globülin de saji:

Mecmuu albümin: (8,40) gram litrede

Serin: (2,01) gram litrede

Globülin: (6,39) gram litrede

9. Mikroskobik muayene: Kırmızı globül (Rüyet sahasında [70-80])

Polinükler Lökosit ve lenfosit (Rüyet sahada [7-8])

Bu ponksiyon, talik edilmezdi ve muhtelif arazdan dolayı mecburi olmuştu:

a. Bacaklarla fahişlerdeki ve lomber nahiyedeki büyük ödemler

b. Kolay hissedilen flo ile beraber karnın büyük gerginliği

c. Fazla rahatsızlık

Operasyon neticeleri gayet basit olmuştur.

Akşam harareti 37,6'yı geçmemiştir.

Nabız sayısı 96'nın üzerine çıkmamıştır.

Kolayca uyumuşlardır.

Ertesi günü iştahı vazıhan (açıkça) artmıştır.[119]

Hekimler Atatürk'ün yapmaması gerekenleri raporlar

9 Eylül 1938

Avrupa karışıktı. Hitler, Çekoslovakya'ya kancayı takmıştı. İlhak edecekti. İngiltere hazırlıklarını tamamlamamıştı. Avrupa, kan ve barut kokuyordu. Atatürk sağlığıyla uğraşırken bir de bu sorunlarla boğuşuyordu...

Atatürk, Paris Büyükelçisi Suat Davaz'ı Dolmabahçe'de kabul etti. Görüşme bir saat sürdü. Kendisinden Fransa'nın tutumu hakkında bilgiler aldı; gerekli talimatları verdi.

11 Eylül 1938

Prof. Belger, Prof. İrdelp ve Prof. Fissenger ortak bir rapor daha hazırladı. Bu kez Atatürk'ün neler yapmaması gerektiğiyle ilgiliydi:

"Yatakta kesin istirahatin devamı.

Ankara'ya dönüş, bütün yorgunluklardan kaçınmak, 100 metreden fazla yayan yürümemek, karın sarılı olmak koşuluyla; ikinci ponksiyondan itibaren 6 gün geçmiş olmak şartıyla mümkün olabilir...

4 ay müddetle törenlerde ayakta durmamak...

Ponksiyonlar arasında 3 ay süreyle otomobil ve deniz araçlarıyla gezinti yapmamak...

Radyoda konuşma yapmamak ya da gerekli olursa 15-20 dakika ile sınırlamak...

Önemli ziyaretleri ponksiyondan 5 ila 8 gün sonrasında şezlongda kabul etmek...

Alelade ziyaretler, yorulmamak şartıyla günde 1-2 saati geçmemelidir. Özet olarak mümkün olduğu kadar yatakta istirahat etmek ve yorgunluk sebeplerinden kaçınmak şarttır..."

Prof. İrdelp ve Prof. Belger'in yeni raporları

15 Eylül 1938

Atatürk'ün sağlığı ile ilgili rapor düzenlendi. Raporda asitin arttığı ve ateşin çıktığı belirtildi:

"Bu haftanın 12/13'üncü gecesi saat 19.30'da bir saat kadar banyo dairesinde kalmalarını müteakip ufak bir titreme ile derecei hararet 37,5'a çıkmış, ertesi günü 13 Eylül'de saat 17.00'de derecei hararet 38,7'ye vasıl olmuştur.

Bu müddet zarfında kendilerine üçer saat fasıla ile 3 adet 30'ar santigramlık piramidon komprimesi (ağız yoluyla kullanılmak üzere hazırlanmış, genellikle yassı ya da silindir biçiminde katı ilaç) verilmiş ve saat 20.00'de fiyevri 37,1'e inmiştir.

Ertesi günü 14 Eylül saat 24.00'te hararet daima 37,0'nin altında seyir etmiş ise de o gece saat 21.30'da bir saat 02.30'da bir, saat 07.00'de bir ve saat 09.45'te bir defa olmak üzere mebzul ve sulu diyare zuhur ve devam etmiştir. (Çokça ishal olmuştur.)

Ahvali umumiyedeki iyilik derecesi ve bacaklardaki ödem ve karındaki asit miktarı pek yavaş artmakta iken fiyevriyi (ateş) müteakip gelen ishal sebebile bu sabahki muayenemizde kendisini çok yorgun ve takatsiz ve iştihasız gördük.

Ayaklardaki ödemler artmış, Skrotum ödemi (testislerin bulunduğu torba benzeri organ) pek azalmış olmasına rağmen Süpübiyen ve Lomber (bel bölgesi) ödemler yeniden zuhur etmiş, karın gerginleşmiş ve göbek halkasının üstünde vazıhan flo zuhur etmiştir. (Açıkça görülmüştür.)

Kollateral (damar veya sinirin yan dalı) şebeke mürtesemdir. (Normal yapısında bulunmayıp sonradan oluştuğu görülmüştür.)

Müteharrik matitenin hududu artmıştır. (Sertleşmiş akciğer dokusu üzerinde alınan titreşimsiz ses hareketi.)

Göbek üzerinde vasi bir miktarda tempanizm görülmüştür. (Bağırsaklarda aşırı gaz birikimi sonucu karnın gergin hal alışı, gazla bağlı karın şişkinliği.)

Karaciğer palpabıl değildir. (El muayenesinde hissedilen.)

Glason (hasta hücrelerin üreme ve yayılım hızları) yoktur. Arkada, akciğerlerin hali etkisi değildir.

Bu hafta zarfında idrar miktarı 950 ile 650 kübik santimetre arasında seyir etmiştir.

Bugünkü tansiyon arteriyel 12/7'dir.

Binaenaleyh, üç dört günlük bir ameliyorasyonu (hastalığın ya da bir belirtinin giderek iyileşmesi) müteakip pazartesi günü başlayan ve salı akşamına kadar devam eden hararet pusesi (örten) ve bunu müteakip hasıl olan mebzul ishalin (çokça ishal), paransantezin (karın içinden sıvı alma işlemi) 7'nci günü zuhur eden bir puse evolütife delalet etmesi (olgunlaşması) muhtemeldir. Çünkü, dünden beri ayaklardaki ödem ile asit mahsus derecede artmıştır.

İstanbul-15 Eylül 1938
Dr. Nihat Reşat Belger
Prof. Dr. Neşet Ömer İrdelp."

Atatürk: "Umumi harp gelecek yıl."

Başbakan Celal Bayar Dolmabahçe Sarayı'na geldiğinde çantasında 4 yıllık yeni ekonomik kalkınma planı dosyaları vardı... Atatürk'e sunmak istiyordu. Doktorlar telaşlandı. Atatürk geleceğinden haberdardı. Zile basıp hizmetlisini çağırdı ve yüzü Bayar'ın karşısına gelecek şekilde yerinin değiştirilmesini emretti. Ziyaretin uzun tutulmaması gerektiğini biliyordu.

15-20 dakika olmalıydı. Genel Sekreteri Hasan Rıza Bey ile göz göze geldi, "Gel sen de otur, dinle. Mühim şeyler konuşacağız" dedi.

Başbakan anlatmaya başladı:

"(...) Denizbank'a, 28 vapur alınması için sipariş verildi. Bunların bir kısmı soğuk havalıdır. Kütahya'da bir elektrik santrali inşa edilecek. Buradan elektriğin kilovatsaatinin Anadolukavağı'na 35 paraya mal olacağı hesap ediliyor... Yine Kütahya'da 25.000 ton sentetik benzin istihsal edecek yetenekte bir fabrika kurulması planlanıyor. Sakarya Nehri üzerinde sulama tesisleri yapılacak ve kömür üretimi senede 5 milyon tona çıkarılacak..."

Celal Bayar'ın sözünü hiç kesmeden dinledi. Yüzünde mutluluk ifadeleri belirdi. Memnuniyetini dile getirdi, Başbakan vedalaşacağı sırada arkasından seslendi:

"Elinizi çabuk tutun çocuk, umumi harp gelecek yıl. Anlattıklarını yapmaya zamanımız olmayabilir."

Salih Bozok: "Paşam, bende varis çorapları var."

19 Eylül 1938

Prof. Nihat Reşat Belger ve Prof. Neşat Ömer İrdelp'in müşterek raporlarında Atatürk'ün çok yorgun ve halsiz olduğu ve karnında asidin toplanmasının devam ettiği ve ilk ponksiyondan önceki seviyeye geldiği belirtildi:

"Genel durum çok yorgun ve takatsizdir. Asit toplanması, ilerleyici bir şekilde devam etmektedir. Miktarı da parasentez (karın içinden sıvı alma işlemi) ile alınan miktara yaklaşmıştır. Bundan dolayı evvelce söz konusu olan Ankara'ya dönüş meselesinin gerçekleşmesi daha uygun vaziyet ve şartlara ertelenmesi gerekli görülmüştür.

19 Eylül 1938

Prof. Dr. Neşet Ömer İrdelp

Prof. Dr. Nihat Reşat Belger."(120)

Sabah erkenden kalkmış, Salih Bozok ile Kılıç Ali'yi yanına çağırmıştı. Tek isteği 29 Ekim'de Cumhuriyet Bayramı törenlerini Ankara'da görmekti. Yanındaki komodinin üzerine uzun yünlü çorap ve baldır sargısı koydurmuştu. Onları gösterdi, "Ankara'ya giderken hangisini giyeyim?" diye fikirlerini sordu.

"Paşam, bende varis çorapları var. Onları getireyim. Onlar bacaklarınızı daha sıkı tutar."

"Bunları ayağıma çekerim, yakama da bir eşarp sararım... Ankara'ya gidelim. Ne olacaksam orada olayım. Ankara'da yapılacak mühim işler var..."

Tren sarsıntısı çok tehlikeli olabilirdi. Konu hekimlere iletilince güçlükle ikna edildi:

"(...) Bu zayıf halimle Ankara'ya gitmekte bir fayda görmüyorum. Gidersem hiç olmazsa kimsenin yardımı olmadan otomobile kadar yürüyebilmeli, arkadaşlarımla selamlaşabilmeliyim. Bunu yapamayacağımı anlıyorum."

Ve Başbakan Celal Bayar'ı, meclisin açılış konuşmasını hazırlamakla görevlendirdi.

Silah ve dava arkadaşları ve vatansever milletiyle birlikte; dişleri, tırnakları kazma kürekleriyle kurduğu evladı 15. yaşına girecekti. Ama bir gün önceki rapor buna izin vermeyecek, bir daha çok sevdiği Ankara'sını göremeyecekti...

İkinci kez karından sıvı alınması ve hazırlanan rapor

21 Eylül 1938

Paris'ten, üç kutu Urosiphon, idrar sökücü özellikli iki kutu Bilipaze Roche ısmarlandı. Telgrafta açıklama yapılmamıştı. Büyükelçi Suat Davaz telaşlandı, "Hastalık artıyor mu?" diye düşündü...

Atatürk'ün karnından ikinci kez sıvı alınacaktı. Bu kez Prof. Süreyya Hidayet Serter de saraydaydı. İlk ponksiyona çağrılmamıştı. Geldiğinde meslektaşları orada değildi. Atatürk rahatsızlığına rağmen itina ile giyinmiş vaziyette karşısına çıktı. Kendisine yer gösterdi. Birkaç hal hatır sormadan sonra konuya girdi:

"Sizden bir asker hekim ciddiyeti ile öğrenmek isterim: Sirozun başlangıçta teşhisi halinde tedavisi garanti edilebilir mi?"

Prof. Serter her şeyi açık ve net biçimde anlattı. Atatürk kendisini dikkatle dinlerken arada aydınlatıcı sorular da sordu. Hastalığın tedavi sistemi ile ilgili öğrendikleri memnun etti. Dudaklarının kıvrımlarında hafif bir tebessüm belirdi. Teşekkür ederken, üzüntüsü yüzüne yansıdı ve ricada bulundu:

"Bu sohbetimiz aramızda kalsa memnun olurum."

Prof. Süreyya Hidayet Serter, asker kökenli bir hekimdi. Kimya ve dahiliye ihtisasını yapmıştı. Gülhane'den ayrıldıktan sonra Midilli Gümrük Kimyagerliği'ne gönderilmiş, 1910'da Kuleli Hastanesi kimyageri, bir müddet sonra Gülhane'ye öğretim üyesi olmuş, 1938 yılında Birinci Ordu Sıhhiye Müfettişliği'ne tayin edilmişti. Birinci Dünya Savaşı'nda ordunun ihtiyacı olan hidrofil pamuğunu, bütün yokluklara rağmen ilk defa yapmış ve harp madalyası ile ödüllendirilmişti.

İkinci ponksiyon Prof. Mim Kemal Öke tarafından lokal anestezi ile yapılmaya başlandı.

Atatürk, "Hepsini alın, hiç kalmasın, vaziyetimi değiştirin de orada burada kalanlar da alınsın" diye inledi. Ponksiyon sırasında tansiyon ve nabzı Prof. İrdelp ve Prof. Belger tarafından kontrol ediliyordu. Sıvı boşaltıldı, derin bir oh çekti.(121)

Profesörler Mim Kemal Öke, Nihat Reşat Belger ve Dr. Neşet Ömer İrdelp tarafından Atatürk'ün sağlık durumu hakkında ponksiyon raporu yazıldı:

"1. Görülen tıbbiğ lüzûm üzerine bu sabah saat11.15'te cilde 1/100 kokain mahlulile ile mevzi anestezi yapıldıktan sonra (potain) trokarı ile eski ponksiyon yerinin 1 santimetre yanında olmak üzere bir parasentez yapıldı. 65 dakika zarfında 10 litre serö ve sarı renkte, biraz bulanık mayi çıkarıldı. Bu parasentez ameliyesi tamamen arızasız olarak geçmiştir. Pansuman tatbikini müteakip kendilerine bir fincan şekerli kahve verildi ve 20/100'den 1 kübik santimetre üvil kanfre (kas ve eklem ağrıları için yapılan ilaç) enjeksiyonu yapıldı.

2. Tahliyeyi müteakib karaciğer ve dalağın hacımları saman kâğıdına alındı. (4 numaralı saman kâğıdına bak.)

3. 4 gün mutlak istirahat ve mutlak sükûnet tavsiye olundu. Bu müddet zarfında asla ziyaret kabul edilmeyecektir. Dört gün zarfında yemek menüleri ayrıca tespit edilecektir.

4. Parasentezden evvel bu sabah yapılan muayene neticesi aşağıdadır.

Bacaklardaki ödemler, gerçi dizkapağından aşağıdaki kısımda azalmış ise de fahislerde, fahislerin iç taraflarında, ilyelerde, lomber nahiyede böbrek nahiyesine doğru sıkı ve kaba ödemler var. Cilt umumiyetle yumuşaktır ve kuru değildir. Gözlerdeki sübikter (gözdeki sarılık) pek azalmıştır. Karnın haline gelince süpübiyen nahiye az ödemli olmakla beraber deri gergin ve parlak, göbek ve epigastır nahiyeleri (karın üst orta bölgesi) şişkin, yanlardaki kollateral şebekeleri vazıhan mürtese (önce bulunduğu yerde bıraktığı belirti, açıkça görülmüştür), oturup kalkma vaziyeti müşkil (güçlüle), teneffüs adedi 20-24, nabız kuvvetli ve 80 idi. Karaciğer palbabıl olmadığı gibi karnın yukarı yarısında flo vazıhan işliyordu.

Kendileri karnın gerginliğinden ve umumi sıkıntıdan şikâyet ediyorlardı.

Deveran cihazı normaldir. Kalp sesleri muntazam nabız dakikada 80, tansiyon 12/7 ½, teneffüs cihazında, arkada kaidelerde, sağda daha fazla olmak üzere ipostaz zalleri

Parasentezden sonra:

Epigastırda, krokide görüldüğü üzere, karaciğer yine büyük olarak kalmış, üstü pürtüksüz; fakat kıvamı sert, kenarı künttür. Dalak yine kabili cesdir.

İstiha ve umumi hal üzerine 4-5 gün evvelsine nazaran nispi ve hafif bir iyilik vardır. (parasentez yapılması icab ettiren arazdan mada)

İstanbul
22 Eylül 1938
Prof. Dr. Mim Kemal
Prof. Nihat Reşat Belger
Prof. Dr. Neşet Ömer İrdelp."[122]

Prof. Süreyya Hidayet Serter

Atatürk: "Değiştim Salih...
Artık o eski adam değilim..."

Nöbet sırası Salih Bozok'taydı. Atatürk odasında uyuyordu. Salonun denize nazır penceresi önüne oturmuş, sancaklarla donatılmış kotraları, motorları seyrediyordu. Çok acı şeyler düşünüyordum ki Atatürk'ün sesini işitti. Hemen koşup odasına girdi. İçeri girdiğinde kendisini oturmuş sigara içerken buldu.

Kesik ve güçlükle işitilen bir sesle, "Salih" dedi. "Dün akşam büyük bir sıkıntı geçirdim. Çok fena idim. Kustum. Hafızam tamamen kaybolmuştu."

Bunları söylerken dikkatli dikkatli Salih Bey'in yüzüne bakıyordu. Gözlerini biraz daha açarak ilave etti:

"Sanırım yediğim nohutlu yemek dokundu."

Teselli edici sözler söyledi. "Evet, muhakkak nohutlu yemek dokunmuştur. Mademki çıkardınız, inşallah rahat edersiniz" dedi.

Karyolanın yanındaki sandalyeyi göstererek "Şuraya otur" dedi. Salih Bey oturdu. Sözlerini sürdürdü:

"Şimdi yine rüya görüyordum. Bana bir çift kundura getirmişler. Beğenemedim. Hizmetli Binbir'i çağırdım. 'Binbir!' diye çağırırken odaya Berber Rıdvan girdi. Bunun üzerine uyandım. Rüya gördüğümü anladım."

Kısa süre suskunluk oldu, sonra başını sallayarak sözüne devam etti:

"Çok dermansızım Salih, büsbütün başka bir adam oldum. Su ellerimin haline bak."

Narin elleri bir deri ile kemikten ibaretti. Parmakları o kadar titriyordu ki sigarayı tutamayarak yorganın üzerine düşürdü. Salih Bey sigarayı hemen alıp söndürdü. Kesik kesik konuşmasını sürdürdü:

"Ben büsbütün başka bir adam oldum. Hiç hafızam kalmadı. Değiştim Salih... Artık o eski adam değilim..."(123)

Bir kez daha Salyrgan yapılır...

Prof. Akil Muhtar Özden banyodayken telefonu acı acı çaldı. Sabah saat 07.00'ydi. Telefona koştu, saraya çağrıldığını öğrendi. Vardığında Atatürk'ün başında kız kardeşi Makbule Atadan, Afet İnan ve Sabiha Gökçen'i gördü. Dört günlük istirahatı sonunda ziyaretlerine izin verilmişti. Kendileriyle uzun uzun görüşmüş, sonra da radyoda İbrahim Necmi'nin dil hakkında verdiği konferansı dinlediği için fazlaca yorulmuştu...

Prof. Öke Atatürk'ün bir gece önce rahatsızlandığını öğrendi. Hemen muayene etti. Hafif bir besin zehirlenmesi geçirdiği anlaşıldı. Profesör önemli bir durumun olmadığını söyledi. Salih Bozok odadan çıktı. Bir yandan ağlıyor, bir yandan da "Allahım ya Atatürk'ü kurtar ya benim canımı al!" diye dua etti.

Az sonra Prof. Neşet Ömer Bey de geldi. O da muayene etti. Hazımsızlıktan kaynaklanan hafif bir zehirlenme olduğu tanısını doğruladı. Atatürk hafif ateşle uykuya dalarken, gün içinde perhiziyle ilgili kararların sıkılaştırılması ve Prof. Hans Eppinger'in tavsiyesi olan cıva içerikli Salyrgan ilacının bir kez daha yapılması konusu konuşuldu.[62]

Atatürk: "Doktorlar bana doğruyu söylemiyorlar..."

Ekim 1938

Ertesi sabah gözlerini açtığında başucunda Afet İnan Hanım'ı ve hizmetlileri gördü. "Bana ne oldu? Bana bir şey oldu..." diye sordu.

Odadakilerin duymayacağı biçimde, Afet Hanım'ın kulağına fısıldadı:

"Ölüm demek böyle olacak kızım..."

Afet Hanım'ın elinden tuttu.

"Gidelim Afet... Bir orman kenarına gidelim. Her şeyi bırakalım. Şöyle basit bir ev, ocaklı bir oda... Evet... Evet... Hemen çekip gidelim ormanlara... Hele ben bir iyi olayım da..."

İhtiyaç duydukça gliserinli lavman yapılıyor, arada bir buz yutturuluyor, elma ve çilek suyu, çay içiriliyordu. Her hareketi anbean takip ediliyordu. Ateşi, nabzı sürekli ölçülüp, kaydediliyor, kapısında nöbet tutuluyordu. Derin uykuları artmıştı. Uyandığında bitkin oluyordu. Gece inlemelerini, sayıklamalarını, hafıza kayıpları kendisine söylenmiyordu...

1 Ekim 1938 günüydü. Atatürk derin bir uykunun ardından gözlerini açıp karsısında Celal Bayar'ı görünce şaşırdı:

"Sen cuma günü gelecektin. Neden daha evvel geldin? Benim sıhhatimde üzülecek bir şey mi var?"

---

62. Atatürk'e o gün ya da sonraki bir vakit Salyrgan yapılıp yapılmadığı bilinmemektedir. Resmi kayıtlarda buna ilişkin bilgi ve belge yoktur.

Kendisinden bir şeyler saklandığından endişe ediyordu.

Bayar, üzgün ve şaşkındı. Yıllardır tanıdığı Atatürk'ü o gün ilk kez tıraşsız, beyaz sakalları fırça gibi uzamış halde görüyordu. "Vahim bir şey değil" dedi. "Fakat uykunuz her vakitten dört beş saat fazla sürdü de merak ettik. Doktorlar uykunuzda bir gayri tabiilik gördüklerini söylediler."

"Neymiş uykumdaki gayri tabiilik?"

"Derin ve fazla miktarda uyumuşsunuz."

"Kaç saat uyumuşum?"

"12 saat kadar uyumuşsunuz."

Duyduklarına üzüldü; yakındı:

"Doktorlar bana doğruyu söylemiyorlar..."(124)

Atatürk'ü komaya götüren günlerde yaşananlar

2 Ekim 1938 Pazar

Dışişleri Bakanı'nı kabul ve onunla 2,5 saat siyasi konular üzerinde görüşme yapan Atatürk iki saat dinlendikten sonra Almanya'dan bir gün önce izinli olarak gelmiş olan Berlin Büyükelçisi Hamdi Arpağ'ı da öğleden sonra huzuruna kabul etmiş, ondan da bir saat kadar bilgi almak dayanıklılık ve enerjisini göstermişti...

3 Ekim 1938 Pazartesi

Celal Bayar ve Atina Büyükelçisi Ruşen Eşref Ünaydın'ı birlikte kabul etti.(125)

Yunanistan'da neler olup bittiğini, Yunan Başbakan Metaksas'ın Hitler ve Mussolini'ye karşı tutumunu merak ediyordu...

4 Ekim 1938 Salı

Saat 03.00'te bir fincan çay içirildi. Saat 05.30'da uykusundan hafif bir üşüme ile uyandı. Çeşitli aralarla meyve suları verildi. Yanına sadece kız kardeşi Makbule Atadan ile manevi kızları Afet İnan ile Sabiha Gökçen Hanım alındı. Yanında 40 dakika kalmalarına izin verildi.

5 Ekim 1938 Çarşamba

İdrarındaki urobilin (idrarla bulunan bir boya maddesi) ve ürobilinojen (karaciğer tarafından işlenen sarı bir bileşik olan bilirubinin bir yan ürünü) artmaya başlamıştı.

Yaveri, İsmet İnönü'nün gönderdiği mektubu kendisine verdi. Açıp, güçlükle okudu:

"Sevgili Atatürk!

Muhterem Celal Bayar bana sizin selamınızı getirdi. Çok sevindim. Sizin bir an evvel sağlığınıza kavuşmanız yegâne ve samimi dileğimdir. İki mübarek ellerinizden, sevgili ve can verici yüzünüzden, doymadan binlerce öperim, sevgili Atatürk, büyük Atatürk, velinimetim Atatürk!"(126)

Kız kardeşi Makbule Atadan, manevi kızları Afet İnan ve Sabiha Gökçen yanında 55 dakika kaldı...

6 Ekim 1938 Perşembe

İstanbul'un kurtuluşunun 15. yıldönümü nedeniyle gece düzenlenen fener alayı ile Tophane Caddesi'ni geçerek Dolmabahçe

Sarayı önüne gelen halk "Yaşa Atatürk! Var ol Ulu Önder!" haykırışlarıyla gösteriler yaptı.

Geceyi rahatsız geçirdi.

7 Ekim 1938 Cuma

Dolmabahçe Sarayı'nda saat 11.00'de Almanya'daki askeri manevralardan dönen 2. Ordu Müfettişi Orgeneral İzzettin Çalışlar'ı, saat 13.00'te Genelkurmay Başkanı Mareşal Fevzi Çakmak'ı kabul etti.

Kız kardeşi ve manevi kızları saraydaydı. 45 dakika kadar durum müsaitse başında bekliyorlardı.

İstanbul Vali ve Belediye Başkanı Muhittin Üstündağ tarafından çekilen saygı telgrafına yanıt verdi:

> *"(...) Sayın halkın bana karşı gösterdiklerini bildirdiğiniz samimi hislerden çok duygulandım. Aziz İstanbullulara candan teşekkür ve sevgilerimin iletilmesini rica eder, hepinize daima artan refah ve saadetler dilerim."*[127]

8 Ekim 1938 Cumartesi

Sürekli ve danışman hekimler toplu olarak Atatürk'ü 25 dakika ziyaret etti. Ardından Hasan Rıza Soyak'ı, daha sonra Kılıç Ali'yi kabul etti.

Kardeşi ve iki manevi kızı yanında o gün 63 dakika bulundu...

Selanik'te, doğduğu ev Yunan hükümetince Türk milletine hediye edildi. Mutlu oldu, özel olarak teşekkür etti...

Aynı gün Ankara'da bulunan Alman İktisat Bakanı Doktor Funk, bir otomobil gezintisinde ufak bir kaza geçirmiş; otomobilde bulunan eşinin sol kolu kırılmış, tedavi görüyordu. Atatürk bakan ve eşiyle bizzat talimatlar vererek ilgilendi. Doktorlar karnında birikmeye devam eden suyu almak istiyorlardı. Siroz bir devi adeta kemiriyordu...

9 Ekim 1938 Pazar

Ankara-Erzurum demiryolunun Erzincan'a ulaşması nedeniyle Başbakan Celal Bayar'ın telgrafına yanıt yazdırdı:

"Muhterem halkın bu önemli ve mesut olaydan pek yerinde olarak duyduğu hislerini belirtirken bana karşı gösterdiğini bildirdiğiniz hislerden çok duygulandım."(128)

Ailesi yanında o gün 35 dakika kalabildi. 45 dakika radyo dinledi...

Yugoslavya Kralı Aleksander'in, 4. ölüm yıldönümüydü.

Hitler dünyanın lideri olmak istiyordu ve diğer bütün ülke liderlerini hedef tahtasına koymuştu.

Atatürk taziyelerini bildirirken kaza sonrası tedavisi biten Hitler'in bakanı Ankara'dan İstanbul'a gelmiş, gazetelere verdiği demeçte Atatürk'ün yarattığı yeni Türkiye'yi övüyordu:

"Alman Devlet Başkanı Führer'in selam ve hayranlıklarını ulaştırmakla sevinçliyim. İki devlet arasındaki ticari ve iktisadi ilişkilerin daha verimli bir geleceğe temel olacak anlaşma zeminlerinin hazırlandığını görmek mutluluk verici. Almanya'nın Türkiye'ye 150 milyon Rayş marklık kredi açması konusunda da uyuşulmuştur..."

Atatürk uzun süredir hastaydı. Hitler'i oldum olası hiç benimsememişti. Dünya Savaşı çıkaracağına adı gibi emindi. Ama Celal Bayar başkanlığındaki Türk Hükümeti dünya savaşının çıkacağı günlerin yaklaşmasına az bir zaman kala Hitler'e gül dalı uzatmıştı...

10 Ekim 1938 Pazartesi

Devlet işlerini hâlâ önemsiyordu. Başbakan Celal Bayar'ı kabul etti, 70 dakika görüştü. Ailesiyle 80 dakika görüştü.

11 Ekim 1938 Salı

Prof. Neşet Ömer İrdelp, Atatürk'ü 30 dakika muayene etti. O günden sonra lavman işine başlanması kararlaştırıldı.

16 Ekim 1938 Pazar

Hasan Rıza Bey odasına girdiğinde Prof. İrdelp ile Prof. Mim Kemal Bey birtakım ilaçlar hazırlamakla meşguldü. Atatürk yatağında şiddetli biçimde öğürüyor, arada bir ağzından az miktarda sarı bir sıvı çıkarıyordu. Doktorlar iğne yaptı, küçük buz parçaları yutturdu. Öğürmesi kısa süre sonra kesildi. Hasan Rıza Bey başucuna yaklaşarak, "Buz iyi geldi mi efendim?" diye sordu. Güçlükle "Evet" diyebildi.

Vücudunda birtakım asabi arazlar belirmişti. Sık sık başını iki tarafa çeviriyor, mütemadiyen ve "aman" kelimesini uzatarak, "Aman dil, aman" diye söyleniyordu.

Hasan Rıza Bey, o sözlerle neyi kastettiğini merak etti.

Dilinden bir sıkıntı mı çekiyordu da onu mu ifade etmek istiyordu; yoksa şuuru altındaki dil meselesinden mi bahsediyordu? Bunu ne doktorlar ne de kendisi çözemedi...

Birkaç hafta önce Dil Bayramı kutlanmıştı ve Atatürk son yıllarını vakfettiği bu konuya yine yakın ilgi göstermiş, hatta bir gece yarısı Dolmabahçe Sarayı'nda kalmakta olan Türk Dil Kurumu ve Tarih Kurumu üyesi Prof. Dr. Hasan Reşit Tankut'u çağırtarak kendisine, "Arkadaşlara söyle, dil çalışmalarını gevşetmesinler" demişti.

İşte o yüzden Atatürk'ün, "Aman dil... Aman dil..." diye sayıklamasını yakın çevresi bilinçaltındaki dil sorununa atfediliyordu...

Durum ağırlaşınca hemen yetkililer alarma geçirildi. Dışişleri Bakanı Dr. Tevfik Rüştü Aras bir konsültasyon yapılmasını önerdi. Hekimler acil olarak saraya çağrıldı. Prof. Neşet Ömer Bey, meslektaşlarına hastanın geceyi sıkıntılı ve uykusuz geçirdiğini, bazen hiddet ve şiddet gösterdiğini anlattı:

"Sabah yatağından defi hacet için oturağa indiğinde arkaya doğru yatak tarafına düştü. Lakin kendinde değildi. Günü çırpınmayla geçirdi. Birkaç kez kustu. Akşam 18.50'de tamamen kendinden geçti..."(129)

Atatürk nasıl komaya girdi?

17 Ekim 1938 Pazartesi

Sabah olduğunda Başbakan Celal Bayar soluğu sarayda aldı. Bütün hekimler Atatürk'ün başındaydı. Ateşi 38,5 dereceyi gösteriyordu. Gözlerini kapamış düzensiz nefes alıyordu.

Herkesin gözleri dolu doluydu...

Kriz, öğleye kadar en şiddetli biçimiyle devam etti. Hekimler ve dairedeki hizmetçiler yaşlı gözlerle tıbbın aczine lanet okuyarak büyük hastanın ıstırabına çare bulamadıklarına iki kat üzülüyorlar, her dakika daha şiddetlenen kriz büyük hastayı dayanılmaz ıstıraplarla sarsıyordu.

Öğleden sonra saat 13.00'te en yüksek noktasına ulaşan kriz bundan sonra yavaşça uzaklaştı. Büyük adam siroz belasına direniyor; adeta savaş veriyordu.

Vaziyet ciddiydi. Dili kuru, kırmızı. Karındaki asit çoğalmıştı. Karın damarları genişlemişti. Ödemi artmıştı. Asit, göğsünün altına kadar çıkıyordu. Nabız 90'dı. Teneffüsü bazen derin, bazen yavaştı. Bir gün önceki idrarı 300 santimetreküp iken o gün idrar toplanmamıştı. Veter refleksleri (dizden alınan) sağda, soldan daha ziyade idi. Bir tarafta (göğüste) bir az krepitasyon (kulakla alının dinleme seslerinde değişiklik) vardı. Hadeka (gözbebeği) refleksi geç alınabiliyordu...

Prof. Akil Muhtar Özden meslektaşlarıyla görüştü. Bazıları şoktan korkmalarına rağmen önerilen glikozlu serum şırıngalarına karar verildi. Gece yarısından sonra koma daha da derinleşti. Sol bacakta hafif bir parezi (uyuşukluk) gelişti. Sol kol da daha az hareket ediyordu. Babinski (taban derisi refleksi) bilhassa solda daha belirgin olarak meydana çıktı. Arada bir hareket ediyordu ama komadaydı. Yalnız iğne batırıldığı zaman yanıt veriyordu. Prof. Mim Kemal Öke, 250 santimetreküp Serum Giycose'u damara enjekte etti. Mücadelesi gece yarısına kadar sürebildi. Derin komaya girdi...

Bütün hekimler görüşme için bir araya geldi. Görüşmenin içeriği koma durumunun kamuoyuna bildirilip bildirilmemesi olacaktı. Atatürk yan odada savaşını sürdürürken hekimler vefat durumunda ne yapacaklarını düşünmeye başlamışlardı.

Bazı hekimler vefat durumunda hastalığın kamuoyuna bildirilmemesinden kendilerinin sorumlu tutulacağını ileri sürerek bir rapor hazırlamak istiyor, bazıları da kararı hükümete bırakıyordu. İçişleri Bakanı Şükrü Kaya Atatürk fenalaşmadan yani bir gün önce İstanbul'a gelmiş, sağlık durumuyla ilgili bilgi almıştı.

Türkiye'de bunlar yaşanırken, Paris'te çıkan *Paris Soir* adlı Fransızca bir gazetenin ilk sayfasında Atatürk'ün resmi ile rahatsızlığının sınır derecede olduğuna ilişkin bir haber yayımlanmıştı. Durum hemen ağızdan ağıza yayıldı.[130]

L'Epoque: "Dansı, alkolü ve gece hayatını sever... Ama..."

L'Epoque adlı gazetede uzun bir makale çıktı. Yazı son gelişmelerden habersiz, eski bilgilere dayanılarak kaleme alınmıştı:

"Çağımızın en güçlü ve en olağanüstü adamlarından biri olan Kemal Atatürk, bir çeşit esrar perdesiyle çevrilidir. Zaman zaman hasta, çok hasta olduğu yolunda haberler alıyoruz. Arkasından, Ankara'nın hoşnutsuz ve biraz kızgın yalanlaması yetişiyor:

Yalan, Atatürk sapasağlam. Buna rağmen... Istıraplı bir karaciğer hastalığından rahatsız olduğu biliniyor. Etrafında hiçbir gürültüye, hiçbir harekete tahammül edemediği belirtiliyor...

Bunlar doğruysa, bütün hayatı hareketle geçmiş bir aksiyon adamı için bu ne garip, ne ağır mukadderattır. Ve Kemal Atatürk daha altmışında yok.

Kemal Atatürk, şahane bir umursamazlıkla kendi hayatını yedi bitirdi. Dansı, alkolü ve gece hayatını sever... Ama bu eğlence zevki, onun muazzam bir eseri gerçekleştirmesine, fevkalade bir devrimi başarıya ulaştırmasına ve gücü, başarısı saygı empoze eden yepyeni bir millet yaratmasına engel olmadı...

Ve nihayet işte, kapalı sözlerle onun halefi konusu konuşuluyor..."(131)

Alman ajanlar Türkiye'de cirit atıyor

Aynı gün Rus Büyükelçisi Aleksey Terentyev Moskova'ya telgraf çekti:

"Atatürk'ün hastalığı o kadar kötü ki hem Ankara'da hem İstanbul'da hükümet ve iş dünyası çevresi artık onun

bu durumunu kabul etmiş bulunuyor. Doktorlara göre, bayılma ile sonuçlanan sürekli ağır sancılar Atatürk'ü hayatının sonuna kadar yatağa kilitledi. Tartışmasız ki Atatürk siyasi faaliyetine artık dönemeyecek ve bununla ilgili olarak yönetimin en üst tepesinde dış politika oryantasyonunun yeniden gözden geçirildiği apaçık şekilde görülüyor."

Elçi Terentyev'e göre sözünü ettiği hükümet ve iş dünyası çevresinin Hitler Almanyası'nın "cesaretine hayran" olduğunu vurguluyor ve yüzlerce Alman uzmanın Türkiye'nin tüm alanlarına sızdığına dikkat çekiyordu:

"Atatürk'ün sağlık durumunun umutsuz olduğunun farkında olan Almanlar askeri yapılar başta olmak üzere Türkiye'de muazzam faaliyetlerini artırıyor...

(...) Almanlar Türkiye'nin başlıca bölgelerine çıkarma yapıyor. Alman kredileri Türkiye'yi Nazi Almanyası'nın bağrına itmesini hızlandıran faktör olmakta..."

Karaciğer komasına giren Atatürk'e "Amonyum Bromürlü" lavman

18 Ekim 1938 Salı

Atatürk'ün koma hali sürüyordu. Gece 23.15'te Amonyum Bromürlü (Bromure d'ammonun) lavman yapıldı.

Oysa Amonyum Bromür karaciğer komasında zararlıydı. Zaten karaciğer komasında "amonyak" çok artıyordu.[63]

63. Bağırsakta amonyak üretimini artıran durumlar (GİS kanamaları, fazla proteinli diyetle beslenme, kabızlık), asit-baz dengesini bozan durumlar, hipoksi (oksijen tüketen organizmanın dokularını yeterince oksijenle besleyememesi sonucunda ortaya çıkan bir rahatsızlık), hipoglisemi (düşük kan şekeri), enfeksiyonlar bu kapsamda sorgulanmalıydı.

Hepatik ensefalopatiyi (karaciğer fonksiyon bozukluğu olan hastalarda görülen nöropsikiyatrik anormallikler) başlatan nedenler arasında sedatif veya trankilizanların (sakinleştirici ve stres alıcı ilaçlar) kullanılması da dikkate alınmalıdır.[(132)]

19 Ekim 1938 Çarşamba

İyileşme görüldü. Komadan çıktı. Salih Bozok yanında durup ağzını açtırmayı, biraz su içirmeyi başardı. Akşama doğru bazı sorulara yanıt vermeye başladı. Geceyi iyi geçirdi.

Bir kez daha, saat 01.45'te, bu kez ağız yoluyla Amonyum Bromürlü lavman yapıldı...[64]

Ancak Son Nöbet Defteri'ne, 20, 22, 23, 24, 25, 26, 27, 29, 31 Ekim ve 4 Kasım tarihlerindeki lavmanlar not alınırken "Amonyum Bromür" ibaresi kullanılmadı. "Sadece ağızdan ve sifon" diye not düşüldü...

Atatürk'ün aramızdan ayrılmasına 7 saat 15 dakika kala (10 Kasım saat 01.50) son lavmanı yapılırken doktorlar nöbet defterine, bu kez, "15 gr. Bromure d'ammonun (Amonyum Bromur) yapıldı. Gayriihtiyari hareketler azaldı. Sık sık öksürük fakat balgam çıkmıyor, trarede hafif roller koma hali var" yazdı...

Bromürler merkezi sinir sistemine tesir ederek hareket merkezini, ruhsal merkezleri etkisi altına alıyor. Az miktarlarda brom verilen bir kimsede sersemlik, dikkatsizlik göze çarpıyordu. Doz yükseltilirse etki daha çok yayılıyor, refleksler de zayıflıyordu.[(133)]

Dünya basınının gözü kulağı Türkiye'de, Dolmabahçe'de yatan Atatürk'teydi. *L'Epoque*, *Excelsior*, *L'Ordre* gazeteleri, hastalık haberleriyle birlikte Türk hükümet üyelerinin, bazı milletvekillerinin İstanbul'da toplandıklarını da bildirdi. *L'Epoque*, İstanbul'a gelenler arasında bir yıldır uzakta duran İsmet İnönü'nün olduğunu yazdı...[(134)]

64. Doktorlar Atatürk'e vefatına kadar 11 kez lavman yaptı.

Sabaha karşı sarayda sevinçli bir koşuşturma başladı. Atatürk kendine gelir gibi olmuştu. Yatağı değiştirildi. Bakımı yapıldı. Aynı gün öğleden sonra kendisinden istenilen hareketleri yapmaya gayret gösterdi. Dilini göstermesi istenince dilini gösterdi.

Atatürk için hazırlanan kocakarı ilaçları

Atatürk'ün ateşi 10 Temmuz günü arttığında Kılıç Ali Bey'e ricacı olmuş, "Annene telefonla sor. Bu ateşimi, bu sıkıntıyı geçirecek bir ev ilacı biliyor mu? Öğren!" demiş. Kılıç Ali'nin annesi, vaktiyle yapılmış bir şişe gül sirkesi göndermiş, sirke içerisine buz konularak soğutulmuş, küçük bezler onunla ıslatılarak başına, bileklerine soğuk soğuk koyulmuştu. Ateşinin düştüğünü fark edince arkadaşına, "Annene teşekkür ederim, ilacı beni çok açtı" demişti...

Macaristan'da da Atatürk'ün hastalığı yakından takip ediliyor, Macar gazetelerinde konuyla ilgili sık sık haberler çıkıyordu.

1938 Eylül ayının sonlarında Türk-Macar Altay Cemiyeti'nin ikinci başkanı Hatmer Franc beraberinde üç kişi ile birlikte Budapeşte Büyükelçisi Behiç Erkin'i ziyaret ederek, aralarında doktorların da bulunduğu Macar köylülerinin hazırladığı bir kocakarı ilacını kendisine vermişti. İlacı hazırlayanlar Behiç Bey'e, "Bunlar karaciğer hastalıklarının birçoğuna karşı asırlar boyu tecrübe edilmiş ilaçlardır. Bilhassa karın bölgesinde suların birikmesine mâni olacak özellikleri vardır. Hiçbir zararları yoktur. Atatürk sadece sizin değil, bütün dünyanın ümidi, zamanımızın en büyük insanlarından birisidir. Vasıtanızla kendisine takdimini Macar Köylüler Birliği karar altına almıştır. Diplomalı ve tecrübeli bir hekim olarak arz ediyorum ki muhakkak faydası vardır. Gönülden şifa dileklerimizle yüksek huzuruna iletilmesini rica ediyoruz" demişti.[65]

---

65. Karışım özel kuryeyle İstanbul'a Dolmabahçe Sarayı'na Genel Sekreter Hasan Rıza Soyak'a gönderilecek, fakat hastalık çok ilerlediği için tatbik edilemeyecekti.

Vaziyet ciddiydi. Atatürk ertesi sabah da komadan çıkamayınca hükümet, artık milleti Büyük Şef'in durumundan haberdar etmeyi kararlaştırdı:

"Riyaseti Cumhur Umumi Kâtipliği'nden,

Bugün, dün akşama nispetle daha iyi geçmiştir. Asabi arazlarda bir değişiklik yoktur. Nabız muntazam ve 116, teneffüs 20, hararet derecesi 37'dir."

Bu bildiriyle ülke ayağa kalktı. Endişe içinde radyo başına koşanlar, dinledikleri sözlerden durumun vahametini ve önderin ölüm anının gelip çattığını sezinlediler. Ülkenin üstüne adeta bir ölü toprağı serpildi. Bütün Türkiye nefesini tutup, değerli hastanın iyiliği için çaresizce dua etmeye başladı. Herkes günü radyo başında yeni bir bildiri bekleyerek tüketti...

İzmir'den gelen bir telgraf hekimler arasında münakaşaya yol açacaktı. Bir doktor Atatürk'e yapılması gereken tedavinin Dr. Gutzeit'in tavsiyesi olduğunu söylüyordu. Hastanın burnundan bir sonda indirilerek mideye girilecek ve sonra da bu yoldan 24 saat damla damla, 3-8 litre serum verilecekti. Prof. Akil Muhtar Özden bu yol üzerine kafa yorarken, Prof. Neşet Ömer Bey, Doktor Mehmet Kâmil Bey ve Prof. Nihat Reşat Bey, bu yöntemi benimseyip, uygulama hazırlıklarına girişmişlerdi. Bu arada Akil Muhtar Bey'e görüşü soruldu. Hoca, teklife olumsuz yanıt verdi:

"Burada ven portların nihayetleri kapalıdır 3 litre mayii karaciğerden geçiremeyiz asit çoğalır. Bundan başka faidesi olacağı çok şüphelidir."

Prof. Neşet Ömer Bey birden kızdı:

"Böyle medrese münakaşaları yapmakta mana yoktur!"

Prof. Akil Muhtar Bey de hiddetlendi:

"Bu bir teknik düşüncedir! Lüzumsuz sözler söylenmemesini rica ederim! Yarın makalenin aslını bulup getireceğim..."

Tartışma büyüyünce Fransa'da bulunan Prof. Fissenger'in aranması ve görüş sorulması kararlaştırıldı. Gece 23.15'te arandı, tavsiyeleri soruldu. Doktorları tartışadursunlar Atatürk ağır komadaydı.

Prof. Akil Muhtar Özden, ertesi gün *Therapie de Gegenwart* 1937 No: 1'de yayımlanan Gutzeit'in makalesini getirdi. Makalede tedavi edilen asitli siroz vakaları yoktu.

Kurt Gutzeit, içsalgı ve kan hastalıkları konularında karaciğer uzmanıydı. İkinci Dünya Savaşı sırasında insanlar üzerinde yaptığı deneyler nedeniyle yargılanacak, üç yıl hapis yatacaktı.

Deneklerde karaciğer hasarına yol açan, hepatit üzerinde çalışıyordu. Atatürk'ün tedavisinde bulunan Prof. Hans Eppinger ile tanışıyordu.

23 Ağustos 1944'te Gutzeit, bir doktor meslektaşına insan deneyleri hakkında şunları ifade etti:

> *"Giessen'de bir kez daha -kaç kez bilmiyorum- Dohmen'i hayvan deneylerinde uyuşukluktan kurtarmaya çalıştım, böylece nihayet nihai açıklamaya ulaşabiliriz. Hayvandan insana geçişin ne kadar zor olduğu komik, ama sonuçta asıl olan ikincisidir."*

Dr. Kurt Gutzeit

20 Ekim 1938 Perşembe

Girdiği koma hali tam 4 gün 4 gece sürdü. Artık bütün ülke ayaktaydı. Başbakan Bayar ve bütün bakanlar Dolmabahçe Sarayı'nda toplanmışlardı. Mareşal Fevzi Çakmak da alelacele çağrılmış ve koşup gelmişti. Herkes korkunç finali bekliyordu. Ama korkulan olmadı. 4. gün Atatürk'ün durumunda nispi bir iyileşme gözlendi. Her zaman olduğu gibi savaşarak direniyordu...

Atatürk: "Kemal Bey (Prof. Mim Kemal Öke) niçin burada? Burada mı yatıyor?"

Kız kardeşi Makbule Hanım başucunda Kuran okurken Atatürk, bir pencerenin rüzgârdan gürültüyle kapanması sonucu gözlerini açtı. Karşısında sofracıbaşısı İbrahim Ergüven'i gördü:

"İbrahim sen burada mısın? Bu yatağı ne zaman değiştirdiniz?"

Odada sevinç dalgası esti. İbrahim Ergüven sevinçle kendisini yanıtladı:

"Bazı durumlardan dolayı yatağı sık sık değiştirdik paşam! Bu değiştirme sırasında battaniyeyle taşınırken, yatağın üzerine çıkılması sonucu karyolanın ayağı kırıldı ve bunun üzerine bu küçük karyolaya alındınız..."

Söylenenleri dinledikten sonra, "Ben kaç saat uyudum? Saat kaç? Gazeteler geldi mi?" diye sordu.

Hekimler hemen odaya doluştu. Prof. Neşet Ömer Bey, "Bir gün kadar uyudunuz efendim" dedi. Bu da doktorlar arasında tartışma konusu olacaktı. Birbirlerine tersçe baktılar. Kimi doktorlar hastanın moralinin bozulmaması için yalan söylemeyi savunurlarken, kimileri de her ne olursa olsun işin aslının saklanmaması gerektiği görüşündeydi. Sonunda Atatürk'ün bir haftadır komada olduğu gizlendi...

O sırada içeri telaşla Prof. Mim Kemal Öke girdi. Atatürk'ün dikkatini çekti:

"Kemal Bey niçin burada? Burada mı yatıyor?" diye sordu.

"Vapuru kaçırmış da ondan" diye yanıtladılar.

Bitkindi, yeniden uykuya daldı...

Akşamüzeri halkına haber verildi:

"Asabı arazlarda hafif, fakat aşikâr bir iyilik vardır. Umumi hal daha iyi; nabız muntazam..."(135)

Atatürk'e "Dulavratotu"

Ertesi sabah normal vaktinde ve hiçbir şey olmamış gibi uyandı. Yanına ilk giren, Genel Sekreter Hasan Rıza Soyak oldu. "Gel bakalım" dedi. Bitkindi. "Biz gittik geldik. Bu doktorlar adeta insana can veriyorlar." Sorularına devam etti:

"Bana ne oldu?"

Hasan Rıza Bey, hekimlerin aldığı ortak yanıtı verdi.

"Biraz fazlaca ve derince uyudunuz efendim."

"Ya bu karyola niye değiştirilmiş?"

"Temizlik yapmak lazımdı, aynı zamanda bir değişiklik olur diye de düşündük."

Kısa ve kaçamak yanıtlardan neler olup bittiğini tahmin etti:

"Ne ise... Gerisini sormayacağım."

Bilinci yerine gelmişti. Hâlâ aklı Ankara'da, 29 Ekim Cumhuriyet kutlamalarındaydı. 15 yaşındaki evladını unutmamıştı...

Saat 10.00'da Ankara'daki İngiliz Büyükelçisi, Londra'ya iki satırlık bir telgraf çekti:

"Korkarım ki Cumhurbaşkanı'nın durumu ümitsiz ve her an ölebilir. Krala duyuruldu."

Prof. Abravaya Marmaralı Atatürk'ün komadan çıkışını Paris Büyükelçisi Suat Davaz'a haber verdi. Suat Davaz memnuniyet ve sevincini Hasan Rıza Soyak'a telgrafla bildirdi...

Seyahatte olan bir Türk hanımı Avusturya'dan Dolmabahçe Sarayı'na bir mektup gönderdi. Niyetinin Atatürk'ü iyileştirecek ilacın kendisi tarafından bilindiğini ve bunu hekimlerin denemesinin gerektiğiydi. Mektupta yazılı şifa formülü Mısır Çarşısı'ndan alınacak dulavratotuydu. Formülü ise şöyleydi:

"Evvela hayvan kesimlerinde mezbahalarda atılan bir (karın içzarı-mesarika) mezentere (karın boşluğunu kaplayan ve her şeyi bir arada tutan yeni bir organ) bir müddet suda ısıtılıp yumuşatılır ve sonra sıcak sıcak hastanın karnına konur. Üstüne de iri yapraklı dulavratotu örtülür ve nihayet hasta bir çarşafla sarılarak istirahata bırakılır. Bir müddet sonra hastanın karnı boncuk boncuk terler ve böylece karında biriken su vücuttan atılır..."

Mektubu önce kimse kale almadı. Ancak Türk Hanım Viyana'dan döndükten sonra mektuplarında ısrarcı oldu. Hatta Çamlıca'daki evinin adresini vererek güven sağladı. Nihayet mektubu Prof. Neşet Ömer Bey okudu ve o dönem başasistanı olan Osman Barlas'a vererek şifalı otun tetkik etmesini istedi. Osman Bey kadını Cerrahpaşa Hastanesi'ne çağırarak bilgi aldı ve hocasının da emriyle o tedavi metodunu klinikte birkaç sirozlu hasta üzerinde denedi. Fakat iddia edildiği gibi olumlu bir sonuç alınamadı...[136]

Prof. Osman Barlas

Prof. Fissenger, Salyrgan'a devam eder

Atatürk komadan çıkar çıkmaz Türk Dışişleri Bakanlığı'ndan Paris Büyükelçiliği'ne şifreli bir telgraf geçildi. Telgrafta özetle Atatürk'ün sağlık durumunun en son halinden söz ediliyor, bundan sonra yapılacak tedavi ile ilgili bilgiler ve tavsiyeler isteniyordu:

"Koma hali sona erdi. Halen, sinir zafiyeti, aşırı zayıflık, asitte önemli artış ve iç organlarda şişkinlik var. İdrar artışı 900 ile 1300 arasında değişmektedir. Kalp damar durumu tatminkârdır.

Yakında karnını delerek su almak gerekeceği düşünülmektedir.

Suyun kısmen de olsa alınmasından sonra asabi arızaların yeniden ortaya çıkmasının önüne geçmek için ne gibi önleyici tedbir gerek?

Salyrgan hakkında ne düşünüyorsunuz?

Lütfen telleyiniz. Saygılar."

Telgrafta imza kısmı boştu. Suat Davaz anlam veremedi. Muhtemelen Atatürk'ü tedavi eden hekimlerce gönderilmişti.

Yanıtının muhatabı Prof. Neşet Ömer Bey olan telgraf Suat Davaz tarafından doğrudan Cumhurbaşkanlığı Genel Sekreterliği Dolmabahçe adresine tellendi. İçeriğinde Prof. Noel Fissenger'in tavsiyeleri yazılıydı:

"Salyrgan'ı, ancak, azotemi elli santigramın üzerindeyse, (o da) daima ihtiyatla ve adale arası yolla deneyiniz. Günde on miligramlık askorbik asit enjeksiyonlarına cilt altı yolla devam ediniz.

Azotemi elli santigramın üstündeyse (kandaki azot düzeyinin artması ile ortaya çıkan tıbbi tabloya verilen isim; böbrek fonksiyonlarının yeterli olmaması nedeniyle kandaki üre ve kreatinin miktarının artması) Salyrgan yerine biolipaz enjeksiyonlarına beş gün boyunca daha fazla askorbik asit (C vitamini) ilave ediniz. Yapılacak karın delinerek su alma uygulamasından önce glikozlu izotonik serum ve karaciğer hülasası (özü) enjeksiyonlarına yeniden başlayınız.

Tereyağı ile hidrokarbonlu gıda... Tuzsuz bol içecek...

Saygılar.

Fissenger."(137)

27 Ekim günü Özel Kalem Müdürü Süreyya Anderiman Dolmabahçe'den bir kez daha Paris Büyükelçiliği'ne telgraf çekti:

"Otuz altı şişe Chlorure Ethyle pur (cilt soğutucu).

Labaratoire Produits Usines du Rhone mamulatından olmalıdır.[66]

Fabrika ismine bilhassa dikkat buyurulması müsterhamdır.

Saygılarla.

Süreyya."(138)

66. Labaratoire Produits Usines du Rhone, bir Fransız ilaç üreticisiydi. İkinci Dünya Savaşı'nın ilanından önce grup, Alman kimya devi IG Farben ile teknik, bilimsel, endüstriyel ve ticari ilişkiler yaşamıştı, bu da patent değişimi çeşitli anlaşmalarla sonuçlanacaktı.

Yazılı ilaçlar Paris'ten sipariş edilenlerin sonuncusu olacaktı. 20 Ekim günü sipariş edilen ilaçlar ise Ankara'daki İstanbul Eczanesi'nden yola çıkarılmış Dolmabahçe Sarayı'na doğru yol alıyordu...

İngiliz milletvekilinin eşinden homeopatik[67] tedavi önerisi

27 Ekim 1938

Sir James Malcolm Monteith Erskine, 1921-1929 yılları arasında Büyük Britanya Parlamentosu seçim bölgesi olan St. George'un muhafazakâr milletvekiliydi. Kökleri 12. yüzyıla dayanan bir aileye mensuptu. Şövalye unvanı vardı. 1898'de Cicely Grace Erskine Quicke ile evlendi. Bayan Cicely dört erkek, bir kız çocuk annesiydi. Yaşı 64 olmasına rağmen güzelliğinden bir şey kaybetmemişti. Uzun boylu, sarışın, renkli gözlü, zarif bir kadındı. Nedeni, Atatürk'e olan hayranlığımı ya da başka bir planın parçası mıydı bilinmez hasta yatağında ölüme direnen Atatürk'e bir mektup yazarak gönderdi. Türkiye'nin Lideri'nin bir an önce Londra'da bulunan Doktor Victor Ellwood'a görünmesini istiyordu. Mektup 18 Ekim günü yola çıkmıştı.

"Kemal Atatürk'e,

Size bildirmek istiyorum ki vahim derdinizin tedavi çaresi bulunmuştur.

Derhal doğruca: Dr. Victor Ellwood 88 Harley Strett, London W.1.'e yazarak, kendisini hemen oraya davet ediniz. Seyahat masrafını ve ücretini tediye edersiniz. O, geçen eylül ayında

67. Bir hastalığın, hastalık belirtilerini sağlam bir insanda ortaya çıkarabilecek maddelerin çok düşük dozlarda hastaya verilmesiyle tedavi edilebileceği inancına dayanan sözde bilimsel bir alternatif tıp yöntemi tedavi önerisi.

keşfedilmiş olup Şarki Afrika'da Kenya'dan gelen yeni fevkalade Kappa devasını size zerk edecektir.

Bu madde şifa verici yapraklardan çıkarılmıştır ve dünyada herhangi başka şeyden ziyade sizi bu iyi edecektir.

Aynı zamanda tamamıyla zararsızdır. Bunu yapınız, zira müstalerdir.[68] *Bu suretle çok yaşar, İngiltere ile birlikte ve onun için büyük işler yaparsınız.*

Samimiyetle,
Cicely Grace Erskine."

Mektupta dikkat çeken en önemli detay şifalı bir bitkinin olmasının yanı sıra "İngiltere ile birlikte ve onun için büyük işler yaparsınız" denilmesiydi.

Doktor Victor Ellwood homeopatik ilaçlar uzmanıydı. Hazırladığı ilaçları sağlıklı insanlar üzerinde deniyordu. İlaçlarının ana maddelerini en saf haliyle doğadan elde ediyordu. Bitkiler, hayvan dokuları, mineraller, metaller, hastalıklı dokular kısacası doğadaki her şeyi kullanabiliyordu.

Türk Dışişleri Bakanlığı Londra Büyükelçisi Ali Fethi Okyar'a 25 Ekim günü şifreli bir telgraf çekildi, durumun araştırılıp değerlendirilmesi istendi. Atatürk'ün hastalığının ayrıntıları da yazıldı:

"A. Teşhis, Cyrrhose hépatique, forme ascétique, trés prononcée, de 10 mois (Hepatik siroz, münzevi form, çok belirgin, 10 aylık) olan karaciğer rahatsızlıklarının zikri geçen ilaçla tedavi edilip edilemeyeceğinin, edilebilirse, şimdiye kadar bu tedavi tarzı ile elde edilen neticelerin bütün teferruatı ile Doktor Ellwood'dan tahkiki,

B. Bu zatın şahsiyet ile vereceği izahat hakkında Saint Bartholomews Hospital doktoru Prof. Fraser ile Saray Doktoru Lord

68. Muhtemelen müstecel demek istemiştir. (Muayyen bir zamana kadar tehir edilmiş olan.)

Dawson of Pen tarafından verilecek malumatın aynen bildirilmesi ve icabında Foreign Office'in bu hususta yardımına müracaat edilmesini rica ederim."

Telgraf aynı gün Londra Büyükelçiliği'ne ulaştı. Büyükelçi, o günlerde Türkiye'de olduğundan Maslahatgüzar Kadri Rizan, talimatı hemen yerine getirdi, ertesi gün Dışişleri Bakanlığı'nı bilgilendirdi.

"I. Hastanın hüviyeti hakkında malumat vermeden Dr. Ellwood ile görüştük. Kendi şırıngaları ile beş kişi tedavi etmiş. Bunlardan dört hasta iyi olmuş. Tedavi tarzı henüz tecrübe devresindeymiş. Bu sebeple henüz tıbbi cemiyetlere tebligatta bulunmamış. Telgrafnamei devletlerinde teşhisi hulasa edilen hastalığı tedavi edip edemeyeceği sualine karşılık doktor, hastada kanser olup olmadığını sordu. Alınacak cevabın bildirileceği söylendi.

II. Kralın doktoru Amerika'da bulunmaktadır. Bir haftaya kadar gelecekmiş. Profesör Fraser ile arizü amik görüştük. İfadesine nazaran, (Lady Erskine) tıbbi tetkikatta bulunan ve ciddi telakki edilmeyen bir amatör imiş. Doktor Ellwood'un İngiltere tıp âleminde mevkii yok imiş. Asarı ve tetkikatı ile tanınmış bir kimse değilmiş. Profesör, doktorun balada meskûr (Lady) ile teşriki mesaisini istihfafla (hafife alma) telakki ediyor. Profesör, hemen muhtelif meslektaşları ile telefonla görüştü. Doktoru tanıyıp tanımadıklarını sordu.

Aldığı cevapların hepsi menfi idi.

III. Bu vaziyet karşısında, emir buyurulursa, doktorun serumunu tedavi tarzının maiyetini taahhüt etmek şartıyla almak ve büyükelçiliğin memuru ile İstanbul'a göndermek şıkkı var. Formül doktorlarınız tarafından tetkik edilir. Hicab-ı hale göre bir karar verilir. Doktor ile bu esas dairesinde temasa müsaade eder misiniz? Muvafakat takdirinde ücret hakkındaki emri telgrafilerini de rica ederim."

Dr. Ellwood'un tedavi metodu ciddiye alınmadı, herhangi bir girişimde bulunulmadı.(139)

Cicely Grace Erskine Quicke-1925(140)

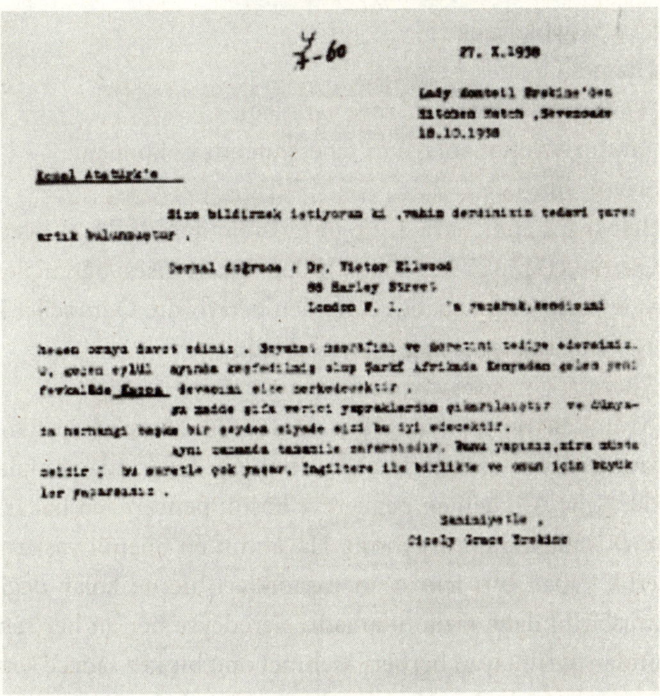

7-60

27. X.1938

Lady [illegible] Erskine'den
Kitchen Hatch, Sevenoaks
18.10.1938

Kemal Atatürk'e

Size bildirmek istiyorum ki, vahim derdinizin tedavi çaresi artık bulunmuştur.

Derhal doğruca : Dr. Victor Ellwood
88 Harley Street
London W. 1. 'e yazarak kendisini

hemen oraya davet ediniz. Seyahat masrafını ve ücretini tediye edersiniz. O, geçen eylül ayında keşfedilmiş olup Şarkî Afrikada Kenyadan gelen yeni fevkalâde Kazna devasını size [illegible] edecektir.

Bu madde şifa verici yapraklardan çıkarılmıştır ve dünyanın herhangi başka bir şeyden ziyade sizi bu iyi edecektir.

Aynı zamanda tamamile zararsızdır. Bunu yapınız, zira müstaceldir; bu suretle çok yaşar, İngiltere ile birlikte ve onun için büyük işler yaparsınız.

Samimiyetle,
Cicely Grace Erskine

Cicely Grace Erskine'in yazdığı mektubun Türkçesi

Atatürk: "Hadi, enayi..."

29 Ekim 1938

Atatürk komadan çıksa da, "Ölüyor!" haberi bir anda Türkiye'yi yasa boğmuş, dünyanın da gözünü Dolmabahçe Sarayı'na çevirmişti...

Cumhuriyet 15 yaşına basmıştı. Ankara Hipodromu'ndaki törenler öncesinde Başbakan Celal Bayar, Atatürk'ün mesajını okudu. O ise hasta yatağında bu dünyadaki son günlerini soluyordu...

Akşam olduğunda halk sokaklara dökülmüştü. Havai fişekler gökyüzünü aydınlatmaya başladı. Atatürk gürültüyü duyunca zile basıp hizmetliyi çağırdı, sordu:

"Bu patırtılar nedir?"

Hizmetli üzmek istemedi:

"Gök gürlüyor paşam" diye yanıtladı.

Yanıtın niyetini anlayınca tebessüm etti ve konuştu:

"Hadi, enayi..."

Belediye arandı, havai fişek gösterisinin durdurulması istendi.

O sırada törenlerden dönen Kuleli Askeri Lisesi öğrencilerini taşıyan vapur Dolmabahçe önünden geçiyordu. Öğrenciler hep bir ağızdan avaz avaz bağırmaya başladı:

"Atamızı görmek istiyoruz! Atamızı görmek istiyoruz!"

Ardından da İstiklal Marşı ve 10. Yıl Marşı'nı söylemeye başladılar. Genç askerlerin sesleri sarayın duvarında yankılanıyordu: Kılıç Ali, hemen pencereye koştu, pencereden bakarken Atatürk yatağında oturuyordu. Hayatının en önemli yaşlarında askerlik yapan biri için o an yaşadıkları hiç de kolay değildi. Gözyaşlarını daha fazla tutamadı. Neredeyse her an her saniye yanından ayrılmayan berberi Mehmet onu bir kez sadece kendisine en yakın arkadaşı Nuri Conker'in ölüm haberini verdiğinde öyle görmüştü. O haberi aldığında Atatürk bir çocuk gibi hüngür

hüngür ağlamıştı. Bu kez de Paşa'sının gözyaşlarına mâni olamadığını gördü.

Ankara'daki "İstanbul Eczanesi"

Atatürk'ün ihtiyacı olan bazı ilaçlar Ankara'daki İstanbul Eczanesi'nden temin ediliyordu. Eczane veresiye defterinde Atatürk adına açılmış sayfa vardı.

İstanbul Eczanesi, Ankara'da 1919 yılında Hüseyin Hüsnü Sarı tarafından kurulmuştu. Kuruluş talimatını Doktor Refik Saydam vermişti. O zamanki parayla 750 liraya Anafartalar Caddesi'nde açılmıştı.

Hüseyin Hüsnü (Sarı) Bey 1909 yılında Eczacılık Mektebi'nden mezun olduktan sonra sırasıyla Tokat/Zile'de, Yugoslavya'nın İpek kentinde, Bağdat'ta, Şam'da ve Halep'te kamu eczacısı olarak görev yapmıştı. 1919 yılında ise kendi eczanesini açmaya karar verdi. 1927-1931 yılları arasında milletvekilliği yaptı. Meclis çevresiyle oldukça yakın ilişkiler içerisine girdi. Öyle ki eczanesinde Atatürk başta olmak üzere birçok politikacı ve bürokratın ilaç ihtiyaçlarının veresiye defterleri vardı.

Milletvekilliği yaptığı dönemlerde eczanenin müdürlüğünü Eczacı Mehmet Zeki Acar yapmıştı.

Atatürk'e verilen kinin, İstanbul Eczanesi'nden geliyordu.[69]

69. "Atatürk'ün Eczanesi" olarak bilinen, 99 yıllık İstanbul Eczanesi, 55 yıldır kiracısı olduğu Ulus Çarşısı'ndaki sıkıntılar nedeniyle 31 Aralık 2017'de kapandı. Eczaneyi 1979 yılından beri işleten Eczacı Ömer Faruk Erdem, kapatma kararına ilişkin, "Motivasyonum bozuldu" dedi. Eczacı Erdem eczaneyi Refik Saydam'ın talimatıyla 19 Ocak 1919 tarihinde Hüseyin Hüsnü Sarı, o zamanki parayla 750 liraya Anafartalar Caddesi'nde açtığını anlatırken şöyle dedi:
"1955 yılana kadar orada çalışıyorlar. 1955 yılından sonra bugünkü Ankara Adliye Sarayı'nın olduğu yerde hizmet veriyor. 1962 yılında Ulus İşhanı tamamlandığında buraya taşınıyor. 1965 yılında Hüseyin Hüsnü Sarı rahmetli olunca yerine oğlu Adil Sarı geçiyor. 1979 Şubat ayında da Adil Bey bana devretti ve ben bugüne kadar getirdim."

Eczacı Hasan Hüseyin Sarı

Atatürk'ün tedavisinde kullanılan "kinin"

Sıtma, insanlık tarihinin en önemli hastalıklarından biriydi. Hastalıkla ilgili bilgilere MÖ 5. yüzyılda ilk ulaşan hekim Hipokrat olmuştu. Diğer adlarıyla "Bataklık Humması" ya da "Malarya" diye biliniyordu. Anofel türü sivrisineklerin insan ve hayvanları sokmasıyla ortaya çıkan bir hastalıktı. Hastayı bitkin düşürüyor, hastalık hafif baş ağrısı, sırt ağrısı ve kırıklık ile başlıyor, şiddetli üşüme ve titreme, yerini kusma, kasılma, şiddetli ateş ve terlemeye bırakıyordu. Bu belirtiler ya her gün, ya üç günde bir, ya da dört günde bir nöbetler halinde geliyor, hasta bitkin düşüyor, tedavi edilmezse sonuç ölümle oluyordu...

"Kinin", Amazon'da yetişen "Cinchona" ağacının kabuğundan elde ediliyordu. Hem sıtma ile savaşta hem de sıtmaya karşı kullanılan sentetik ilaçların geliştirilmesinde moleküler model görevi gördü. Ancak, zararlıydı...[70]

70. 2020 yılının başlarında ortaya çıkan ve tüm dünyanın başına bela olan Corona virüsüne karşı da kinin kullanılmasının iyi geldiği ortaya atıldıysa da bu halen netlik kazanmayacaktı.

Sıtma hastalığında dolaşım zayıflıyor, nitrik oksit azalmasına yol açıyor ve karaciğer damarlarını daraltıyordu.

Atatürk, kötü koşullardaki cephelerde yıllarca iki kez sıtma hastalığına yakalanmış ve tedavi görmüştü. Doktorları bunu bildiği halde kendisine Ankara'daki İstanbul Eczanesi'nden, 29 Aralık 1937 tarihinden itibaren 16 kutu "kinin" alarak tedavi yolunu tercih etti.[71]

Kininli Gripin üretimi

Dış ticaretin daralması ve tarımsal ürünlerin yüzde 50'ye varan değer kaybı ile birlikte halkın alım gücü azalmıştı. Hekimler 1930 yılına gelindiğinde sağlık harcamaları içindeki paylarını koruyabilmek için, ucuz yerli ilaçların kullanılmasına yönelirken, eczacılar, ticaretini daha kazançlı gördükleri yabancı ilaç ithalinin genişletilmesini istemekteydi. Etibba Muhadenet ve Teavün Cemiyeti (Hekimler Dostluk ve Yardımlaşma Cemiyeti) üyelerine 28 Şubat 1930 günü yerli üretim ilaçlara öncelik verilmesi çağrısı yapmış, Darülfünun Tıp Fakültesi'nden Dr. Akil Muhtar (Özden) 23 Ocak 1931'de "Tedavide Tasarruf" başlıklı bir konferans vermişti. Yeni kurulan İstanbul Etibba Odası da (Doktorlar Odası) aynı doğrultuda bir genelge yayımlamıştı.

TBMM'de eczacıları savunmaya çalışan Tokat Milletvekili Eczacı Hüseyin Hüsnü Sarı (Atatürk'ün son hastalığında ilaçlarının alındığı İstanbul Eczanesi'nin sahibi) yerli ilaçların bir kısmının, "birtakım ecza ve kimyevi maddeleri fenni usulü dairesinde karıştırarak ve onlara fenni şekiller vererek piyasaya bir

71. Adet sayısı, sadece eczane kayıtlarında görünendir. 43 şişe kullanıldığı iddiası vardır.

isim altında çıkarılmış ilaçlar" olduğunu açıklayınca, Dr. Mazhar Osman (Uzman) Bey tarafından kınanmıştı...

Gümrük tarifelerinin Ekim 1929'da yüzde 3'ten yüzde 46'ya yükseltilmesinin ardından, 31 Aralık 1929 ile 31 Aralık 1930 tarihleri arasında, ruhsatlandırılmış yerli müstahzarların (Sağlık Bakanlığı'ndan alınmış ruhsatla ilaç firmaları veya ilaç laboratuvarları tarafından hazırlanan ilaç) sayısı 163'ten 226'ya; yabancı müstahzarların sayısı 657'den (yüzde 52'lik artışla) 999'a çıktı.

Türkiye'de İspanyol nezlesinin sayısı artmıştı...

"Aspirin" dünyaca tanınan bir ilaçtı. Necip Akar ve kardeşi baş ağrısından diş ağrısına; soğuk algınlığından nezle ve romatizmaya; yüksek ateşten vücut ağrılarına kadar her derde iyi gelecek ilacın formülünü buldu. İsim olarak da "Aspirin"in "in" ekini alıp, herkesi canından bezdiren grip sözcüğünün arkasına ekledi. Necip Akar, yerli ilaç üretim tutkusunu gerçekleştirdi: Gripin adlı ilacın seri üretimine başladı. Gripin; piyasaya çıkar çıkmaz satış rekoru kırınca, kısa sürede, neredeyse ulusal bir ilaç haline geldi. Hatta "Bir Gripin al, bir şeyin kalmaz" tümcesi halk arasında kendiliğinden doğup, kulaktan kulağa yayılacaktı. Necip akar ve kardeşi ilacın formülünü daha da etkinleştirsin diye "Kininli Gripin" üretti.

Kininin o dönemlerde zararlarının bilinip bilinmemesi konusu bir yana, ileriki yıllarda yan etkileri ortaya çıktı. Hafif etkileri arasında, baş ağrısı, mide krampları, ishal, kusma, kulaklarda çınlama, sinirlilik, sersemlik, terleme, ciddi yan etkileri arasında ise, sağırlık, kanama sorunları, böbrek hasarı, kan trombositinin düşmesi, kalp ritim bozukluğu, ciddi alerjik reaksiyonlar tespit edildi.[72]

---

72. Kinin, 2006 yılı itibariyle, sıtma için kullanılacak ilk ilaç olmaktan çıkarılmıştır ve yalnızca artemisinin adı verilen ilaç bulunmadığında kullanılması önerilmektedir. Zaman zaman huzursuz bacak sendromu tedavisinde de reçetesiz olarak kullanılan ilaç, yaşamı tehdit edebilen yan etkileri nedeniyle artık bu amaçla kullanılmamaktadır. Atatürk de, son hastalığında "Gripin" kullananlardandı...

Kininli Gripin reklamı

Atatürk'e verilen Primidone, Kodein, Bellafolin, Kamplon dozları...

Atatürk'ün tedavisinde sıkça kullanılan Primidone, birçok nörolojik hastalıklarda tercih ediliyordu...

Uzun yıllar düzenli alkol kullananların birden bundan uzaklaşması bazı kişilerde "Tremor" denilen titremelere yol açıyor; farklı birçok hastalıkla birlikte görülebiliyordu. Bu durumlarda "Primidone" tedavisi uygulanıyordu. "Tremor" türlerinden biri olan "Esansiyel Tremor", ellerde, bacaklarda, seste, gövdede ve kalçada görülen ritmik titremeye yol açan nörolojik hastalık olarak ortaya çıkıyor, günlük hayatı etkiliyordu...

"Nöroleptik malign sendrom" (NMS) (Nöroleptik Malign Sendrom, trankilizan ve antipsikotik ilaçların kullanılmasıyla ilişkisi olan, santral nörotransmitterlerin inbalansıyla karakterize, dopaminerjik blokun geliştiği düşünülen bir sendromdur. Görülme sıklığı çeşitli yayınlarda yüzde 0,02-3,20 arasında değişmektedir. Ölüm oranı yüzde 55 gibi yüksek olmakla birlikte, günümüzde erken tanı ve bakım ile ciddi olgularda bile ölüm engellenebilmektedir.) antipsikotik ilaçlarla tedavi sırasında görülen, nadir fakat hayati tehlike oluşturabilen bir komplikasyon. "Primidone" antipsikotikler gibi birçok ilaçla etkileşime girebiliyor. İlaç kullanımı ani olarak sonlandırıldığında ciddi sonuçlar doğuruyor...

Atatürk'ün tedavi sırasında yine zaman zaman bir afyon alkoloidi olan kodein kullanılmıştı. Kodeinin antitusif ve analjezik etkileri vardı (öksürük ve ağrıkesici).[141]

İstanbul Eczanesi'nden sipariş edilen ilaçların arasında Primidon da bulunuyordu. 2 Nisan 1937 tarihinden 8 Ağustos 1938 tarihine kadar 100 tüpe yakın bu ilaçtan kullanıldı...

Yan etkileri fazlaydı. Özellikle alerjik reaksiyonu olanlar, alkol tedavisi görenler, böbrek ve karaciğer işlevi bozuk olanların kullanması büyük dikkat istiyordu.[142]

İlaçlardan biri de, Bellafolin'di. 4, 13, 14, 15 Ekim 1938 günlerinde 7 doz...

Kamplon ise, 12, 13, 14, 16'sında birer doz verilmişti.

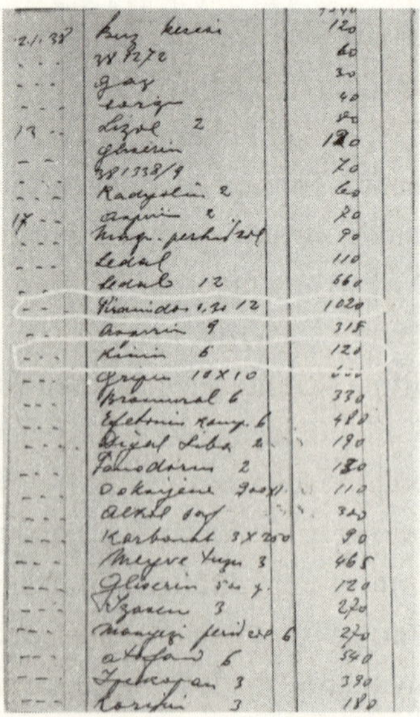

İstanbul Eczanesi'nden alınan kinin (15. satır) ve Primidone (13. satır) ilacı[73]-[143]

73. Bu belge sadece bir nüshada görünendir.

Atatürk karnındaki suyu zorla aldırdı

7 Kasım 1938 Pazartesi

Günün ilk dakikalarında Atatürk arka üstü yatarken, bir ara tükürdü ve tükürüğündeki kan dikkat çekti. Sıkıntısı büyüktü. Arada bir öksürüyordu. Gece, aralıklı olarak bir saat kadar uyumuştu. El ve ayaklarında farkına varılan soğukluk ovuşturularak giderilmeye çalışılmıştı...

Saat 10.30'da doktorlar yanına geldi. Karnında toplanan sudan o kadar rahatsız olmaktaydı ki kesinlikle alınmasını istiyordu. Doktorlar aralarında konuşmak için odadan çıktıktan sonra Atatürk öğleye doğru Prof. Nihat Reşat Belger'i çağırttı ve kendisine güçlükle konuşarak, "Doktor, karnımdaki bu suyu çekme zamanı geldi. Çünkü bu mayi benim nefesime dokunuyor. Soluk almamı güçleştiriyor. Bunu çekip alın!" dedi.

Prof. Belger açıklama yaptı:

"Emr-i devletinizi yarın ifa ederiz. Çünkü malum-u devletiniz üzere su çekilmeden önce kalbi takviye edecek tedbirler almak zarureti vardır..."

Sesini olunca gücüyle duyurmaya çalışarak çıkıştı:

"Emrediyorum! Bunu bugün çekin!"

Prof. Belger yanından ayrıldıktan sonra durumu diğer hekimlere anlattı. O sırada Atatürk bütün doktorların yanına gelmesini istedi. Doktorlar gelince de adeta yalvarırcasına konuştu:

"Ben mustaribim, hemen suyu alın..." dedi.

Prof. Neşet Ömer Bey, "Efendimiz, yarın yapılacak, her şey hazırlanıyor" diye cevap verirken, "Bugün ile yarın arasında ne fark var? Hemen yapınız!" diye direndi.

Prof. Mim Kemal Öke'nin Gülhane Askeri Tıp Akademisi'nde ders vermesi dolayısıyla sarayda bulunmadığı, ertesi güne ertelenmesi gerektiği anlatıldı ise de ısrarından vazgeçmedi.

"İşte! Doktor Mehmet Kâmil Bey (Berk) var, zaten bu işi en iyi beceren de o imiş, o yapsın" dedi.

Bu direniş karşısında doktorlar görüşeceklerini söyleyerek odan ayrıldılar. Doktorların dışarı çıkmasıyla birlikte kaşları çatıldı ve sesi de acı içinde hiddetlendi:

"Niçin tereddüt ediyorlar? Olacak olur..." dedikten sonra karnını göstererek, "Bu insupportable (dayanılmazdır)" diye ekledi.

Prof. İrdelp: "Vücuttaki yağlar tamamen eridi. Şimdi de..."

Hazırlığını tamamlayan Doktor Mehmet Kâmil Berk saat 12.20'de 3. ponksiyona başladı. Atatürk karnındaki bütün suyun alınmasını istiyordu. Su boşaltıldıkça ne kadar çıktığını sordu. Alınan suyun miktarı Prof. Nihat Reşat Belger tarafından kontrol ediliyordu. Gerçekte 6 litre kadar alınmıştı ama Nihat Reşat Bey kendisine iki katını söyledi.

Ateşi biraz yükselmişti ama ferahlamıştı. Canının enginar yemeği çektiğini söyledi. Fakat o sebze o zaman İstanbul'da bulunmuyordu. Hemen Hatay'a ısmarlanması istendi.[74]

Akşama doğru uyuyakaldı. Gece yarısı 02.00'de uyandı. Saat 06.00'ya kadar hafif bir unutkanlık hali üzerine çöktü. O sırada yanında bulunan Salih Bozok ile Kılıç Ali Bey, Prof. Neşet Ömer Bey'e durumun ciddiyetini sorup yanıtını aldı:

"Hastalık süratle ilerliyor. İkinci defa su alınmasından evvelki hayatının hiç olmazsa, bir iki sene idamesine imkân bulunacağının ümidindeydik. Fakat bugün kurtulmak için ancak yüzde üç ihtimal vardır. Bu hastalıktan Atatürk'ün diğer işlerinde olduğu gibi, talih yardım etmemiştir. Karaciğer artık vazifesini yapamıyor. Zehirlenme başlamıştır. Vücuttaki yağlar tamamen eridi. Şimdi de etleri erimektedir. Vaziyet mühim ve ümitsizdir."(144)

74. Enginarlar geldiğinde durumu ağırlaşmıştı; yemesi kısmet olmayacaktı.

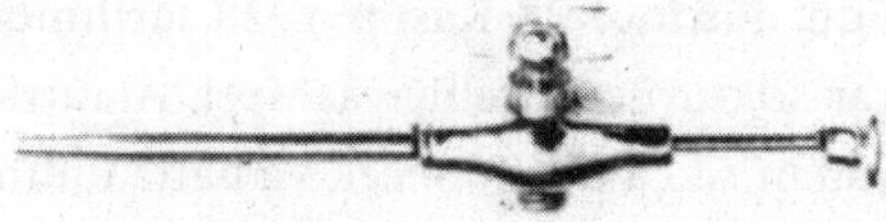

7 Kasım 1938 tarihinde Dr. Mehmet Berk tarafından yapılan karın ponksiyonunda kullanılan trokar

Atatürk'ün doktoru Mehmet Kâmil Berk'in eczacılık işleri

Yabancı ilaçların ithali 1927'de büyük ölçüde sınırlanmış; bir yıl sonra eczanelere sınırlama getirilmişti. O yıllarda hekim ve eczacılar, yerli ilaç üretiminin artırılması için işbirliği yapmıştı.

Doktor Mehmet Kâmil (Berk) Bey hekimliğinin yanı sıra eczacılık işleriyle uğraşıyordu. Eczacı Nizamettin Talip Bey ile 1928 yılında Taksim Billurcu Sokak No. 32'de Nizamettin Talip Müstahzaratı Laboratuvarı'nda, kendi geliştirdiği formüllerle ilaçlar hazırlıyordu. İlaçlar arasında "Astmin, Eleminol, Hypotansin, Pulmol, Siniri ve Tusil" vardı. Ayrıca, aynı yıl Eczacı Hulki İsmail Göknar ile ortaklık kurarak "Yerli Müstahzarlar Laboratuvarı" adı altında Ankara Caddesi Reşit Efendi Han No. 12'de faaliyet de gösteriyordu.

Eczacı Doktor Mehmet Kâmil Berk bu laboratuvarlarda kendisinin dışında Atatürk'ün özel doktoru Doktor Neşet Ömer (İrdelp) ve vefatı sırasında yine Atatürk'ün doktorluğunu yapacak Doktor Samuel Abravaya'nın (Marmaralı) geliştirdiği ilaç formüllerini hazırlıyordu. İlaçların ruhsatları Hulki İsmail Göknar'a aitti.[75]

Bu ortaklıktan ortaya çıkarılan ilaçlar ise, "Bizmomognezi, Eliminol, fitoferrol, Hekzalitin, Hemeptin, Kloropepsin, Kola Granule, Laksol, Norisin, Radyobarik, Sitrol, Tiribsom

75. Şirket 2008 yılında ünlü İtalyan ilaç firması Recordati'ye 48 milyon avroya satıldı.

ve Purinol"du. Purinol 28 Kasım 1928 tarihinde satış ruhsatı almıştı, idrar söktürücü özelliğe sahipti. Atatürk'ün ölümü ardından adından sıkça söz edilecek ve hatta ölümüne bile sebebiyet veren ilaçlar arasında anılacaktı.

Doktor Mehmet Kâmil Berk

Atatürk: "Aleykümesselam"

8 Kasım 1938 Salı

Akşamüzeri durumu iyiden iyiye kötüleşti. Yatağın ortasında iki elini yanlarına dayamış oturuyor ve sürekli, "Allah kahretsin!" diye söyleniyordu. Hizmetlilerin tuttukları tasa koyu kahverengi pıhtılaşmış kan çıkardı.

Saat 06.00'da altı kaşık sütlü kahve verildi.

Nöbetçi Doktor Abravaya Marmaralı ve Prof. Neşet Ömer İrdelp bir taraftan buz parçaları yutturuldu. Bir aralık masa üzerindeki saate baktı, "Saat kaç?" diye sordu.

"Yedi" yanıtını alınca aynı soruyu birkaç kez daha sordu. Bilinci kayboluyordu...

Saat: 08.30

Beş kaşık sütlü çay içirildi.

Yatağına sırtüstü yatırıldığı sırada Hasan Rıza Soyak, "Biraz rahat ettiniz mi efendim?" diye sordu. Kısık sesle, "Evet..." diyebildi.

Saat: 11.00

Bir miktar yulaf unundan poriç çorbası verildi.

Saat: 13.00

Altı kaşık süt verildi.

Saat: 15.10

Biraz çorba verildi. Güçlükle yuttu.

Saat: 17.15

Dört kaşık elma suyu verildi. (Son yedikleri onlar oldu.)

Prof. Neşet Ömer Bey seslendi:

"Dilinizi çıkarır mısınız efendim?"

Dilini ancak yarısına kadar çıkarabildi.

"Biraz daha efendim!"

Bilinci büyük ölçüde kaybolmuştu. Söylenenleri duyamıyordu. Dilini tamamıyla içeri çekti. Başını biraz sağa çevirdi, gözkapaklarının arasında sıkışıp kalan gök mavisi gözleriyle Neşet Ömer Bey'e dikkatlice baktı ve son sözünü söyledi:

"Aleykümesselam."

Saat 18.35'i gösteriyordu...[145]

Agoni

9 Kasım 1938 Çarşamba

Atatürk'ün son komasına girdiği anlaşılınca Dr. Asım Arar, durumu hemen telefonla Başbakan Celal Bayar'a bildirdi. Bayar, Ankara'da bulunan Doktor Arar'ı evine çağırttı. Evde Dışişleri Bakanı Tevfik Rüştü Aras da vardı. Atatürk'ün durumu hakkında ayrıntılı bilgi istediler...

Durumun vahameti anlaşılınca gece yarısı Bakanlar Kurulu acele toplantıya çağrıldı. Çağrılanlar arasında Atatürk'ün iki eski silah arkadaşı da vardı: Mareşal Fevzi Çakmak ve eski Başbakan İsmet İnönü...

Hazır bulunanlar, Doktor Asım Arar'ın açıklamalarını üzüntülü yüzlerle, dikkatlice dinlediler. Alınacak önlemler konuşuldu ve Başbakan'ın Doktor Arar'la birlikte acilen İstanbul'a gitmesi kararlaştırıldı.

Kimsenin gözünü uyku tutmuyordu. Ölüm kol geziyordu. Adale kasılmaları, istem dışı hareketler ve inlemeler odadaki sessizliği bozuyordu. Berber Mehmet istenilen aparatları getirdi. Bir kez daha bromürlü lavman yapıldı.

İstem dışı hareketleri azaldı. Bir ara sık sık öksürdü. Terledi. Öğleüzeri saat 11.00'den sonra 3 dakika süreyle oksijen verildi. 13.10'da tekrarlandı.

Celal Bayar ve Doktor Asım Arar bir araya geldiklerinde, Atatürk derin bir uyku içindeydi.

Akşama doğru gözbebekleri ışığa cevap verse de artık refleks alınamıyordu. Başucundaki doktorlar Müşahede Defteri'ne "Agoni" diye not düştü. Agoni, can çekişme demekti...

Prof. Akil Muhtar Özden bir köşeye çekildi, karakalemle Atatürk'ün resmini çizmeye başladı...

Saat: 24.00

"Resmi tebliğ: Saat 20.00'den itibaren dalgınlık artmıştır. Umumi ahval vahamete doğru seyretmektedir."

Dünyaya gelmiş en demokrat, en samimi, en barışçı lider fani dünyaya yolculuğa hazırlanıyordu. Kimsenin elinden bir şey gelmiyordu.

Doktor Asım Arar evine giderken gözleri yaşlıydı, düşüncelere daldı:

"(...) Onun gibi azimkâr, hareketli, kahraman bir asker için yatağa bağlı kalarak derin bir itaat etme ne kadar tatsız bir şey...

(...) Kendisinde kudret ve kuvvet hissettikçe, her şeyi göze alarak, yapılan tavsiyelerin haricine çıkmaktan çekinmeyecektir...

(...) Yalnız Türklüğün değil, bütün insanlığın iftiharına, gururuna layık olan bu büyük adam, sevgili Atatürk, bilenler ve hadiseye vâkıf olanlar nazarında mezarın eşiğine gelmiş, zavallı bir hastadan başka bir şey değil..."

Atatürk evlatlarından, ulusundan ayrılmaya hazırlanıyordu.

"Kılıç bak. Bir tarih göçüyor..."

10 Kasım 1938 Perşembe

Sabaha karşı boğazındaki hırıltılar azalmıştı...

Saat: 08.00

Doktor Mehmet Kâmil Berk ve Prof. Nihat Reşat Belger Atatürk'e glikozlu serum verdi. Yüzünün rengi soldu. Gırtlağından "Hiii... hiii..." sesleri geldi...

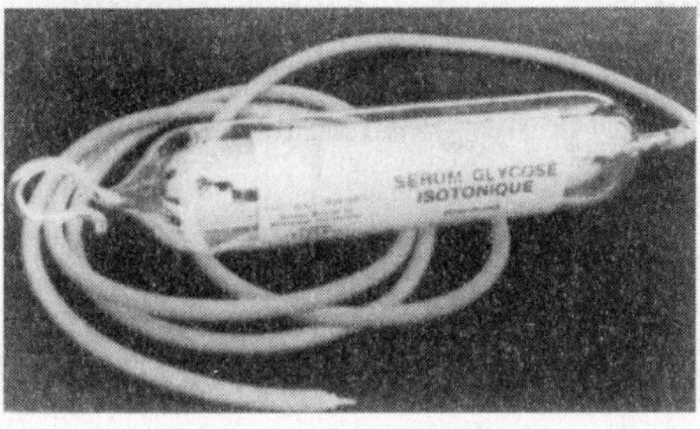

Glikoze ampulü[76]

Saat: 09.00

Dolmabahçe Sarayı'nın çevresi insan seliydi... Herkes ağlıyordu. Her saniye radyo dinleyenler Allah'a dua ediyordu. Sayesinde küllerinden yeniden doğan bir ulusun gözyaşları sel olmuş Boğaz'ın sularına karışıyordu.

Doktor Mehmet Kâmil Berk başucundaydı. Islak pamukla ağzına su vermeye çalışıyor, bir yandan gözyaşlarını siliyordu.

76. Son koma sırasında, ölümünden üç buçuk saat önce damardan zerk edilen serum glikoze ampulü. Bu boş ampul şimdi İÜ Tıp Fakültesi Tıp Tarihi ve Deontoloji Anabilim Dalı'na bağlı Tıp Tarihi Müzesi'ndedir.

Daha fazla dayanamadı, başını Prof. Mim Kemal Öke'nin omzuna dayayıp, bir çocuk gibi hıçkırıklara boğuldu...

Prof. Süreyya Hidayet Serter ile Dr. Abravaya Marmaralı taban reflekslerini kontrol ederken üzgündü...

Prof. Akil Muhtar Özden odanın bir köşesinde sürekli, "Aman ya Rabbi! Aman ya Rabbi!" diye iç çekiyordu...

Muhafız Komutanı İsmail Hakkı Tekçe ve Genel Sekreteri Hasan Rıza Bey donakalmıştı. Gözlerini Atatürk'ün yüzüyle buluşturmuş, eskilere dalmışlardı...

Hastalığı boyunca yanlarından hiç ayrılmayan, bu nedenle, doktorların tüm ısrarına rağmen, "Bana benim çocuklarım bakar..." dediği can yoldaşları berberleri Mehmet Tanrıkut Mete, Rıdvan Gurari ve hizmetlileri Rıza Tığlı ile Binbir Hanım bir kenara büzüşmüş gözyaşlarına hâkim olamıyordu...

Kılıç Ali ellerini kavuşturmuş, son saygı duruşundaydı...

Hasan Rıza Soyak Bey dayanamadı, Kılıç Ali Bey ile göz göze geldi:

"Kılıç bak, koca bir tarih göçüyor" diyebildi.

Saat tam 9'u 5 geçiyordu.

Birdenbire gök mavisi gözlerini açtı ve sonrasında sert bir hareketle başını sağa çevirdi.

Gözyaşları odada sel olup akıverirken Hasan Rıza Bey diz çöküp Atatürk'ün sağ elini avuçlarının içine alarak öptü ve yüzüne sürdü. Kendisini İsmail Hakkı Tekçe takip etti; aynı eli öptü, yorganın altına koydu...

Kız kardeşi Makbule ve manevi kızları Afet ile Sabiha Hanım birbirlerine kenetlenmiş ağlıyor, bir yandan dua ediyordu...

Prof. Mim Kemal Öke, Atatürk'ün cansız bedenine yaklaştı, açık gözlerini avucunun içiyle kapattı...

Doktor Mehmet Kâmil Berk, "G.M.K." (Gazi Mustafa Kemal) markalı beyaz bir mendille çenesini bağladı.

Son nöbet defterine not düşüldü. Ölüm raporu yazıldı. Doktorlar imza attı:

"Reisicumhur Atatürk'ün umumi hallerindeki vahamet, dün gece saat 24'te neşir edilen tebliğden sonra her an artarak bugün, 10 ikinci Teşrin 1938 Perşembe sabahı saat dokuzu beş geçe Büyük Şefimiz derin koma içinde terk-i hayat etmişlerdir.

10 İkinci Teşrin 1938

Prof. Dr. Akil Muhtar Özden, Prof. Dr. Neşet Ömer İrdelp,

Prof. Dr. Nihat Reşat Belger, Prof. Dr. Abravaya Marmaralı,

Prof. Dr. Mustafa Hayrullah Diker, Prof. Dr. Süreyya Hidayet Serter,

Prof. Dr. Mehmed Kâmil Berk, Prof. Dr. Mim Kemal Öke,

Dr. Asım İsmail Arar, Dr. Hulusi Alataş."

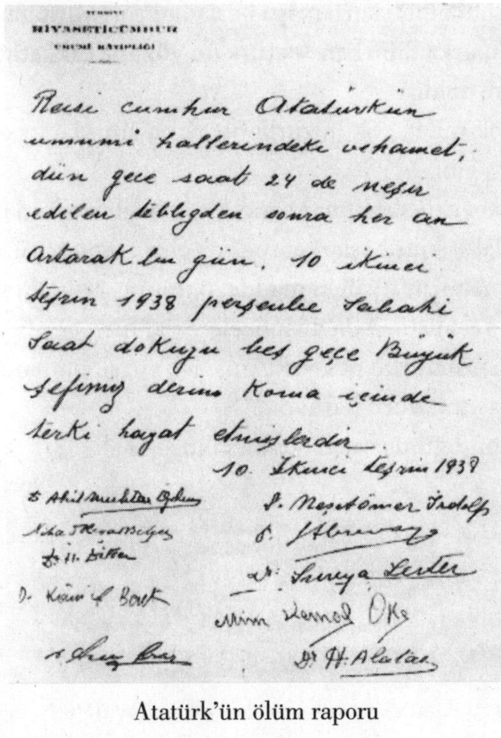
Reisi cumhur Atatürkün umumi hallerindeki vahamet, dün gece saat 24 de neşir edilen tebliğden sonra her an artarak bu gün, 10 ikinci teşrin 1938 perşembe sabahı saat dokuzu beş geçe Büyük şefimiz derin koma içinde terki hayat etmişlerdir.

10. İkinci teşrin 1938

Atatürk'ün ölüm raporu

Atatürk'ün el ve yüz maskı nasıl alındı?

Ölümünden bir saat önce doktorlar İstanbul Hıfzıssıhha Müzesi Müdürü Doktor Nuri Hakkı Aktansel'i saraya çağırmıştı. Atatürk'ün el ve yüz mulajını (balmumu, alçı gibi bir maddeyle kalıbını çıkarmak için yapılan işlem) alacaktı ama ter içinde kaldı, kendini fena hissetti. Doktorlardan biri "Ölü birken iki olacak, aman çıkarın şunu dışarı" deyince bu kez o görev berberi Mehmet Tanrıkut Mete'ye verildi. Yüzü hafif sakallıydı. Berber Mehmet de karşı çıktı. "Atatürk'ü hayatında her gün tıraş ettim ama kalbim buna tahammül etmez, tıraş edemem" diyerek bir köşeye çekildi.

Sağlık Bakanlığı müsteşarı Doktor Asım Arar, Atatürk'ün sağ elinin mulajının yapılması gerektiğini söyledi. İstanbul Hıfzıssıhha Müzesi Müdürü Doktor Nuri Hakkı Aktansel, yüzünün ve sağ elinin mulajını hazırlamaya başladı. Prof. Mustafa Hayrullah Diker yüz maskı alınırken Atatürk'ün yüzüne dikkatlice baktı ve düşüncelere daldı:

"(...) Çok rahat, çok huzurlu bir uyku anında, uyanacak, konuşacakmış gibi..."

Vefat haberini alır almaz saraya koşan silah arkadaşı Ali Fuat Erden mulaj işlemi başlarken odaya girdi. Atatürk'ün yüzünün kalıbını almak için sürülen madde, ölümün sarılığını silmiş, ona tunç rengi vermişti. O da düşüncelere daldı:

"Bu tunç Atatürk'e pek yakışmış. Ne güzel, ölmemiş gibi, yüzünde dehasının nuru parlıyor..."

Mask alındığında sakal delikli çıktı.

Atatürk'ün tahnitinde kullanılan aletler

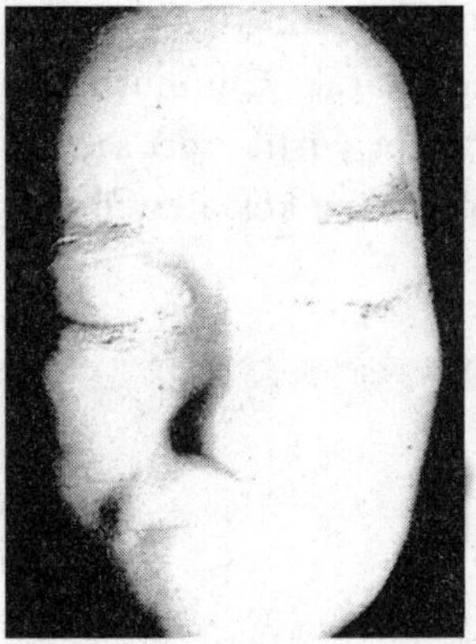
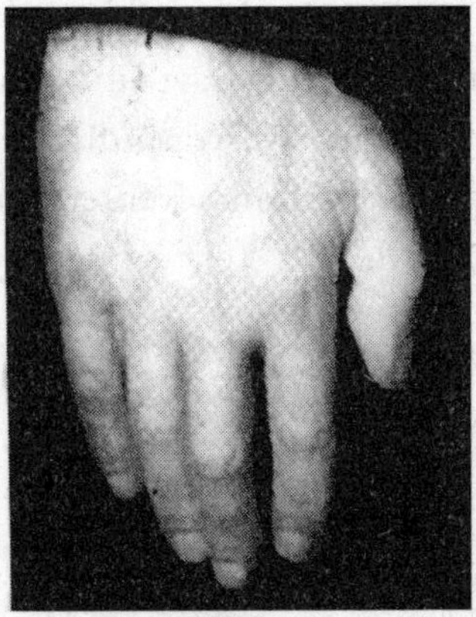

Atatürk'ün yüz maskı Atatürk'ün el mulajı

Ölüm raporunun düzenlenmesinden sonra Selimiye Askeri Hastanesi'nden gelen tabiplerin yardımıyla yıkanıp tahnit edilerek ilaçlandı, kefenlendi ve hazırlanan bir tabuta konuldu. Sofracıbaşı İbrahim Sabuncakis'ten getirdiği bir araba dolusu çiçekle etrafını ona layık olduğu şekilde donattı, ardından nöbet tutan teğmenlere eşlik etti.

Vefata ilişkin hükümet bildirisi radyodan okundu:

"(...) Ebedi Türk milleti, onun eserlerini ebediyete kadar yaşatacaktır. Türk gençliği, onun kıymetli emaneti olan Türkiye Cumhuriyeti'ni daima koruyacak ve onun izinde yürüyecektir. Kemal Atatürk, Türk'ün tarihinde ve gönlünde daima yaşayacaktır."

Acı haber duyulur duyulmaz, resmi dairelerdeki bayraklar yarıya indi. Daireler ve okullar tatil edildi. Sinema, tiyatro ve bütün eğlence yerleri mateme hürmeten kapılarını kapadı.

Büyük Millet Meclisi Başkanı Abdülhalik Renda Cumhurbaşkanlığı'na vekâlet etmeye başladı...

Atatürk'ün kütüphanecisi Nuri Ulusu, gözyaşları içinde Dolmabahçe Sarayı'nın çatısına çıkarak Cumhurbaşkanlığı Sancağı'nı yarıya indirirken,[146] tüm yurtta, sarı saçlı mavi gözlü devlerinin sevenlerinin yüreklerine kor ateşten mızrak saplandı...

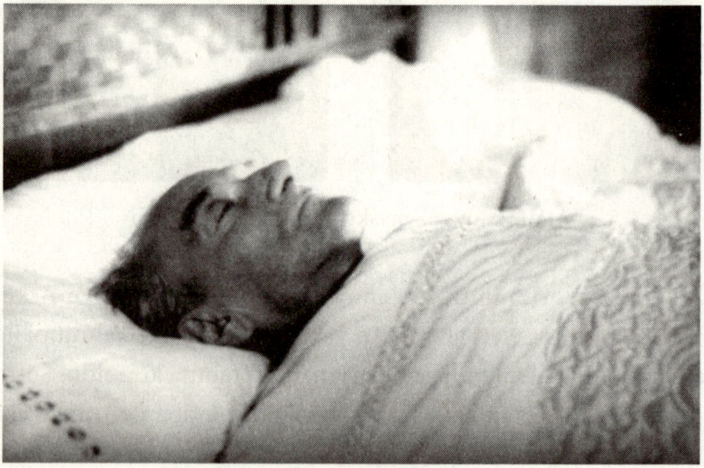

10 Kasım 1938 Perşembe

2. BÖLÜM

Vefat öncesi İçişleri Bakanı Şükrü Kaya'nın aldığı önlemler

İçişleri Bakanı Şükrü Kaya, Atatürk'ün el ve yüz mulajının alınmasının doğru olmadığını söylemişti. Bunu resmi bir yazıyla bildirdi. Ancak geç kalmıştı...

Hükümet Atatürk'ün ölümü sonrası gelişebilecek olaylardan endişe ediyordu. Aslında bu endişeyi, vefattan önce 17 Ekim 1938'de İçişleri Bakanı Şükrü Kaya, gazetecilerle yaptığı toplantıda dile getirmişti:

"Eğer emri hak vaki olursa tedbir almak lazım. Sizleri onun için çağırdım. Teessür tabii umumidir. Fakat memleketi yeise düşürmemeli. Teessür vesilesiyle nümayişler yapılmasına, toplantılara hatta camilerde mevlit okuma vesaire gibi hallere müsaade etmeyeceğiz. Çünkü iyi niyet ile başlayan bu nevi toplantıların dejenere olduğu görülmüştür."(147)

Yani Atatürk'ün ölümünden bir ay önce hükümet, ölüm sonrası gelişmelerle ilgili tedbirleri almıştı. Hükümet, kontrol edilemeyecek kalabalıklardan çekiniyordu. Hatta cenaze töreni ile ilgili hazırlıklar yapmaya bile başlamıştı. Henüz daha 10 Kasım 1938 tarihinde *Kurun* gazetesi, Atatürk'ün cenazesinin İstanbul'da halk tarafından üç gün boyunca ziyaret edileceğini, ardından cenazenin nakil töreni ile Ankara'ya götürüleceğini, Ankara'daki törenin on güne kadar yapılacağını yazmıştı. Gazete ayrıca, Dışişleri Bakanlığı Genel Sekreteri Numan Menemencioğlu başkanlığında iki komisyon kurulduğunu, komisyonlardan birinin protokol işleri ile meşgul olacağını belirtmişti...(148)

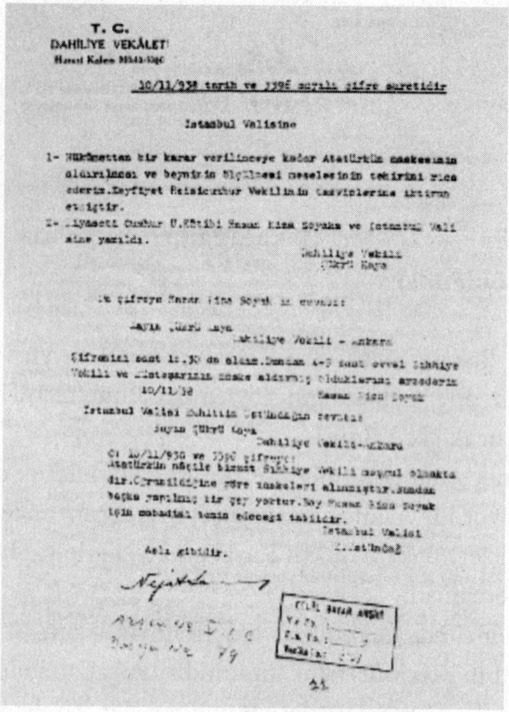

T. C.
DAHİLİYE VEKÂLETİ
Hususi Kalem [illegible]

10/11/938 tarih ve [illegible] sayılı şifre suretidir

İstanbul Valisine

1- Hükümetten bir karar verilinceye kadar Atatürkün maskesinin aldırılması ve beyninin ölçülmesi meselesinin tehirini rica ederim. Keyfiyet Reisicumhur Vekilinin tasviplerine iktiran etmiştir.
2- Riyaseti Cumhur U.Kâtibi Hasan Rıza Soyak'a ve İstanbul Valisine yazıldı.

Dahiliye Vekili
Şükrü Kaya

Bu şifreye Hasan Rıza Soyak'ın cevabı:

Sayın Şükrü Kaya
Dahiliye Vekili - Ankara

Şifrenizi saat 12.30 da aldım. Bundan 4-5 saat evvel Sıhhiye Vekili ve asistanlarının maske aldırmış olduklarını arzederim.
10/11/38 Hasan Rıza Soyak

İstanbul Valisi Muhittin Üstündağ'ın cevabı:

Sayın Şükrü Kaya
Dahiliye Vekili-Ankara

C: 10/11/938 ve [illegible] şifreye:
Atatürkün nâşı ile bizzat Sıhhiye Vekili meşgul olmaktadır. Öğrenildiğine göre maskeleri alınmıştır. Bundan başka yapılmış bir şey yoktur. Bay Hasan Rıza Soyak için mutadını temin edeceği tabiidir.

İstanbul Valisi
M. Üstündağ

Aslı gibidir.

21

Bakan Şükrü Kaya'nın Atatürk'ün mulajının alınmamasına dair tebliği ve aldığı yanıtlar

İsmet İnönü bir gün sonra cumhurbaşkanı seçilir

11 Kasım 1938
Saat: 09.30

CHP Parti Grubu, cumhurbaşkanı adayını belirlemek için toplandı. Başbakan Celal Bayar, kürsüde kısa bir konuşma yaptı:

"Bugünkü parti toplantımız cumhurreisi için namzet seçmek içindir. Herkes serbestçe istediği bir ismi namzet olarak yazsın. En çok rey alanlar saat 11.00'de yapılacak umumi heyet içtimaında namzet olarak gösterilecektir."

Toplantıya 323 milletvekili katıldı. Oylama gizli yapıldı. Oy verme işlemi bitti, sonuç açıklandı:[77]

"322 oy İsmet İnönü. 1 oy Celal Bayar."[(149)]

Cumhurbaşkanlığı seçimi için Büyük Millet Meclisi Genel Kurulu toplandı. Cumhurbaşkanı Vekili ve Meclis Başkanı Abdülhalik Renda, oturumu açtı. Atatürk'ün ölümüne ilişkin tezkere okundu. Atatürk için beş dakikalık saygı duruşunda bulunuldu. Ardından cumhurbaşkanlığı seçimi için oylamaya geçildi. Oylama sonucunu Meclis Başkanı açıkladı:

"Netice-i arayı arz ediyorum. Reisicumhurun intihabı için 348 arkadaş iştirak etmiştir. 348 reyle ve müttefikan Malatya Mebusu İsmet İnönü Reisicumhur intihap edilmiştir."[(150)]

Seçimin ardından İsmet İnönü, yemin etti ve Türkiye'nin ikinci cumhurbaşkanı oldu. Türkiye Cumhuriyeti kurucusunun ölümünün hemen ardından ciddi bir sınav vermiş, iktidar çatışması yaşanmadan 24 saat içinde yeni cumhurbaşkanını belirlemişti. Kurucusunu kaybeden Türkiye'de, herhangi bir otorite boşluğu olmadığı mesajı böylelikle verilmiş oldu.

Atatürk'ün tahnit işlemi

Ankara'da yeni seçilen cumhurbaşkanının sevinç ve telaşı varken, Dolmabahçe Sarayı cenaze töreni için hazırlanıyordu. Naaş işlemleri için, Atatürk'ün Müdavi ve Müşavir doktorları, Sağlık Bakanı Dr. Hulusi Alataş ve Sağlık Bakanlığı Müsteşarı Dr. Asım Arar Dolmabahçe Sarayı'na geldi. Naaş, ölüm saatinden 24 saat 10 dakika sonra muayene edildi, ölümün tüm belirtileri ile gerçekleştiğine karar verildi.[(151)]

Naaş gömme işlemi gerçekleşene kadar tahnit edilecekti. Tahniti, Gülhane Tıp Akademisi Patoloji Kürsüsü'nden Prof.

77. Hikmet Bayur, yıllar sonra Bayar'a çıkan oyu kendisinin verdiğini açıkladı.

Dr. Lütfi Aksu yaptı. Doktorlar, tahnit işlemi için bir rapor düzenledi. Tahnit işleminde naaşın iç organları çıkarılmadı, vücut bütünlüğü bozulmadı. Cesede hiç dokunulmadan, damarlara formal solüsyonu, asit fenik maddeleri enjekte edilerek tahnit yapıldı.[152]

Prof. Dr. Lütfi Aksu, kullandığı solüsyonu iki küçük şişeye doldurdu, ağzı lehimli şişelerin üzerlerine solüsyon karışımını yazdı. Solüsyon şişelerini, naaşın kolları arasına yerleştirdi.[153]

Tahnitten sonra vücut gazlı bantlarla sarıldı, sonra kefenlendi.

Naaş kahverengi bir muşamba ile sarıldı, kurşun tabut içine kondu ve etrafı ilaçlı talaşlarla doldurulup örtüldü. Kurşun tabut hava almayacak şekilde lehimlendi, sonrasında kurşun tabut, gül ağacından yapılmış başka bir tabutun içine kondu.[154]

Ankara'da düzenlenecek cenaze töreninin 21 Kasım 1938 günü yapılması kararlaştırıldı.

13 Kasım 1938

Bakanlar Kurulu, Cumhurbaşkanı İnönü'nün evinde toplandı. Karar alındı:

"(...) Atatürk'ün cenazesinin kendisine layık bir Anıtkabir yapılıncaya kadar Etnografya Müzesi'nde kalması..."[155]

Taksim Meydanı'nda düzenlenen mitingde, Atatürk'ü kaybetmenin verdiği üzüntüyü dile getiren konuşmalar yapıldı. Mitinge katılan on binlerce kişi Atatürk'ün kendilerine bıraktığı Türk inkılabını ve Türkiye Cumhuriyeti'ni kanları pahasına koruyacaklarına dair ant içti...[156]

Taksim Cumhuriyet Anıtı'na çelenk konuldu:

"İstanbul Atatürk Üniversitesi: Dünya ağlasın, yarattığı tarihe adımız böyle yazılsın."[157]

Abravaya Marmaralı: "(...) Ayağını öpmek için buraya geldim."

Hükümet, Atatürk'ün cenaze töreni için yapılacak harcama hakkında kanun tasarısını Türkiye Büyük Millet Meclisi'ne sundu. Kanun tasarısında hükümet, Atatürk'ün naaşının Ankara'ya nakli, Ankara'daki cenaze töreni, buraya gelecek olan askeri kıtaların nakli ve iskân masraflarının yanında, tören için ülkeye gelecek yabancı konukların misafir edilmeleri için yapılacak masraflar için Ziraat Bankası'ndan 500 bin liralık kredi açılmasını istiyordu. Kanun, 14 Kasım 1938'de kabul edildi.(158)

Kanun tasarısının görüşülmesi, 30 milletvekilinin söz alarak Atatürk'ün kaybından dolayı duydukları üzüntüyü dile getirmeleri için vesile oldu.(159)

Atatürk'ün doktorlarından Samoel Abravaya Marmaralı da kürsüde konuştu:

"Arkadaşlar, şimdiye kadar, son dakikaya kadar huzurunuza çıkmak şerefine mazhar olup da söz söyleyeceğimi katiyen bilmiyordum. Fakat son dakikada, kırılacak derecede çarpan kalbimin heyecanı beni buraya sevk etti. Buraya geldiğim dakikada dahi ne söyleyeceğimi bilmiyorum. Atatürk'ün büyüklüğü, Atatürk'ün dehası, Atatürk'ün eseri hakkında neler söylendi, neler yazıldı. Kütüphaneler dolusu kitaplar mevcut... Radyoda neler dinledik. Bunlara ilave edecek söz bulmak şimdilik benim için kabil değildir. Esasen maksadım bunlardan bahsetmek değildir. Gözümün önünde hazin ve elim tabloyu gördüğüm zaman elini, ayağını seve seve öptüm. Fakat bu dakikada o arzu yine bende uyandı ve huzurunuzda –huzurunuz diyorum, çünkü huzurunuz demek doğrudan doğruya Atatürk'ün huzur-u manevisi demektir– eğilmek ve milyonlarca defa elini, ayağını öpmek için buraya geldim. Sağ olsun Türk milleti."(160)

Sözlerini alkışlar ve bravo sesleri arasında tamamlayarak kürsüden indi.

Doktor Abravaya Marmaralı

İzdihamda 11 kişi öldü, 40 kişi yaralandı

Cumhuriyet Halk Partisi Genel Sekreterliği parti teşkilatlarına 15 Kasım 1938 günü bir genelge yayımladı. İçeriği 21 Kasım Pazartesi günü Ankara'da ve diğer illerde düzenlenecek cenaze törenleriydi...

Hükümetin kararnamesi, CHP Genel Sekreterliği'nin genelgesine göre daha kısaydı:

"(...) Tören günü tüm ülkede, resmi daireler ve okullar kapalı olacak, özel müesseselerin de kapanması için valilikler ricada bulunacak, sinema, tiyatro, bar gibi eğlence yerlerinin kapalı olmasına dikkat edilecek, devlet memurları 10 Aralık 1938'e kadar davet edildikleri akşam yemeklerine katılmayacak ve akşam yemeği de vermeyeceklerdir."(161)

16 Kasım 1938

Sabah 10.00'da katafalk ziyareti başladı. Birinci Ordu Müfettişi Orgeneral Fahrettin Altay ve askeri erkân ilk ziyareti gerçekleştirdi.(162)

10.15'te sivil erkân, 10.30'da üniversite heyeti, onları subaylar, askeri öğrenciler, Cumhuriyet Halk Partisi ve Halkevleri yetkilileri ve izciler takip etti.(163)

Saat 12.00'den sonra İstanbul halkının ziyareti başladı. Her kesimden insan bulunmaktaydı. Ziyaretçilerden biri de Afganistan'ın Eski Kralı Amanullah Han'dı. O da diğer insanlar gibi ağlıyordu.(164)

Türkiye ağlıyordu...

Akşama doğru Dolmabahçe Sarayı'ndaki yoğunluk daha da arttı. *Cumhuriyet* gazetesi, ilk gün sarayın kapısının kapandığı saat 24.00'e kadar ziyaret eden insan sayısını 150.000 olarak açıklayacaktı.(165)

Yaşanan izdihamdan dolayı 11 kişi ezilerek öldü. 40'tan fazla kişi yaralandı...

17 Kasım 1938 gecesi, Atatürk'ü ziyaret için gelen ve izdihamdan hayatını kaybeden insanlar, farklı etnik kimliklere sahip Türk vatandaşları idi. Her yaştan, her kesimden insan, bu ortak üzüntüyü paylaşıyordu.

Gazeteler ölenlerin isimlerini yayımladı:

"1. Deniz Yolları İşletmesi Müdürü Raufi Manyas'ın kızı Bilun (16 yaşında)

2. İstiklal Caddesi 236 numarada oturan Anna (58 yaşında)

3. İstiklal Caddesi'nde Yıldırım Apartmanı'nda oturan Bayan Roya Koşnir

4. Roya Koşnir'in kızı Bela Koşnir

5. Bakırköy'den Aşçı Hatice (55 yaşında)

6. Kurtuluş'tan Sütçü Diyamendi (40 yaşında)

7. Topkapı Arpaemini Yokuşu Sokağı'nda oturan Abdülhamit (50 yaşında)

8. Aksaray'da Laleli Caddesi'nde oturan Bayan Kevser Mehmet (35 yaşında)

9. Tarlabaşı 19 Numara'da oturan Satenik Ohannes (35 yaşında)

10. Saint Benoit Lisesi öğrencisi Paul Kuto (15 yaşında)

11. Beyoğlu Lüksemburg Oteli'nde kalan Belçikalı Leon."[166]

Savcılık soruşturmasında, 100'den fazla kişinin ifadesi alındı. Adli tıp doktoru Enver Karan otopsi raporunda, ölümlerin solunum yetmezliğinden kaynaklandığını bildirdi. Soruşturma raporunda, tramvayların işlemesinin engellenmemesinin ve saraya girenlerin çıktıktan sonra caddeyi dolaşıp girmek için bekleyenlerin arasına karışmalarının halkın yoğun akınının artmasına neden olduğu, bu kalabalığa rağmen güvenlik güçlerinin kordon düzenlemesi yapmadıkları belirtiliyordu.

Savcılık soruşturmasında, sarayın saat kulesi tarafında bulunan kapının kapatıldıktan sonra tekrar açılmasının halkın şiddetli ve yoğun bir akınına neden olduğu, bu akının izdihama yol açtığı bildiriliyordu.

Başka bir iddiaya göre, kalabalığı dağıtma emri alan atlı polislerin hareketi, izdihama yol açmıştı. Savcılık, izdihamın düzeni sağlamakla görevli memurların kusurundan kaynaklandığını açıkladı. Mevzuata göre, memurların yargılanabilmesi için idarenin izni gerekiyordu. Savcılık tamamladığı soruşturma dosyasını, idari makamlara gönderdi.

Atatürk'ün kız kardeşi: "Bayar, cenaze namazı kılınmayacakmış!"

18 Kasım günü Dolmabahçe Sarayı'na gelen Başbakan Celal Bayar'ı, cenaze namazı konusunu görüşmek için bekleyen yalnızca Orgeneral Fahrettin Altay değildi. Atatürk'ün kız kardeşi Makbule Atadan da oradaydı. Bir ara hole çıktı. Yüksek

sesle, "Bayar, cenaze namazı kılınmayacakmış!" diye ağlamaya başladı.

Celal Bayar herkesin duyacağı şekilde sesini yükseltti:

"Atatürk'ün cenaze namazı kılınacaktır. Ananelerimiz, âdetlerimiz neyse sonuna kadar yerine getirilecektir. Müsterih olun, rahat edin, üzülmenize hiçbir sebep yoktur!"(167)

Cenaze namazının bir camide kılınmasının, güvenlik endişesine neden olacağı sanılıyordu. Bu nedenle, cenaze namazının cami yerine Dolmabahçe Sarayı'nın Merasim Salonu'nda kılınmasına karar verildi...

Tek neden bu değildi. Gazeteci Asım Us sonraki yıllarda tarihe not düşecek görüşünü açıkladı:

"Atatürk din hususunda (laik) idi, yani devlet işleri ile din ve vicdan işlerini tamamıyla birbirinden ayırmıştı. Atatürk (laik) olduğu için cenaze namazını da, resmi merasim dışında olarak kendi ailesi kıldıracaktır. Hükümet'in bu husus ile alakası bulunmayacaktır."(168)

Anadolu Ajansı, 19 Kasım 1938 günlü bülteninde cenaze namazının "Atatürk'ün ailesinin talebi ile kılındığını" belirtmeye ihtiyaç duydu.

Aynı gün saat 08.10'da, salonun ortasındaki büyük avizenin altına konmuş iki masa üzerine tabut yerleştirildi ve cenaze namazına başlandı. İmamlık görevini Şerafettin Yaltkaya, müezzinlikleri de Hafız Yaşar ve Hafız İsmail yaptı. Tekbir, Türkçe verildi...(169)

Cenaze namazının kılınmasından sonra naaşın bulunduğu tabut, 19 Kasım 1938 günü 08.21'de, Dolmabahçe'den çıkarılarak top arabasına konuldu. Resmi nakil törenini oluşturan cenaze korteji saat 08.59'da hareket etti. Atatürk çok sevdiği Ankara'sına doğru yola çıkarıldı...

İstanbul'un nüfusu 940 bin idi. İstanbul'daki cenaze törenine katılanların sayısı 600 bin kişiye yakındı.

Atatürk'e otopsi yapıldı iddiası

21 Kasım 1938

Atatürk'ün naaşı Ankara'ya götürülürken geçtiği her kentte, her nahiyede gözyaşları sel oluyordu. Altı kameraman o yüce yolculuğu sinemalarda gösterilmek üzere saniye saniye kaydediyordu...

Vefattan önce Atatürk'ün felç olduğu ve öldükten sonra da otopsisi yapıldığı iddiaları ortaya atılmıştı...

Akşam gazetesinde, Atatürk'ün doktorlarından Hayrullah Diker ile yapılan bir röportaja yer verildi. Röportajı yapan, Nizamettin Nazif Tepedelenlioğlu'ydu. Atatürk'ün ölümünün ardından Dolmabahçe Sarayı'nın yaver odasında Adli Tıp Uzmanı Prof. Hayrullah Diker ile karşılaştığını ve orada edindiği izlenimlerini kaleme almıştı:

O sırada odaya Prof. Neşet Ömer Bey girdi. Doktor Hayrullah bana yarıda kalmış bir sözü tamamlıyormuş zannını veren bir tavırla:

- O gazete bu haberi nasıl uydurabilmiş? dedi. Atatürk'ün son günlerde sağ elini oynatamadığı iddiası sadece ayıp ve yalandır. Ne demek? Felç mi gelmiş sağ eline ki bu el oynatılamamış?

Başyaver Celal mağmum (üzgün, tasalı) bir ses tonuyla teyit etti:

- Ben pazartesi günü akşamı (7 Kasım) yanına girdiğim zaman, kapının önünde durmuştum. Kolunu uzattı, işaret etti, yatağa yaklaştım. Sonra salı akşamı Hasan Rıza (Soyak) odaya girmişti.

Prof. Neşet Ömer sözünü kesti:

- Ben de oradaydım.

- Evet... Siz de orada idiniz... Hasan Rıza, "Buz vereyim mi efendim?" dediği zaman cevabı, "Evet veriniz" olmuştu ve Hasan

Rıza buz verdikten sonra, "İyi geliyor mu efendim?" derken, kolunu yine oynatmış ve "Pek iyi" demişti, çok iyi dikkat ettim.

Odada bir an sükût oldu. Bundan istifade ederek bir merakımı tatmin etmek istedim. Adli tıp üstadı Hayrullah'a sordum:

– Fethi meyyit (otopsi) yapıldı mı?

Hepsi hayretle yüzüme baktılar. Doktor böyle bir suale muhatap olmaktan azap duyduğunu ihsas eder bir sesle mukabele etti:

– Fethi meyyit mi? Böyle bir şey düşünmedik bile.

Başyaver:

– Dünyanın en salahiyettar (yetkili) tıp üstatları tarafından o kadar dikkatle muayene edilmiş ki bilinmeyen tarafı kalmamıştı, dedi. Fethi meyyit neyi öğretecek?

– Pilsudskiye.[78]

– Sonra naaş tahnit edildiğine göre...

Profesör Hayrullah, çok insani bir saygı içindeydi. Gözlerini kaldırarak:

– Bu haber doğru değil... dedi. Naaş tahnit edilmedi. Biz, buradaki bütün tedbirler Ata'nın kalbini ve beynini saklamak cihetini aklımıza bile getirmedik. Bu cesedi profane (kutsiyetine saygısızlık etme) etmek olurdu. Böyle bir şeye cüret edemezdik. Profane etmekten çekindik, bütün arzumuza rağmen öpmedik bile.

Bunun üzerine diğer bir tarihi noktayı tespit etmek istedim. Profesör Neşet Ömer'den şu sualime cevap vermesini rica ettim:

– Hastalık ne zaman meydana çıktı?

Profesör sualimi cevapsız bırakmadı. Büyük bir nezaketle:

– Son Bursa seyahatinden ve Yalova'ya gelmeden önce.

– Bursa'da iken Atatürk rahatsız mıydı?

– Maalesef... Evet.

– Bu hastalık tedavi edilebilir mi?

– Maalesef, hayır.

---

78. 12 Mayıs 1935'te ölen Polonya Devlet Başkanı Józef Klemens Piłsudski'ye de bunu yaptılar.

– Bu hastalığa karşı, bir bünyenin azami ne kadar tahammülü olabilir?

– Nihayet bir yıl; fakat böylesi milyonda birdir.

– Atatürk ne kadar tahammül edebildi?

– On bir ay... Kendilerine tıbbın imkânları ile azami surette aczi müsellemdir (karşı çıkılamayan).

Oda gene sükûta gömüldü. Salona çıktım. Atatürk'ün yatağı yanından dokuz ay ayrılmayan Mehmet ile (berberi Mehmet Tanrıkut Mete) karşılaştım. Ata'nın son dokuz ayından bana şu sahneyi anlattı:

– On beşinci yıl şenlikleri yapılırken çok takatsizdi. Dışarıdan patlatılan mehtab (maytap) seslerini işitti:

– "Bu ne Mehmet?" dedi. Ben sustum, Rıdvan (2. berberi) cevap verdi. "Gök gürlüyor galiba Atam" diyecek oldu.

Güldü. "Çocuk mu kandırıyorsun?" dedi. "Mehtab yakılıyor. Şenlik var."

Yüzünde nurani bir hal vardı. Bu sırada sarayın önüne bir vapur geldi, İstiklal Marşı çalmıştı, bir iki saniye kadar gözlerini kapadı, dinledi, sonra gülümseyerek gözlerini açtı:

"Seviniyorlar..." dedi. "Sevinecekler tabii. Sevinmekte haklıdırlar. On beş yıl Cumhuriyet... Bu sevinilecek neticedir."

Ona sordum:

– En son ne zaman gazete okudu?

– Salı günü.

– Siz mi okudunuz? Kendisi mi okurdu?

– Hayır. Bizzat kendisi alır, göz gezdirirdi.

Ve birden benim devamlı tecessüsüme (içyüzünü araştırmak) isyan etti:

– Yoksa siz yanlış mı düşünüyorsunuz? O son dakikasına kadar hafızasını ve zekâsını muhafaza etti, okudu. On beşinci yıl için yazdırdığı nutkunu tashih etti. Ölümünden bir gün evveline kadar günde iki defa muntazaman tıraş oldu. Titizliğinden, temizliğinden zerre kaybetmedi. Ölümü hiç hatırına getirmedi. İyileşeceğim, iyi olacağım demekte ısrar etti durdu.

Gazeteci Tepedelenlioğlu'nun röportajının hemen altında yine Atatürk'ün hastalık nedeni ile ilgili bir paragraf göze çarpıyordu:

"Münih'te çıkan *Völkischer Beobachter* gazetesi, Atatürk'ün ölümü münasebetiyle yazdığı bir makalede, Atatürk'ün büyüklüğünden, yaptığı inkılaplardan bahsederken hastalığına da temas etmektedir. Bu gazete diyor ki:

– Fransız doktoru Fissenger ile Viyanalı Profesör Eppinger ve Berlin'den Profesör Bergman konsültasyona çağrılmışlardı. Hasta demir gibi kuvvetli naturası ve kırılmak bilmeyen yaşamak azmi ile krizlere mukavemet etti ve günün hadiseleriyle alakadar oldu. Fakat maatteessüf hastalık ilerlemekte devam etti."

O paragrafın hemen altında ise dört satırlık bir haber "Fransız Hastanesi'nin kalorifer bacası tutuştu" başlığıyla yer alıyordu:

"Evvelki gece Taksim'de Fransız Hastanesi'nin kalorifer bacası tutuşmuş ise de çabuk görülerek derhal söndürülmüştür."(170)

21 Teşrinisani 1938 AKŞAM

Profesör Hayrullah diyor ki:

"Naaş tahnit edilmedi, kudsiyetini ihlâl etmekten çekindik,,

Hastalık ne zaman meydana çıktı?
Avrupadan getirtilen profesörler

Atatürk son gününe kadar titizliğinde, temizliğinden zerre kaybetmedi, gazeteleri muntazaman okurdu

Arkadaşımız Nizameddin Nazif, Atatürk'ün mübarek naaşlarının Dolmabahçe sarayındaki son gecesine ait bazı hatıralarını Tan'da yazıyor, diyor ki:

Başyaverin odasındayım. Burada asil tıb üstadlarından profesör Hayrullah da vardı. Bir dakika sonra

Akşam gazetesi, 21 Kasım 1938

***Neue Zürcher Zeitung*: "Atatürk'ün cenaze töreni, onun son zaferi oldu."**

Cenaze namazının kılınmasından sonra naaşın bulunduğu tabut, 19 Kasım 1938 günü 08.21'de, Dolmabahçe'den çıkarılarak top arabasına konuldu. Resmi nakil törenini oluşturan cenaze korteji saat 08.59'da hareket etti. Kortej, tramvay yolunu takiben Tophane, Karaköy, köprü yolu ile Eminönü Meydanı, Bahçekapı, Sirkeci ve Salkımsöğüt üzerinden Gülhane Parkı ve park içindeki yolu takiben Sarayburnu'na 12.26'da ulaştı.

Atatürk'ün cenazesinin geçeceği yolları İstanbullular doldurmuştu. Sadece yollar değil, Marmara Denizi'nde de cenaze alayını izlemek için kayıklar ve motorlardaki insanlar vardı. Gazetelere göre, Atatürk'ün top arabasındaki tabutunu gören halk gözyaşlarına boğuldu. Pek çok insan feryat ederken, pek çoğu da bayılmaktaydı.

Dolmabahçe'den Sarayburnu'na kadar bütün caddeler, caddelere inen bütün yollar, yamaçlar, binalar, damalar, cami kubbeleri, minareler insanlarla doluydu. *Ulus* gazetesi, güvenlik endişesi nedeniyle geceden itibaren tüm vapur seferleri kaldırılmış, tramvaylar durdurulmuş olmasına rağmen saat 07.00'den itibaren güzergâhı görebilecek her noktanın insanlarla dolduğunu belirtmektedir.

Camilerin minarelerine çıkanların içinde gazeteci Zekeriya Sertel de vardı. Sertel, anılarında o günü, şöyle anlatıyordu:

> *"Cenazenin kaldırılacağı gün, bütün şehir halkı erkenden sokaklara dökülmüştü. Dolmabahçe'den Sultanahmet'e giden yol daha sabahtan Atatürk'e son saygı ödevini yapmak isteyen insanlarla dolmuştu. Eşimle ben cenaze alayını daha iyi görebilmek için Yeni Cami minarelerinden birinin birinci şerefesine çıkmıştık. Karaköy'e kadar her yer insanla doluydu. Nihayet*

köprünün Karaköy ucundan cenaze alayı göründü. En önde elinde siyah şapkasıyla başı açık yürüyen Celal Bayar, arkasından top arabasında Atatürk'ün tabutu. Arkasından tekbir sesleri, matem havası çalan askeri muzika. Ve sonra gençler, öğrenciler ve bir karabulut yığını halk yığınları... Aşağıdan ilahi sesleri ve hıçkırıklar yükseliyordu."[171]

Cenaze törenini izleyenler içinde yazar Reşat Nuri Güntekin de vardı. Reşat Nuri Güntekin, kortejde yer alan Başbakan Celal Bayar'ın ağladığını yazmaktadır: "Alay'ı Fındıklı taraflarında bir sokak ağzından, kucaklarına çocuklarını yüklenmiş yoksul kıyafetli birkaç kadın ve erkek, konuşmalarından Ata'nın eski silah arkadaşları olduklarını anladığım iki yaşlı gazi ve temiz elbiseleri olmadığı için okullarının taburuna girememiş dört beş çocukla beraber seyrediyordum. Top arabasını takip eden kesif guruplar arasındaki yedişer sekizer metrelik muntazam boşluklardan birinin ortasında bir aralık tek bir insan görüldü. Üzerinde herhalde resmi kıyafet, frak ve silindir bulunması lazımdı. Fakat nedense bu fark edilmiyor. O Cihangir ve Fındıklı tepelerinden inen dizi dizi sokakları doldurmuş kalabalıkların içinden, dalgınlıkla bu boşluğa yürüyüvermiş rasgele bir insana benziyordu. Gözlüklerinin içi yaşla dolmuştu. Vücudu hafifçe öne eğilmiş, çehresi yorgun yavaş yavaş ağlayarak yürüyordu. Bu Başvekilimiz Celal Bayar'dı."

Kortej, Tophane ve Fındıklı arasından geçerken feryat ve çığlık seslerinin çok artmasından dolayı kortejin güvenliğinden sorumlu Fahrettin Altay, tabutu taşıyan top arabasını geçici süre durdurma gereğini hissetti. Cenaze kortejinin geçeceği yolları gören binalarda pencereler, cenaze kortejini izlemek isteyenlere kiraya verildi.[172]

Cenaze kortejinin geçtiği sırada kalabalık ve izdihamdan bazı olaylar da oldu. Boğazkesen Caddesi'nden taşan ve cenaze kortejinin geçeceği caddeyi kaplayan halkı durdurabilmek için polis itfaiyeden yardım istemiş, su sıkarak caddeyi kaplayan kalabalığı dağıtmıştı.

Gülhane Parkı'nın kapısında ise naaşın Sarayburnu'nda *Zafer* torpidosuna naklini görmek isteyenler akın etti. Yer darlığı yüzünden oluşan izdihamı engellemek için ordu mensupları kalabalığı geri itmek için silah dipçiklerini kullandılar. İngiliz Büyükelçiliği'nin raporuna göre, olay sırasında pek çok kişi yaralandı ancak dönemin Türk basınında bu haber yayımlanmadı.

Ama daha vahimi cenaze kortejini izleyenlerin doldurduğu bir bina çöktü. Eminönü'nde eski bir binanın çökmesiyle 14 kişi yaralandı.

İstanbul'daki cenaze törenine katılanların sayısının bir gazete 600.000 kişi olduğunu iddia etmektedir. Bu rakam, o yıllarda tahmini İstanbul nüfusuna yaklaşmaktadır. Törene katılanların sayısının tam olarak bilinmesi mümkün değildir ancak kesin olan 19 Kasım 1938, İstanbul'un tarihi günlerinden birisi olmuştur.

21 Kasım 1938'de, Atatürk'ün tabutunun Etnografya Müzesi'ne konulduğu resmi devlet töreni düzenlendi

Cenaze töreni için çeşitli tedbirler alındı. Yalnızca törene davetlileri taşıyacak resmi görevli araçların trafiğe çıkmasına izin verildi. Halka Gençlik Parkı alanından töreni izleyebilmelerine müsaade edildi. Saat 08.00'den sonra otobüs seferleri kaldırıldı.

Saat 09.42'de Atatürk'ün tabutu, 12 milletvekili tarafından katafalktan alınarak top arabasına yerleştirildi. Saat 10.07'de, Türk ve yabancı askeri birlikler top arabasının önünde saygı geçidi yaptılar. İlkönce mızraklı süvariler geçtiler, geçiş sırasında subaylar kılıçlarıyla tabutu selamlarken, erler mızraklarını aşağıya doğru çevirmiş ve başlarını tabuta doğru dönmüşlerdi. Onları sancaklarıyla topçular, muhafız alayı ve Harbiyeliler takip etti. Toplam dokuz ülke, cenaze törenine askeri birlikleri ile katıldı. Türk askeri birliklerinin ardından Almanya, Bulgaristan,

Fransa, İngiltere, İran, Romanya, Sovyetler Birliği Yugoslavya ve Yunanistan, askeri onur kıtaları bayrakları ve kılıçlarıyla Atatürk'ü selamladılar.

Askeri birliklerin dışında on yedi devletin başkanları tarafından özel temsilciler gönderildi. Diğer ülkeleri büyükelçileri temsil etti.

Nazi Almanyası'nı Baron Von Neurath, İngiltere'yi Lort Birdwood, Fransa'yı İçişleri Bakanı Albert Sarruat, İtalya'yı Baron Aloizi, Sovyetler Birliği'ni General Potemkin, Yugoslavya'yı Savunma Bakanı Nedic, Yunanistan'ı ise Başbakan Metaksas temsil ediyordu.

Cenaze törenine katılan ülkelerden bir kısmı ile Türkiye daha on beş yıl önce savaştan çıkmıştı. Dahası cenaze törenine katılan ülkeler, bir yıl sonra başlayacak olan İkinci Dünya Savaşı'nda düşman saflarda yer alacaklardı. Atatürk'ün cenaze töreni, farklı kamplarda yer alan ülkeleri bir araya getiren bir zemin oldu. *Neue Zürcher Zeitung* adlı İsviçre gazetesi, cenaze töreninde ortaya çıkan tabloyu şu şekilde tasvir etti: "Atatürk'ün cenaze töreni, onun son zaferi oldu. Tabutunun önünde karşıtlarının hepsi sessiz kaldı. Türk ve Alman askerleri, tabutunun arkasında bir sırada yürüdüler; bir diğer sırada Stalin ve Hitler'in temsilcileri yan yanaydılar; hem Valencia hem de General Franco çiçek yollamışlardı. Tabutun önünde Faşistler, Demokratlar ve Komünistler eğildiler."(173)

Siyonist lider Haim Weizmann-Celal Bayar buluşması

Haim Weizmann'ın hayali nihayet gerçekleşmişti. Takvimler 27 Kasım 1938'i gösterirken eşiyle birlikte İstanbul'a ulaştı. Amacı Siyonizm davası içindi. Kendilerini kısa boylu, geniş omuzlu, kızılımtırak bıyıklı, melon şapkalı Avrupalı bir Levanten kırmasını andıran Dişçi Sami Günzberg ve birkaç Yahudi profesör karşıladı.

Öğle yemeği Günzberg'in, akşam yemeği Prof. Schwartz'ın evinde yenildi. Ertesi gün Weizmann ve Sami Günzberg'in eşleri Ayasofya'yı ziyaret etti. Vera Weizmann ve beraberindekileri altı hafiye takip ediyordu...

Ertesi gün Ankara'ya geçildi. Başbakan Celal Bayar ile görüştü. Toplantılara Dişçi Sami Günzberg, Prof. Schwartz ve Moşe Sertok da katıldı. Türk yetkililer kendisine tek bir bakış açısıyla yaklaştı: "Yahudilerin Türkiye'ye altın cinsinden kredi bulmakta yardımcı olup olamayacaklarını bilmek istiyorlardı..."

Weizmann toplantıya katılmadan önce İngiliz Büyükelçisi Percy Lorraine ile görüşmüştü. Elçi kendisine Türkiye'nin acil ihtiyaçları için yarım milyon altın sterline ihtiyaçları olduğunu söylemişti. Weizmann bu tutarı çok az bularak şaşırdı. İngilizlerin bu parayı hemen bulabileceklerini düşündü. İsrail Devleti'nin kurulması için o tutar hiç de büyük değildi. Sami Günzberg, Weizmann'a İsrail'de kurulması planlanan devletten Türk yetkililere bahsetmemesini, önce kredi konusunun konuşulup halledilmesini tavsiye etti.

Toplantı bitti. Haim Weizmann Türk yetkililere, İngiliz uyruklu olduğunu, Türkiye'ye finansal yardımda bulunmak istediğini, kendisinin politikacı değil sadece kimyager olduğunu ve bu konularda bizzat yardımcı olabileceğini anlattı. Celal Bayar'ın yüzü asıldı. Daha somut bir teklifle gelmesi gerektiğinin altını çizdi, ardından da, "Programımızı hazırladık ve ihtiyacımız olan bütün parayı ayarladık. Ancak, tarımsal kalkınma tasarıları ve ayrıca komşu ülkelerden gelen 200 bin kadar Türk göçmenin iskân edilmesi için paraya ihtiyacımız var. Bu amaçla, bir miktar paraya ihtiyaç duyuyoruz" dedi. Weizmann'ın yanıtı, "Bu konuyu ciddiyetle ele almak isterim ve yerine getiremeyeceğim bir şey söylemek istemem. Dediğim gibi, Fransa ve İsviçre'de, on yıllık kalkınma planınıza somut biçimde yardım etmek isteyen bankacı dostlarım var, fakat paranın hangi maksatla kullanılacağını onlara söylemem gerekir" oldu.

Toplantı 1,5 saat sürdü. Veda vakti geldiğinde Celal Bayar Weizmann'a "Dostlarınızdan bana bir sual kâğıdı göndermelerini isteyebilirsiniz. Böylece onlara cevap verebilirim" dedi ve görüşmenin bir müddet özel kalmasını, bakanlarıyla görüştükten sonra kesin kararını vereceğini söyledi. Weizmann konuttan ayrılırken Sami Günzberg Celal Bayar ile baş başa kalarak durumu değerlendirdi...

Weizmann bir buçuk ay sonra Sami Günzberg'e mektup yazarak biri "Lazard Freres" olmak üzere iki finans kuruluşuyla görüştüğünü, bu kuruluşların tasarıyla ilgilendiklerini, yatırım projelerini yerinde incelemek üzere bir heyeti Türkiye'ye göndermek istediklerini fakat bunun resmi bir ziyaret olmaması gerektiğini söyledi.

Dişçi Sami Günzberg'den Cumhurbaşkanı İnönü'ye mektup

Siyonist lider Haim Weizmann ve Sami Günzberg Londra'da bir araya geldi. Konu Türkiye'ye verilmesi düşünülen krediydi. İngiliz Dışişleri Bakan Müsteşarı Sir Robert Vansittart de görüşmelerde yer aldı. Günzberg gelişmeleri Türk Dışişleri Bakanı Şükrü Saracoğlu'na aktardı. Bununla da yetinmedi. Gelişmelerin olumlu gerçekleştiğini belirten bir mektubu Cumhurbaşkanı İsmet İnönü'ye gönderdi:

"(...) Vatandaşlığı ile iftihar ettiğim memleketime ve Efendimiz Hazretleri'nin pek muhterem şahsınıza karşı olan bağlılık ve sadakatim malumu devletleridir. Yalnız bu itibarla ve ancak bir Türk vatandaşı sıfatı ile sureti hususiyede (özel olarak) Sir Robert ile makamında uzun uzadıya görüştüm...

(...) On beş seneden beri milli şeflerimizin idaresi altında Hükümeti Cumhuriyetimizin başardığını gördüğüm bütün işleri milli hissiyatımın üstünlük ve coşkunluğuna kapılarak açıkladım..."

Sami Günzberg o günün akşamı Cumhurbaşkanı İnönü tarafından Çankaya'ya kabul edildi. Weizmann'ın İngilizlerce takdir edildiğini anlattı. Londra Büyükelçisi Fethi Okyar'ın onay ve destek vermesi halinde bir finans kombinezonunun gerçekleşmesinin kolaylıkla sağlanacağını anlattı...

Günzberg'in Türkiye'ye kredi temin etmesi için Weizmann nezdinde sürdürdüğü ısrarlı çabalar 1939 yılı boyunca devam edecekti. İki kadim dost 1939 yılının Ağustos ayında Cenevre'de bir kez daha baş başa görüşecek, konu yine kredi olacak, ancak bu görüşmeden de bir sonuç çıkmayacaktı...(174)

Atatürk'e otopsi yapılmamasının nedeni

Prof. Neşet Ömer, Gazeteci Asım Us'a röportaj verdi:

"(...) Atatürk'ün hastalığı sene başında deklare oldu. On bir ay sürdü. Bu hastalığın deklare olduktan sonra müddeti, bir, nihayet iki senedir. Atatürk'e rakıyı bırakması için çok defa söyledim. Ara sıra bıraktığı olurdu. Fakat sadece mühim iş zamanlarında bırakırdı. Mesela Halife'yi memleketten çıkaracağı zaman hiç içmedi. Büyük nutku yazdığı zaman altı ay rakıyı terk etmişti. Öyle zamanlarda kendi kendine rakıyı terk ederdi. O zaman bana 'Sen rakı içme diyorsun. İşte içmiyorum' derdi. Bu sözü sadece beni memnun etmek için söylerdi.

Atatürk'ün hastalığı rakıdan mı idi? Bunu kati olarak kestirmek mümkün değildir. Vaktiyle sıtma da geçirmiş, dalağı büyümüştü. Ölümünden sonra otopsi yapılmasını hükümetin isteyip istemediğini sorduk. Hükümet istemez ise bizce de ihtiyaç yoktur, dedik. Hükümet de buna lüzum görmedi. Atatürk'ün şahsi kusurları olabilir. Fakat onun hakkında söylenecek hiçbir şey büyüklüğüne halel vermez. Benim kadar Atatürk'ü uzun zaman yakından observe eden yoktur. Notlarım var. Bunlardan bir gün hatıralarımı yazacağım. Atatürk'ü yirmi sene kadar, annesini de on sene tedavi altında bulundurdum."[175]

Sami Günzberg'in "Trakya Olayları" ile ilişkisi

Trakya, Balkan Savaşları ve Kurtuluş Savaşı sırasında işgale uğramış halen hassas bir durumdaydı. Mussolini'nin İtalya'nın işgal etmek istediği yerler arasında Türkiye'nin de olacağını ima etmesi Türkiye'yi telaşlandırmış ve özellikle de Trakya'yı önemli bir konuma getirmişti. 2510 sayılı İskân Kanunu'yla gerektiğinde Türkçe konuşmayan Türklere karşı tedbirlerin alınabileceği kabul edilmişti. Ermeni tehcirine maruz kalan Ermeniler ile 1923 Lozan Antlaşması uyarınca mübadele edilen Rumların bıraktığı ticari boşluk yerli Türkler yerine Trakya'daki Yahudiler tarafından doldurulmuştu. Türkiye'nin, Çanakkale ve İstanbul boğazlarını askeri bölge haline getirerek silahlandırması Sovyetler Birliği ve Balkan Devletleri tarafından kabul edilmişti ancak Hitler hain planlarını devreye soktu...

21 Haziran 1934 günü Çanakkale'de aşırı milliyetçiler Yahudilerin dükkân ve mağazalarına saldırmıştı. Olayların Çanakkale'de başlaması bir tesadüf değildi. Kent ticaretinin tamamına yakını Yahudilerin kontrolündeydi. Yahudi nefretini körükleyen yazılar tansiyonu yükseltti. "Vatandaş Türkçe Konuş!" kampanyaları kısa sürede Yahudi dükkânlarını yağmalamaya dönüştü. Olaylar neredeyse bütün Trakya'yı sardı. Yahudi vatandaşlar çareyi İstanbul'a kaçmakta buldu. Birçok Yahudi vatandaş da Filistin'e göç etti. Oysa Türkiye Yahudileri Türkiye Cumhuriyeti'nin eşit haklara sahip vatandaşlarıydı. Hükümet hemen devreye girdi, olaylar bastırıldı. Ancak çok insanın canı yandı...

Trakya olaylarının gerçek sebebi yıllar sonra ortaya çıkacaktı. Asıl sebep, Faşist Hitler ve Nazi Almanyası'ydı. Türkiye'de bulunan adamlarını maşa olarak kullanmış, olayları çığırından çıkararak yine ırkçı yüzünü göstermişti...

12 Nisan 1939

Emniyet Genel Müdürlüğü arşiv kayıtlarına bir belge eklendi. Belgedeki isim Atatürk'ün dişçisi Sami Günzberg'di. Belgeye göre, Nazi teşkilatının İstanbul'daki faaliyetini zor duruma sokmak için Alman Yahudileri tarafından mukabil bir teşkilat vücuda getirilmek istenildiği ve bu işin başında da Dişçi Sami Günzberg'in bulunduğu güvenilir bir kaynaktan haber alınmıştı.

Devlet arşivine giren bir başka resmi belge de, Sami Günzberg'in Union des Societes OSE'ye[79] 12 Temmuz 1934 tarihinde gönderdiği mektuptu. Mektupta, olayların "Alman propagandası" sonucunda meydana geldiği yazıyordu.[(176)]

Lili ve Sami Günzberg

79. 1923 yılında Paris'te, Prof. Albert Einstein'ın başkanlığında kurulmuştu. "Yahudi Halklarının Sağlığının Korunması" adı altında faaliyet gösteriyordu. Sami Günzberg'den işsiz olan özellikle Yahudi eczacıların Türkiye'de çalışması için aracılık etmesini istemişlerdi. Prof. Einstein konuyla ilgili resmi yazıyı Sami Bey aracılığıyla Başbakan İsmet (İnönü) Bey'e göndermiş (14 Kasım 1933) fakat kabul görmemişti.

Bulgar Kralı Boris, Hitler'in hedefinde

Atatürk'ün ölmeden önce söylediği gerçekleşmişti. Küresel para baronları ve tetikçileri Hitler, İkinci Dünya Savaşı'nı başlattı...

Alman kuvvetleri 2000'den fazla tank ve 1000 uçakla sınır boyunca Polonya savunmasını yararak büyük bir kuşatma ile Varşova'ya ilerledi.

İngiltere ile Fransa, Almanya'ya savaş ilan etti. Varşova 28 Eylül 1939'da Almanlara teslim oldu.

Savaş ilerledikçe, tutuklananların sayısı giderek arttı. Çoğu, mahkemeye çıkartılmadan doğrudan toplama kamplarına sürüldü.

Adolf Hitler, Nazilerin "yaşamaya layık" bulmadığı Almanların sistemli bir şekilde öldürülmesini kapsayan ötenazi programının başlatılması emrini verdi. Önce, hastanelerde doktorların ve personelin hastaları ihmal etmesi istendi. Bu şekilde hastalar açlıktan ve hastalıktan ölmeye başladı. Sonrasında özellikli doktorlar hastaneleri ziyaret ederek kimlerin öleceğini belirledi. Bu hastalar Büyük Almanya'daki çeşitli ötenazi ölüm merkezlerine gönderilerek, öldürücü iğnelerle ya da gaz odalarında öldürüldü.

Bilim insanları masum insanlar üzerinde deney yapmaya zorlanıyordu. Kabul etmeyenler hadım ediliyor, kemikleri kırılıyor ve o kemikler üzerinde araştırmalar yapılıyordu. Esirlerin çoğu, söz konusu ameliyatlarda hayatını kaybederken o muamele diğer esirlere izlettiriliyordu.

Paris, 14 Haziran 1940'ta Almanlara teslim oldu...

Alman güçleri Yugoslavya ve Yunanistan'ı işgal etti. Hitler adeta o iki ülkeden intikam alıyordu. Zira o iki ülke Atatürk hayattayken dostluk anlaşmaları imzalamış, kendisine karşı gelmişti. Hitler'in hedefinde Bulgar ve Yunan liderler vardı...

Hitler'in yanında yer alan İtalyan diktatör Mussolini, Bulgar Kralı Boris'e 17 Ekim 1940 günü bir mektup gönderdi, desteğini istedi.

"Çok kısa zaman içinde Yunanistan'ı işgal edeceğiz, bizim safımızda yer alın."

Kral Boris isteksizdi; zaman istedi. Mussolini dediğini yaptı. Ancak İtalya'nın kendisinin haberi olmadan Yunanistan'ı işgal etmeye çalışması Hitler'i küplere bindirdi.

Hitler Bulgar Kralı Boris ile arasını iyi tutmaya çalışıyor, kendi yanında olmasını istiyor, baharda Tuna Nehri'ni geçmeyi planlıyordu ve bu fikrini söyleyerek Bulgaristan'ı müttefik olmaya davet etti.

Hitler ikiyüzlü despot bir diktatördü. Rusya'nın Türkiye ile ortak hareket edeceğini düşünüyordu. Bulgaristan'ın savaşta yanında olmasını istiyordu.

Kral Boris, Almanya ile müttefik olmaktan kaçınıyordu. Hitler öfke kusuyordu; çılgına dönmüştü...[177]

İngiliz Hükümeti Bulgaristan'ın Almanya saflarına katılmasını kesinlikle istemiyor, ülkede yaşayan Yahudilerin can güvenliğinin sağlanmasını bekliyordu. Kral kaderini hangi ülke ile çizeceği konusunda kararsızlıklar yaşarken baskı altındaydı. İki seçeneği vardı. Ya Hitler'in yanında yer alacaktı ya da Rusya'nın...

Bulgar Kralı Boris

Kral Boris'in başbakanı Filov'dan şüphelenmesi

1941 yılına girilirken Kral Boris çaresizlik içindeydi. Dindar bir liderdi. Sıklıkla manastırlara gider, rahiplerle sohbet edip Tanrı'dan yardım beklerdi...

Hitler'den korkuyordu. Başbakanı Bogdan Filov dahil kimseye güveni kalmamıştı. Üstelik aldığı istihbaratlar bazı generallerin de Hitler'in safına çoktan geçtiğini haber veriyordu.

Başbakan Filov, Almanya'da Hitler'in Bavyera Alpleri'ndeki dinlenme evinde görüşmüş ülkesine dönecekti. Kral Boris kendisini sabırsızlıkla beklerken Filov, Prof. Hans Eppinger'i de ziyaret etti. Görüşme resmi kayıtlara geçmedi. Kendisiyle daha önceden tanışıyor muydu ya da bir rahatsızlığı olduğu için mi uğramıştı hiçbir zaman bilinmeyecekti. Takvim yaprakları 6 Ocak 1941 gününü gösteriyordu...

Başbakan Bogdan Filov Hitler ile yaptığı görüşmelerin raporunu henüz yazmamışken 7 Ocak günü kralın huzuruna çıktı. Filov, Hitler'in Bulgaristan'ın kesinlikle kendi yanında yer almasını istediğini söyledi. Hitler, Kral Boris'in kesinlikle üçlü ittifakta yer almasını istiyordu.

Kral, "Hayır hayır!" diye bağırdı. "Ben çekilmeyi tercih ederim! Ülke Bolşevikleşse bile kendimi Rusya'nın kollarına atmayı tercih ediyorum!"

Filov şaşkına dönmüştü. Boris'in sakinleşmesi uzun zaman aldı. Filov'un tercihi Hitler'den yanaydı. Kral Boris Filov'un Hitler ile görüştükten sonra birden onun yanında yer almak istemesinden şüphelenmişti. Oysa Hitler ile görüşmeye gitmeden önce kendisinin fikirlerini benimsemediğini biliyordu. Filov Hitler'den yana ısrarcı olunca kralın şüpheleri iyice arttı. Kızgınca, gözlerinin içine baktı; sesini yükseltti:

"Ben asker değilim. Ama askeri bir aileden geliyorum. Hiç teslim olmadım. Hep savaştım ve hep başardım. Ve tekrar başaracağıma inanıyorum! Başarısız olmamız gerekiyorsa, hadi şerefle başarısız olalım!"(178)

Bir köşeye çekildi, uzun süre sessizliğe büründü. Çaresizdi. Başbakanının söylediklerini kabul etmek zorunda hissetti...

Başbakan Filov Bakanlar Konseyi'ni topladı ve Bulgaristan'ın geleceğine karar verdi.

Balkanlarda, Yunanistan ve Arnavutluk savaşla tahrip edildi.

Alman ve Rus birlikleri Romanya'ya girdi.

Türkiye Bulgaristan sınırında askeri yığınak yaptı..

Hitler ölüm makinelerini çalıştırmıştı. Bir yandan askeri diğer yandan ülkelerin liderlerine yönelik; yıllarca çözülmesi mümkün olmayan gizemli suikast planlarını hızlandırdı...

Bulgar General Daskalov ordusunun savaşa hazır olmadığına emindi. Dışişleri Bakanı İvan Popov İngilizlerin yanında olunması gerektiğini savunuyordu. Ülke politikacıları bölünmüştü. Ajanlar cirit atıyordu...

Hitler'in tahammülü kalmamıştı. Kral Boris bir an önce kararını vermeliydi.

Bulgaristan Başbakanı Bogdan Filov

Yunan lider Metaksas'ın kuşkulu ölümü ve Prof. Eppinger

Yunan diktatör İoannis Metaksas da Hitler'in savaşçı politikasından korkuya kapılmıştı. O da yetmezmiş gibi İtalya, bazı toprakları kendilerine teslim etmesi için Yunanistan'a 28 Ekim 1940 günü ültimatom göndermişti. Metaksas kabul etmedi, Mussolini kontrolü altındaki Arnavutluk toprakları üzerinden Yunanistan'a girdi. Ancak beklenmedik bir direnişle karşılaştı. Yunan ordusu İtalyan ordusunu püskürtmekle kalmadı, İtalya denetimindeki Arnavutluk topraklarının üçte birini ele geçirdi. Yunan ordusunda, 343'ü subay olmak üzere 12.298 Yahudi görev aldı. 513'ü çatışmalarda hayatlarını kaybetti. Makedonya ve Arnavutluk cephesinde savaşan 50. Yunan Taburu'nun neredeyse tamamı Yahudilerden oluşmuştu ve bu nedenle de lakabı "Kohen Taburu"ydu. Hitler, Metaksas'ı kara listeye almıştı...

Metaksas'ın tek derdi ülkesinin içine sürüklendiği durum değildi. Farenksine (yutak kanseri) yakalanmıştı. Tedavisi sürerken birdenbire bu kez de başka bir enfeksiyona maruz kaldı. Flegmon hastalığına yakalanmıştı. Derisi altında irin üreten bir hastalıktı. İç organları etkilendi. Hastalık bir anda ilerledi; Toxemina'ya (vücudun kendisi tarafından üretilen veya mikroorganizmalar tarafından yapılan toksik maddelerin veya zehirli maddelerin kanda bulunuşu) dönüştü. Doktorlarından biri de Prof. Hans Eppinger'di. Muayene, teşhis ve tedavi için hükümetçe çağrılmıştı. Ölümünde de başucunda olacaktı.

Yunan lider 29 Ocak 1941'de, sabah saat 06.00'da Atina'daki Kifisya Köşkü'nde hayatını kaybetti. Prof. Eppinger, Metaksas'ın öldüğü sırada yanındaydı.

Başta kızı Louika Yunan halkı liderlerinin öldürüldüğüne inandı. Ölümü hakkında birçok komplo teorisi ortaya atıldı.

Ölümünden birkaç saat sonra koltuğuna İngilizlerin desteklediği bankacı Alexandros Koryzis'in geçmesi de bunlardan biriydi.

Yunan Lider Ioannis Metaksas - 1937

Hitler ile İsmet İnönü'nün mektuplaşmaları

Kral Boris üzgün olduğu kadar korkuya da kapılmıştı. Ne yapacağını bir türlü bilmiyordu. İsteksiz bir Sovyet uydusu olmaktan kaçınsa da Rus diktatör Stalin'in Finlandiya'nın yanı sıra Boğazlar ile Arap ve İran petrol sahalarının kontrolünü istediğini biliyordu. Faydanın oradan geleceğine inanıyordu. Hitler ise İngilizlerin Birinci Dünya Savaşı'nda olduğu gibi Selanik'in üzerinde bir cephe açmasından endişe duyuyordu...

Türkiye Atatürk ve sonrasında cumhurbaşkanı olan İsmet İnönü'nün sayesinde İkinci Dünya Savaşı'na katılmamıştı. Buna rağmen Türkiye bütün askeri gücünü Trakya ve İzmir'e yığmış, Meriç Nehri üzerindeki bütün köprüleri uçurmuş vaziyette faşist Almanya'nın taleplerine direnmeye çalışıyordu.

Türkler olası bir Alman saldırısı için tetikte beklerken, 1 Mart 1941'de Hitler, İsmet İnönü'ye bir mektup yolladı. Nazik bir üslupla yazılmıştı. Bulgaristan'a gidecek Alman askeri birliklerinin, Türkiye tarafından bir tehdit olarak algılanmaması isteniyordu:

"Size resmen bildiririm ki Almanya'nın bu önlemleri hiçbir şekilde Türkiye'nin toprak bütünlüğüne veya siyasi yapısına yönelmiş değildir. Aksine, birlikte yürüttüğümüz büyük ve hayati savaşın ve bu savaşı izleyen ıstıraplı yılların hatıralarıyla dolu olarak size Almanya ve Türkiye arasında gerçek dostluğa dayanan bir işbirliği için gelecekte dahi bütün koşulların var olduğuna kesin olarak inandığımı belirtmek isterim."

İki ülkenin ekonomik açıdan birbirlerine gereksinimleri olduğunu vurgulayan Hitler, mektubunu bitirirken nazik üslubunu bir kenara bırakıp çok açık bir tehditle Türkiye'ye gözdağı vermeyi de ihmal etmiyordu:

"Bu bakımdan ben şimdi olduğu gibi gelecekte de, Almanya ile Türkiye'yi karşı karşıya getirebilecek hiçbir sebep olmayacağı görüşündeyim. Bu düşüncelerle, Bulgaristan'da ilerleyen Alman birliklerinin, Türk sınırlarından, orada bulunmalarının amacı hakkında yanlış bir yorumda bulunulmasına meydan vermeyecek kadar uzak kalmalarını emrettim. Şu kayıtla ki Türk hükümeti, bizi, bu tutumumuzda bir değişiklik yapmaya zorunlu kılacak önlemlere girişmesin.

Adolf Hitler."

Tehdit kokan mektuba yanıt 12 Mart 1941 günü verildi. Üstelik üslup Hitler'inki gibi üstü kapalı tehdit içerikli değil, net ve sertti:

"Türkiye, toprak bütünlüğüne ve tamamiyetine şu veya bu devletler grubu arasındaki siyasi-askeri kombinezonlar açısından bakamaz ve kutsal dokunulmazlık (mukaddes masuniyet hakkı) hakkının herhangi bir yabancı devletin kazanacağı zafere göre yorumlanmasını kabul edemez. İşte bu

sebepledir ki milli egemenliğine yönelecek her saldırıya karşı koymaya azimlidir.

İsmet İnönü."

Pera Palas'ta patlayan bomba

Sofya'daki İngiliz Elçisi George William Rendel karısı, kızı ve elçilik görevlileriyle İstanbul'a gelecekti. İstanbul Valiliği, Orient Ekspresi'yle gelecek konuklarını karşılamak için Sirkeci Garı'nda ve kalacakları Pera Palas'ta gerekli önlemleri almıştı.

Rendel ve beraberindekileri getiren Semplon Ekspresi, 11 Mart 1941 saat 21.00'de, Sirkeci Garı'na geldi. Büyükelçi, Türk ve İngiliz görevliler tarafından karşılandı, sonra da İstanbul Konsolosluğu'na ait bir arabayla Pera Palas'a gidildi. Elçinin dışındakiler ise kalacakları Tepebaşı'ndaki bir başka otele yerleştirildi. Oradaki otele yerleşenler şanslıydı. Elçi, bir viski içmek için bara doğru ilerlerken, eşyası da odasına yerleştiriliyordu. Elçiliğe ait valizlerden biri otelin mermer merdivenleri üzerinde kalmıştı. Sahibi çıkmıyordu. Saat 21.35'ti, birdenbire bir patlama işitildi. Patlamaya neden olan sahibi bulunamayan, bu nedenle de kabul yeri civarında bekletilen valizdi. Valizin yakınında bulunan dört kişi oracıkta öldü. Ölenlerden ikisi elçinin korunmasını üstlenen Türk güvenlik görevlileriydi. Rendel ve ailesine bir şey olmazken patlamada 21 kişi yaralandı. Aynı anda bu otelin birkaç yüz metre ilerisinde de bir başka valiz dikkat çekecek ve içi kontrol edildiğinde bir bombaya daha rastlanılacaktı.

Trenin yolcuları Sofya'dan hareket etmişti. Bomba, kimler tarafından, neden konmuştu? Bulgar yetkililer üzerlerine hiçbir sorumluluk almadı:

"İngiliz Elçisi'nin Sofya'dan hareketinden önce elçiliği koruyan polis görevlilerinin sayısı artırılmıştı. Hatta buraya bir polis noktası da kurulmuştu. Karanlık bastıktan sonra elçilik binasına kimse alınmıyordu. Büyükelçi, elçilikten Sofya Tren İstasyonu'na girinceye kadar da valizlerin kontrolü, İngiliz görevliler tarafından yapılmıştı. Hatta büyükelçi, Bulgar polisinden gördüğü yakın ilgi nedeniyle görevlilere 500 leva armağanda da bulunmuştu. Üstelik Büyükelçi, Kral Boris'in özel treniyle Sofya'dan ayrılmıştı."

İngiliz Elçisi Rendel ise Bulgarların bu düşüncelerini, Dışişleri Bakanlığı'na verdiği raporda yalanladı:

"Sofya'dan ayrılmadan önce İngiliz elçilik görevlilerinin bagajları arasına dost olmayan bazı ajanlar tarafından bombalı bir vaiz konduğu aşikârdır. Suikastı düzenleyenler treni bile havaya uçurmayı düşünmüş olabilirler. Bombalı çantaların trenin Sofya'dan hareketinden önce konduğu gerçektir."

Yaşanan olay Türk basınında ertesi gün kamuoyuna duyuruldu. Ancak gazeteler, baskılarından çok kısa bir süre sonra, İstanbul Sıkıyönetim Komutanlığı'nca toplatıldı ve kendilerine de çeşitli kapatma cezaları verildi.[(179)]

Almanya ile sözlü ve yazılı görüşme yolunu tercih eden Türkiye, Hitler ve İnönü'nün görüşmeleri neticesinde Alman tehlikesinin Türk topraklarına girmesini engelledi. Hitler, bu görüşmelerde Sovyet Rusya'nın Türk toprakları ve Boğazlar üzerinde art niyetli emelleri olduğunu, Almanya'nın ise bu duruma karsı olduğunu belirtti. 18 Haziran 1941 tarihinde on yıl geçerli olmak üzere "Türkiye-Almanya Saldırmazlık Paktı" imzalandı...

Churchill ve İnönü tren vagonunda görüştü

İkinci Dünya Savaşı Avrupa'nın her yanında milyonlarca can almayı sürdürüyordu. Adeta canavarlaşan Hitler'in politik ve askeri gücü zayıflıyordu. Almanlar Stalingrad Savaşı'nı kaybedince,

Avrupa'da Alman Ordusu'na karşı ikinci bir cephe açılması konuşuluyor ve İngiliz Başbakanı Churchill bunun için ısrarcı davranıyordu. İkinci cephenin Balkanlarda açılması ve Türkiye'nin de katılması düşünülüyordu. Amaç, savaş sonrasında Sovyetlerin yayılmasını dizginlemekti. İsmet İnönü, Sovyetlerin yayılma olasılığını dikkate alarak ordunun yıpranmasını istemiyordu...

12-24 Ocak 1943'te Fas/Kazablanka'da ABD Devlet Başkanı Roosevelt'in de katılımıyla yapılan toplantılarda İngiliz başbakanı ısrarlı tutumunu sürdürmüş, hatta "Türkler kabul etmezse cezalandıralım!" tarzında tehditler de savurmuştu. İngilizler suikasttan korktukları için geziyi tehlikeli görmüşler fakat inatçı başbakanı ikna edememişlerdi. Churchill hiçbir sözü ciddiye almadı ve Genelkurmay Başkanı Allen Brooke ve bir iki görevli ile havaalanına gitti. Uçağa geçip pilot kabinindeki yardımcı kaptan koltuğuna oturdu. Rotaları Adana'ydı. O sırada İsmet İnönü beyaz treni ile Tarsus'un Arap Alevilerinin yaşadığı Yenice köyüne gelmişti.

İnönü, görüşmeye gitmeden önce yakın çevresine, "Arı kovanına elini sokmak kolaydır, insan cehaletle ne olacağını bilmeden elini oraya sokabilir. Ama elini oradan çıkarmak sonra çok zor olur. Onun için savaşa girmek kolay ama oradan çıkmak zor. Onun için bizim haklarımıza tecavüz edilmediği müddetçe bizim savaşa girmemize hiçbir şekilde yani sulhtan ayrılmamıza, barıştan ayrılmamıza hiçbir neden göremiyorum..." demişti.

Hava mevsimi olmamasına karşın güzeldi. Churchill Adana Havaalanı'ndan alınıp trenle Yenice'ye getirildi. Öğleden sonraydı. Saat 16.00 gibi görüşmenin yapılacağı vagona geçildi. Masada kullanıma her an hazır bir telgraf cihazı vardı. Churchill'in iknaları bir ara İsmet İnönü'nün "Tamam, savaşa girmeye girelim ama bizim çok eksiklerimiz var; böyle girersek biz de, siz de kaybedersiniz. Eksiklerimizi bir tamamlayın hele de, ondan sonra icabına bakarız" demesine neden oldu...

Türkiye'nin istediklerini tamamlamak zaman alacak, böylece 1945 Şubat'ına kadar gelinecekti. İnönü, Almanya'nın tükeneceğini hesaplamıştı. Savaşa girilmesine gerek kalmayacaktı.[180]

Churchill-İnönü vagon buluşması - 31 Ocak 1943

Hitler'in diyet programı Prof. Hans Eppinger'den

Bulgar General Loukov, Sofya'daki evinin kapısında bilinmeyen silahlı kişiler tarafından 13 Şubat 1943 günü öldürüldü. Kral Boris'in güvendiği adamlardan biriydi. Ülkede suikastlar ardı ardına gelince kral 2 Mart'ta, 20 bin Yahudi'yi Hitler'e, adeta ölüme gönderdi...

Hitler, işgal öncesi Polonya sınırları içinde bulunan Rastenburg şehrindeki "Kurt İni" lakaplı karargâhında yaşıyordu. Suikast teşebbüslerine karşın güvenlik önlemleri hâd safhadaydı. Sağlığına da dikkat etmeyi ihmal etmiyordu. Özel doktoru Theodor Gilbert Morell kendisine sürekli bedenini canlandırmak için damardan glikoz, kas içine ise Vitamultin-Kalsiyum ve Tonophosphan veriyordu...

3 Temmuz 1943 günü sabahı Hitler güne kötü uyandı. Baş ağrısı vardı. Sadece 2 saat uyuyabilmişti. Öğleden sonra doktoru

Thedor Gilbert Morell'i yanına çağırttı ve nasıl bir diyet programı izlediğini sordu. Morell'in yanıtı, "Profesör Eppinger'le konuştuk, Romanya Başbakanı İon Antonescu'ya uyguladığımız program..." yanıtını verdi.(181)

Kral Boris "Kurt İni"nde

Hitler, kralın sadakatinden şüpheleniyor, etrafındakilere güvenilmez ve samimiyetsiz olduğunu söylüyordu. Öfkeliydi. Davet gönderdi; adeta ayağına çağırttı. Kendine ait uçağını ve pilotu Albay Hans Bauer'i görevlendirdi.

Kral 14 Ağustos Cumartesi günü uçakla yola çıktı. Motorlar ve mekaniklere ilgisi vardı. Pilottan uçağı kullanmak istediğini söyleyerek bir süre pilotluk yaptı. İnişe geçildiğinde yardımcı pilot koltuğuna geçti. Hayretle inilecek pisti aradı. Zira pist neredeyse hiç görünmeyecek biçimde kamufle edilmişti. Korkuya kapıldı. Hitler'in "Kurt İni" dediği karargâhına gidilecekti. İniş güçlükle gerçekleşti. Yola çıkıldı. Araçlar devasa çam ağaçlarının altındaki tek seferde bir arabanın geçişine izin verecek kadar genişlikteki dar yoldan karargâha ulaştı. Kral, gözlerine inanamıyordu. Korkusu daha da arttı. Buluşma vaktine kadar gördükleri korkusunu her geçen saniye artırıyordu. İletişim ofisleri, konferans salonları, yaşam alanları, yemek salonları, ihtiyaçlara yeten çok sayıda sığınakları, mayınlı araziler, otuz metrede bir polis köpekleri bulunan nöbetçiler, dikenli tellerle çevrili binalar. Zaten aylardır ciddi bir paranoya içindeydi. Korkusu kâbusa dönüştü...

Buluşma gerçekleşti. Hitler, samimiyetsizdi. Zoraki gülümsemesi tehditkâr yüz ifadesini gizlemeye izin vermiyordu. Kısa süre sonra topluca yemeğe geçildi. Uzun sürmedi. Buluşma yeri bu kez Hitler'in en yakın kişisel yardımcıları dışında hiç kimsenin giremeyeceği özel daire oldu. İki liderin görüşmesi özel olduğundan resmi kayıtlara geçmedi. Kral yatmak için yatak odasına döndüğünde saat 11.30 idi. Odası penceresiz beton bir hücreydi...

Görüşme sırasında baskın olan taraf Hitler'di. Her dediğinin yapılması gerektiğinin altını ısrarla çiziyordu. Bulgaristan, çok uzaklardaki Birleşik Krallık ve ABD'ye karşı sembolik savaş ilan edecekti ama o toplantıda bir kez daha Sovyetler Birliği'ne karşı savaşa dahil olmayı reddettiğini aklına getirdiğinde korkusu bir kez daha paniğe yol açtı; uyku tutmadı... Oysa ülkesinin çıkarlarını düşünmeliydi. İki temel gerekçesinden biri Rusların askeri gücünden ve yakın geçmişte olan dostlukları ve Türkiye'nin politik ve askeri pozisyonunun hâlâ belirsiz oluşuydu...

Öğleden sonra ikinci toplantı Hitler'in kişisel yemek odasında baş başa gerçekleşti. İki devlet başkanı yemek odasından çıktığında, kralın yardımcıları görünüşünde olağanüstü dönüşümü fark etti. Gülümsemeler, dostça ifadeler, hatta nezaket yüzlerinden tamamen kaybolmuştu. Hitler sinirli ve gergin görünüyordu; yüzünde acımasız bir ifade vardı. Kral Boris, geldiğindeki gibi samimiyetsizce uğurlandı.

Kral Boris ve Hitler - 15 Ağustos 1943

Prof. Eppinger Bulgar Kralı'nın tedavisinde...

Kral dönüş yolculuğunda tekrar kokpite girdi. Uçak Sofya Vrajdebna'ya inmek üzereyken sekreterine döndü. "Bizimle kimin buluşacağına bak!" dedi. Sekreteri anlam veremedi, uzun bir süre dürbünleriyle aradı, sonra "Kimse yok majesteleri" dedi. Yanıtı beğenmedi:

"Yani, sorumlu adamlar görevlerinde değil" diye mırıldandı.

Uçaktan indiğinde aklı hâlâ Hitler ile yaptığı baş başa geçen gergin toplantıdaydı. Özellikle yurtdışına seyahatinden her döndüğünde en zevk aldığı ailesi ile buluşmaktı. O küçük aile ritüelini bile unutmuştu. Havalimanında kendisini karşılayan arkadaşlarına her zaman mutlu bir gülümsemeyle bilgi verirdi. Bu kez onu da yapmamıştı. Kraliçe Giovanna'ya bile geri döndüğünü söylemedi. Kısa bir süre sonra Başbakan Filov'u arayıp mutsuz hissettiğini söyledi, geri dönüşte, "Bazı düşman uçakları tarafından vurulmamızı diledim, böylece her şey benimle bitecekti!" dedi.

Kralın garip halleri herkesin dikkatini çekiyordu. 16 Ağustos günü babasının eski danışmanı kabine şefi Dobrovitch'i hasta yatağında ziyaret etti. Çocukluğundan beri en güven duyduğu kişiydi. Ziyaret nedeni, Hitler ile yaptığı görüşmelerinin ayrıntıları anlatması oldu. Hitler'in Bulgaristan'ın Rusya'ya savaş ilan etmesini ve aktif rol almasını istediğini, bunu reddettiğini anlattı. "1918 yılı bir daha olmayacak!" dedi ve ekledi:

"Taleplerini reddettiğimde Hitler öfkeye kapıldı. Deli gibi çığlık atarak bana saldırdı ve ülkemle ilgili suçlamalar ve tehditler savurdu. Beni korkutmaya çalıştı, ama bunun yerine, dediklerimi açıkça ve açık bir şekilde, yani kendi yolumuzu takip etmemize karar verdiğimi söyleyerek durumu sakin bir şekilde açıkladım. Ellerim artık özgür!"

Ertesi gün beraberindekilerle at sırtında Musale Dağı eteklerinde gezintiye çıktı. Rila Gölü'ne geldiklerinde dağın zirvesine bakarak, eliyle samimi bir selam gönderdi. Yanındakiler gördüklerine anlam veremiyordu. Kral sessizdi, gezinti boyunca kimseyle konuşmadı. Dönüş yolunda da tuhaf hareketlerini sürdürdü. Yokuş aşağı yürüyüş sırasında aniden yüzü soldu, yorulduğunu söyleyerek durdu. "Nefesim daralıyor" diyerek kardeşi Kyril'e, kalbini gösterdi:

"Keskin bir yanma hissi var!"

Birden yanındakilere dönerek gezintiye yalnız devam etmek istediğini ve peşinden kimsenin gelmemesini istedi. İtirazları kabul etmedi. Atını sürdü. Gruptan uzaklaştığında özel sekreteri Monorch Balan gizlice peşine takıldı.

Boris kısa bir süre sonra bir uçurumun kenarında durarak boşluğa bakmaya başladığında Balan endişeye kapılarak hemen yanına koştu. Gözlerinde çok garip bir ifade vardı. Balan'ı orada görünce hiddetlendi:

"Burada ne yapıyorsun? Beni takip etmemeni söylemedim mi?"

"Ama bu çok tehlikeli bir nokta majesteleri..."

Yola birlikte devam ettiler. Bir çayır boyunca ilerlerken aniden dizginleri çekti. "Gölgeye bak!" diyerek tepeyi gösterdi. Balan ilk bakışta gösterilen şeyi fark edemedi. Az sonra karanlık bir lekenin, uzaklaştığını fark etti. Kral dürbününü çıkarıp baktı. "Bu bir keçi, ama bizden biri değil. Bunu daha önce hiç görmedim. Kesinlikle başka bir yerden geldi!" diyerek sanki her bir dağkeçisini şahsen tanıyormuş gibi konuştu...

Prenses Clementine Evdokia ağabeyi Boris'in sırdaşıydı. Son zamanlardaki halini takip ediyor ve Hitler'i ziyaret ettiğini bildiğinden "Orada zehirlenmiş olabilir mi?" diye düşünüyordu...

Kral Boris, 25 Ağustos Çarşamba günü fenalaştı. Göğsündeki ağrı şiddetlenmişti. Doktorları ilk muayenede önce safrakesesindeki bir rahatsızlıktan şüphelendi. Fakat daha sonra enfarktüs tanısı koydu. O sırada haber Almanya'ya ulaşmış, Hitler özel doktoru Prof. Hans Eppinger ile Rudolf Sajitz'i özel uçağıyla krala göndermişti...

Bulgar doktorları hastalarının tamamen dinlenirse üç dört günde kendine gelebileceğini açıkladı. Eppinger ve Sajizt de saraya vardı, kralı muayene etti. Prenses Evdokia'nın enfarktüsün nedeni hakkındaki sorusuna Sajitz, "Zihinsel tükenme ve duygusal stres" diye yanıt verdi.

Evdokia, tüm doktorlara sık sık kardeşinin zehirlenip zehirlenmediğini sordu. Doktorlar bunun mümkün olmadığında ısrarcı davrandı.

Kriz akşam saat sekizde dindi. Papaz gelip kralın başında dua etti. Evdokia, ağabeyinin başucunda moral vermek için odadaydı. Elini tuttuğunda Boris gözlerini açtı ve "Burada ne yapıyorsun? Saat kaç?" diye sordu...

26 Ağustos 1943

Alman Doktor Sajitz ile Kraliçe Giovanna kralın yattığı odaya girdi. Yanlarında Bulgar Doktor Raiko Daskalov da vardı. Sajitz, kraliçe ve prensese kralın duymayacağı biçimde açıklama yaptı:

"Majesteleri, konsültasyonumuzun sonucu kesin değil, ama size kralın durumunun mezar olduğunu söylemeliyiz. Koroner tromboz (kalp adalesine kan taşıyan koroner arterlerin bir kolunda pıhtı oluşması) geçirdiğine inanıyoruz."

Doktorlar odadan çıktığında Kral Boris karısının eline elini bastırdı ve "Burada ne yapıyorsun?" diye sordu. Ardından "Hangi gündeyiz?" dedi. 26 Ağustos olduğunu duyduğunda, "Yirmi sekizinci, yirmi sekizinci..." diyebildi ve tekrar uykuya daldı.

Öğleye doğru Prof. Hans Eppinger'in görüşüne başvuruldu. Kendisine kralın zehirlenip zehirlenmediği soruldu. Eppinger her zamanki soğuk, ulaşılmaz tavırla yanıt verdi:

"Böyle bir olasılık dışlanamaz. Ancak hastalığın başka nedenlerle de kışkırtıldığını söyleyebilirim..."

Kral bir kez daha aynı gün fenalaştı. Prens Kyril ve odadaki tüm doktorlar Eppinger'e başka uzmanlara danışılması gerekip gerekmediğini sordu. Ancak profesör hiçbir şeye ihtiyaç duyulmadığı konusunda net tavrını koydu, yeni bir ilaç reçetesi yazıp acilen Almanya'dan getirilmesini söyledi.

Profesörün daha önce görüştüğü Başbakan Bogdan Filov ilaçların acil getirilmesi için talimat verdi. Akşam ise geç saatlerde, kralın sağlık durumuyla ilgili ilk resmi bültenin yayımlanmasını söyledi.

Haber duyulduğunda ülke genelinde tüm faaliyetler aniden dondu. Başbakan Filov üç tebliğ daha yayımlattı. Ancak bunlar hiçbir ayrıntıya yer verilmeyen kısa metinlerdi.

Kralın durumu bir gün sonra iyileşir gibi oldu. Rahatsız edilmemesi için odasına ziyaret yasağı vardı. Başbakan Filov tekrar saraya geldi. Doktorlar ne olup bittiğini anlamaya çalışırken Prof. Eppinger bu kez beyne giden kan akışıyla ilgili yeni komplikasyon olabileceğini ortaya attı. İki alman doktor, kralın sağlık durumu ile ilgili gizlice Hitler ve Goering'e rapor gönderiyordu...

İlaçlar Almanya'dan şimşek hızıyla geldi. Kral ilaçları kullanmaya başladı. Bu kez iç organlarda tuhaf hareketlilikler gözlendi.

Mayıs ayında Türkiye'den gizli bir istihbarat bilgisi Bulgaristan Savaş Bakanlığı'na gelmiş, "Kral Boris eylüle kadar yaşamayacak!" denilmişti. O bilgileri günlüğüne düşen Bulgaristan'da görevli Alman hava ataşesi Carl August von Schoenebeck idi.(182)

Kral Boris'in şüpheli ölümü ve Prof. Eppinger

28 Ağustos 1943

Prenses Evdokia ağabeyinin yattığı odaya girdi. Kral uyuyordu. Ateşinden kuruyan ıslak bezi yeniledi, sonra sessizce odadan çıktı. Ancak çok geçmeden doktorların endişeli koşuşturmalarının sesini duydu. Kralın yattığı odaya girip çıkıyorlar, oksijen şişelerini elden ele koşturuyor, enjektörler hazırlanıyordu. Prenses telaşla ağabeyinin odasına koştu. Alman doktorlar Sajizt ve Eppinger'i ağabeyinin başında buldu...

Prens Kyril, Prenses Evdokia ve Kraliçe, kralın yatağının yakınlarında diz çökmüş bekliyordu. Saat dört civarında, son acı başladı. 22 dakika sürdü. Bulgar Kralı 3. Boris son nefesini vererek dünyadan ayrıldı...

Devlet başkanının ölümüne şahit olmak için, Prens Kyril, Başbakan Bogdan Filov ve General Mihov odaya kabul edildi. Resmi ölüm raporu hazırlandı. Prof. Hans Eppinger'in önerisi üzerine sadece altı Bulgar doktor rapora imza attı.

Kraliyet ailesi üyelerine başsağlığı dileklerini ilk sunan Başbakan Filov oldu. Prens Kyril ağabeyini kucakladı. Kraliçe şoktaydı. Ağzından tek kelime düşmedi. Prenses Evdokia Başbakan Filov'a dönerek, "Şimdi Bay Filov, işleri daha sıkıca tutmalısınız!" dedi.

Başbakan alt kattaki ofise gitti, burada iki bildirinin metinlerini hazırladı: Biri kralın ölümünü duyuran, diğeri ise yeni kralın 6 yaşındaki veliaht prensinolacağıydı.

Filov hiç vakit kaybetmeden akşam saatlerinde Bakanlar Konseyi'ni topladı, yeni kralın 6 yaşındaki II. Simeon olduğunu açıkladı. Bu acil onay kimilerine göre Kral Boris'in ölümü üzerindeki esrar perdesini biraz olsun aralıyordu.

Alman Sofya Elçisi Adolf Heinz Beckerle, kralın ölümünden hemen bir gün sonra Alman Dışişleri Bakanı Joachim von Ribbentrop'a durumu rapor etti:

"Sofya, 29 Ağustos, 1943

Bugün, ayrılmadan önce Alman doktorlar Eppinger ve Sajitz'den gelip beni görmelerini istedim...

Tüm tanı onlara bırakılmıştı. Bulgar doktorlar arka planda kaldı. Sajitz, bilinçliyken kralla konuştuğunu söyledi. Kral, durumunun farkındaydı. Bir önceki çarşamba günü Moussala Dağı gezintisi sırasında zehirlenmiş olabileceğini de söyledi. Prof. Eppinger tipik bir Balkan ölümünden söz etti...

(...) Eppinger otopsi yapılmasına karşı çıktı.

(...) Almanya'ya döndüklerinde, ifadelerini hastalığın genel teşhisi ile sınırlamak zorunda kalacaklar. Bu görüşü onayladım ve sırrı saklamanın sadece mesleki etik meselesi değil, aynı zamanda vatandaşın devlete olan görevi olduğunu da vurguladım.

(...) Bulgaristan'ın gelecekteki dış politikasının değişmeyeceğine ve atanacak olan vekillerin Almanya için uygun ve savaş çabamızın geri dönüşü olacaktır..."

Sofya Alman Hava Ataşesi Schoenebeck günlük tutuyordu, elçi Becker'le ile rakipti. Kralın ölüm sonrasını ve duyduğu şüpheye yıllar anılarında yer verecekti:

"Doktorlara sordum. Sorum havada yüzdü, ama cevap gelmedi. Profesör Sajitz, düşüncelerine derinlemesine dalmış bir sigara yaktı. Profesör Eppinger başını kaşıdı ve yavaşça, 'Bunun bir zehirlenme olduğuna inanıyorum! Kral, en yaygın bir cinayetin kurbanı oldu. Bu benim görüşüm! Ne düşünüyorsun?' dedi.

Prof. Sajitz başını salladı ve ölümden önce vücutta görünen lekelerin zehir emilimini gösterdiğini söyledi. Bununla birlikte, ancak kraliçenin yetkisini verdiği bir otopsiden sonra kesin bir sonuç çıkarılabilir. Prof. Eppinger, bir süre önce Yunanistan Başbakanı Metaksas'ın hasta yatağına çağrıldığını ve aynı belirtileri vücudunda gördüğünü de sözlerine ekledi. Metaksas kesinlikle zehirlenmenin kurbanı.

Eppinger, etkili olan bazı Hint zehirlerinin kullanımından bahsetti. O zehrin etkisi birkaç ay sonra etkisini gösterebiliyordu.

Geçen mayıs ayında Türkiye'den, Kral Boris'in eylül ayına kadar yaşamayacağı mesajını hatırladım. Ve bugün 28 Ağustos oldu!"(183)

Prenses Evdokia kardeşinin ölümünden Hitler'i sorumlu tutarak, "Naziler yaptı" diyordu...(184)

Schoenebeck ertesi gün Sajizt ve Eppinger'i yanına davet ederek Sofya sokaklarında yürüyüşe çağırdı. İki doktor ile buluştu fakat kentte matem havası vardı. Gidecek restoran bile bulamayınca Schoenebeck doktorların kaldığı otele gitmeyi teklif etti. Ancak iki doktor bunu reddetti. Eppinger ve Sajizt aynı gün Sofya'yı yine özel bir uçakta terk etti...

Prof Hans Eppinger soluğu Dachau ölüm kampında alarak, ölümcül tuzlu su deneylerinin başına geçti...

Alman İç Hastalıkları Derneği 1882'de "İç Hastalıkları Kongresi" olarak kurulmuş sonrasında derneğe dönüştürülmüştü. En büyük ve en önemli tıp topluluklarından biriydi. Prof. Hans Eppinger o derneğin de başkanıydı...

Prof. Hans Eppinger, 11 Ekim 1943'te DGIM'in Viyana Savaş Kongresi'nin açılışında(185)

Prof. Eppinger'in ölümcül deneyleri

Hitler çıkaracağı büyük dünya savaşı öncesi silah gücünü artırırken açtığı toplama kamplarında da sadist hekimlerine özellikle Yahudiler ve Romanlar üzerinde deneyler yapılmasına izin vermişti. Deneyler akıl almaz boyuttaydı.

İnsanlar "basınç odasına" kapatılıyor, iç organları patlayana kadar yüksek basınç uygulanıyor, ne kadar dayanabildikleri test ediliyordu.

Mahkûmlar içi buz dolu küvete koyularak kaç derece soğuğa dayanabilecekleri ölçülüyordu. Bazı mahkûmların bayıltılmadan mideleri dışarı çıkarılıp yemek borusu ve ince bağırsağı birbirine bağlanıyor yaşayıp yaşamayacağı kontrol ediliyordu...

Kadınların cinsel organlarına dirençlerini ölçebilmek için yüksek voltajlı elektrik verildi...

Bir insanın X-ışınlarına ne kadar dayanabileceğini ölçmek için bu ışına maruz bırakıldı ve ardından nasıl yandıkları izlendi...

Kan grupları arasındaki uyumluluğu ölçmek için, deneklere farklı gruplardaki kanlar transfer edildi...

İnsanların boylarını uzatmak için bacaklarını keserek, yerine başka bir bacak dikildi, yürüyüp yürüyemeyecekleri kontrol edildi...

Tüm bunlar Nazi subaylarının büyük savaş zamanında dayanıklılıklarını artırmak, hastalıklarını tedavi edebilmek içindi.

Bilim insanları insanlıktan çıkmıştı. Sıtma, tifüs, tüberküloz, sarıhumma ve bulaşıcı hepatit de dahil olmak üzere, bulaşıcı hastalıkların önlenmesi ve tedavisine yönelik bağışıklık sistemi bileşenleri ve sera deneyleri yapılıyordu.

Deneyler sonunda basınç odalarında 200 mahkûmun 80'inin deney sırasında, geri kalanlarının da sonrasında öldürüldüğü anlaşıldı. Dr. Sigmund Rascher, hipotermi için etkili bir tedavi yöntemi bulmak amacıyla sözde dondurma deneyleri yürütmüştü.

Aslında asıl amaç İkinci Dünya Savaşı'nda, Kuzey Buz Denizi'nde düşman atışlarına maruz kalan Alman pilotların soğuk suda kaç dakika hayatta kalabileceklerini öğrenmekti.

Toplama kampları cehennem gibiydi. En önemli kamp, Prof. Hans Eppinger'in de gizli deneyler yaptığı "Dachau" idi. Ölüm deneylerinden biri de tuzlu su deneniydi. O işin başında Atatürk'e cıvalı ilaç enjekte eden Prof. Hans Eppinger bulunuyordu.

Çalışmalarının içeriği savaş sırasında denize düşen pilotların "tuzlu suyla yaşanılıp yaşanılamayacağının" deneysel olarak başarılı kılınmasıydı...

Wilhelm Beiglböck, Alman Wehrmacht birliklerinin hava savaş biriminin danışman hekimiydi. Eppinger ile Viyana Üniversite Hastanesi'nde asistan iken tanışmıştı. Nazi Partisi'ne 1934 yılında üye olmuştu. Aşırı Hitler hayranıydı. Albay rütbesine yükseltilmişti...

Deneyler sırasında Prof. Eppinger'in asistanıydı. İki hekim, 90 Roman'a (Çingene) sadece tuzlu su içirdi ya da enjekte etti, hiçbir şekilde tatlı su ya da yemek vermedi. Kobay olan Çingeneler öylesine acı çekiyordu ki bazıları laboratuvardaki temizlik sırasında paspasın suyunu sıkıp içiyordu.

Denekler dört gruba ayrıldı. İlk gruba hiç su verilmedi. İkinci gruba sadece deniz suyu içirildi. Üçüncü grup sadece işlenmiş deniz suyu kullandı. Dördüncü gruba arıtılmış deniz suyu verildi. Üçüncü gruptakilere ayrıca hiç yiyecek verilmezken, diğer gruptakilere hava kuvvetlerinin acil durum yiyecekleri[80] verildi. Deneklerin çoğu önce aşırı ishal oldu, ardından halüsinasyonlar görmeye başladı, sonraki günlerde ağızlarından köpükler geldi ve adeta her biri aklını yitirdi. Üçüncü gruptakilerden ise çoğunluğu öldü. Ölen Romanların sayısının 90 civarında olduğu savaş sonrası Nürnberg Mahkemesi'nde ortaya çıkacaktı.

---

80. 28 gram kurabiye, yoğunlaştırılmış ve tatlandırılmış süt, tereyağı veya margarin ve çikolata.

Prof. Hans Eppinger

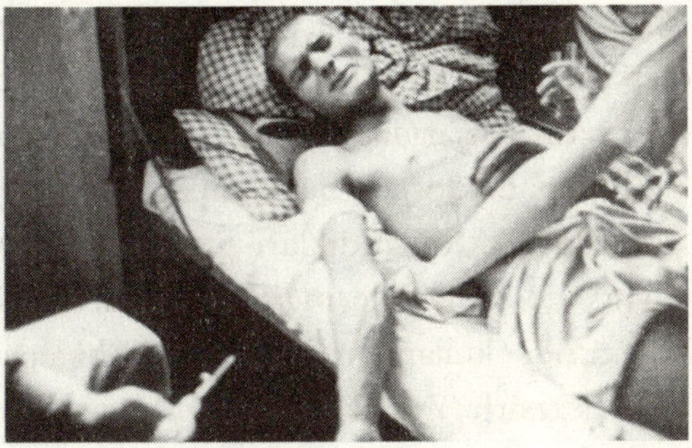

Prof. Eppinger'in deneklerinden biri - 1944[186]

Yahudileri öldüren zehirli gaz Dolmabahçe'de kullanılanla aynı

ABD Generali Dwight Eisenhower komutasındaki 150.000'den fazla müttefik askeri Fransa'nın Normandiya kıyılarına çıktı (6 Haziran 1944).

Sovyet güçleri tüm Doğu Cephesi boyunca güçlü bir saldırı başlattı. Alman güçleri 1944 Temmuz'unun sonunda Varşova'ya kadar geri püskürtüldü. Ağustos ve Eylül 1944'te Almanya'nın geri kalan Doğu Avrupa müttefikleri (Romanya, Bulgaristan, Finlandiya) savaş seferberliğinden çekildi. Ancak Hitler toplama kamplarında insanlar üzerinde deneyler yaptırmaya ve hunharca katliamlarına devam ediyordu. Auschwitz Kampı Nazilerin ölüm kamplarının başında geliyordu. Çalışamayacak durumda olanlara, ayırma işleminin ardından "Duş almaya gidiyorsunuz. Yıkanıp, temizlenmeniz lazım" deniliyor, ellerine birer sabun verilerek gaz odalarına sokuluyorlardı. İçeriye önce kadınları, ardından erkekleri alıyorlar, eğer sırada bekleyen çok insan varsa çocukları da içeridekilerin kafalarının üzerlerinde emeklemeye zorlatarak ya da daha fazla insan alabilmek için içeride bulunanların ellerini kaldırmaları istenerek yer açılıyordu. Herkes içeri girdikten sonra da kapılar kilitleniyor, içeriye gaz kutusu bırakılıyor ya da duşlardan su yerine zehirli gaz salınıyor, ortaya çıkan feryatlar duyulmasın diye dışarıdaki askeri araçların motorları çalıştırılıyordu...

Ölüm doktorları bu kampta binlerce insanı gaz odalarında öldürdü. Kullandıkları gaz Atatürk'ün kaşıntılarına sebep olarak gösterilen karıncaların öldürülmesi sırasında Çankaya Köşkü'nde kullanılan, içeriğinde "hidrosiyanik asit" bulunan yüksek tesirli "Zyklon B" gazıydı. Havayla birleşince ölümcül bir gaza dönüşen Zyklon B Nazilerce bu kez karıncalar için değil insanlar için, hem de tonlarca kullanılmıştı...[187]

Savaş biter, Prof. Eppinger siyanürle intihar eder

Sovyetler Birliği kuvvetleri Bulgaristan'a girdi. Akabinde kurulan komünist yönetim, Bulgar Kraliyet Konseyi üyelerini tutuklayıp, halk mahkemesinde yargıladı. Başbakan Bogdan Filov'la birlikte 92 yandaşı ölüm cezasına çarptırıldı. 1 Şubat 1945'te Sofya mezarlığında kurşuna dizilen mahkûmlar, bir bomba tarafından oluşturulan çukura topluca gömüldü.

Sovyet güçleri 30 Nisan 1945'te komuta sığınağına yaklaştığında, Adolf Hitler intihar etti...

Berlin 2 Mayıs 1945'te Sovyet güçlerine teslim oldu. Alman silahlı kuvvetleri koşulsuz olarak teslim oldu. 8 Mayıs 1945 Avrupa'da Zafer Günü ilan edildi...

Viyana'da savaş 12 Nisan 1945'te sona ermişti. Prof. Hans Eppinger Rus işgal güçlerinin elindeydi. Fakat şanslıydı. 1936 yılında Josef Stalin'i ziyaretinden ve muayene edişinden dolayı kendisine değer verildi. Yaptığı korkunç deneyleri bilinmediğinden serbest bırakıldı. Daha önce çalıştığı kliniğe girişi yasaklanmıştı. O da çareyi klinik yakınlarında kendisine özel bir muayenehane açmakta bulmuştu...

28 Ağustos 1945 günkü ziyaretçisi asistanı Heribert Thaliler'di.

Hocasının hiç değişmediğini fark etti. Yine soğuk ve kabaydı. Yaşlanmış, derin bir depresyon içine girmişti. Bir ara öğrencisine "Her an tutuklanabilirim, bu nedenle çantamda sürekli siyanür taşıyorum..." dedi.

Kızı dizanteriden öldüğünde otopsisini evinde kendi elleriyle yapmıştı.

Oğlu Rusya'da savaşta ölmüştü.

Her zaman yazı masasının altında kıvrılıp yatan çoban köpeği de artık yoktu. Aklında tekrar eski çalıştığı araştırma kliniğine tekrar girebilmek vardı. Bu nedenle Rusların tekliflerine sıcak bakmamıştı. Oysa Ruslar kendisine araştırma enstitüsü açtırmayı bile düşünmüştü. Ne Rusların ne de öğrencisi Prof. Thailer'in birçokları gibi toplama kampında Romanlara yapılan korkunç deneylerden haberi yoktu...

Prof. Heribert Thailer'in değer verdiği hocasını son gördüğü tarih 6 Eylül 1946 oldu. Eppinger, 25 Eylül günü özel kliniğinde kendini zehirleyerek yaşamına son verdi. İntiharından önce Nurnberg'deki duruşmalara sanık olarak katılması için mahkemeden davet yazısı almıştı.

Bazı meslektaşlarına göre intiharının tek nedeni yargılanacak olması değildi. Kliniğinin elinde alınmasının verdiği hırs ve boşluk, çalışma şartlarının kısıtlanmasıydı. O durum kendisini aciz içine sürüklemişti. Laboratuvarsız ve deneysiz bir hayat ona göre değildi...(188)

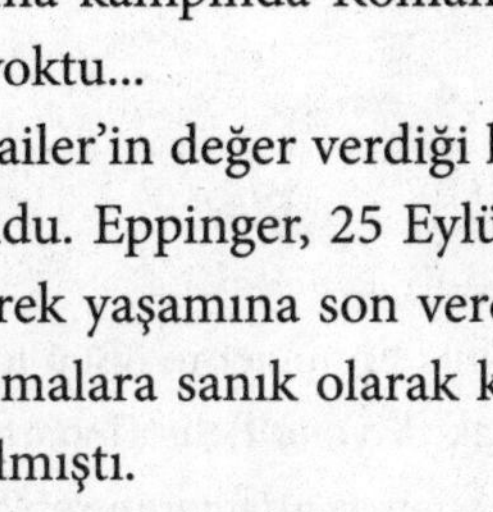

Prof. Heribert Thailer (Prof. Eppinger'in öğrencisi)

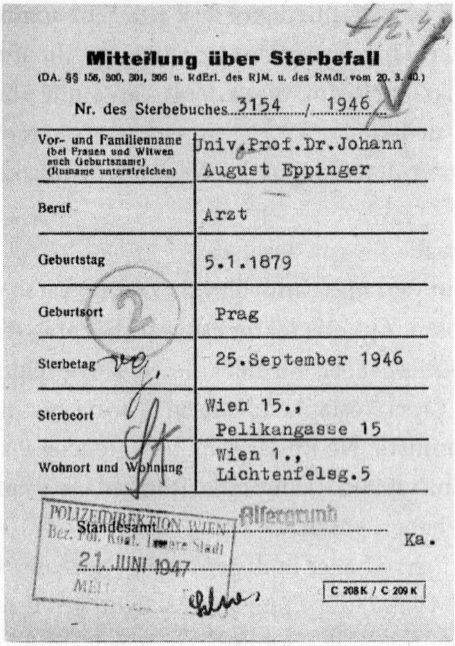

Mitteilung über Sterbefall
(DA. §§ 156, 300, 301, 306 u. RdErl. des RJM. u. des RMdI. vom 20. 3. 40.)

Nr. des Sterbebuches 3154 / 1946

Vor- und Familienname (bei Frauen und Witwen auch Geburtsname) (Rufname unterstreichen)	Univ.Prof.Dr.Johann August Eppinger
Beruf	Arzt
Geburtstag	5.1.1879
Geburtsort	Prag
Sterbetag	25.September 1946
Sterbeort	Wien 15., Pelikangasse 15
Wohnort und Wohnung	Wien 1., Lichtenfelsg.5

Standesamt Alsergrund Ka.

POLIZEIDIREKTION WIEN
Bez. Pol. Koat. Innere Stadt
21. JUNI 1947

C 208 K / C 209 K

Prof. Hans Eppinger'in ölüm tutanağı
Kaynak: Viyana Polis Departmanı
https://www.wien.gv.at/actaproweb2/benutzung

Çingene tanık: "Karaciğer ponksiyonları sırasında omuriliğimizi de deliyordu..."

İkinci Dünya Savaşı 2 Eylül 1945 günü resmen sona erdi. Dünyayı kana bulayan, 50 milyon insanın ölümüne yol açan ve bazı devlet liderlerinin ölümlerinde adı geçen Hitler'in savaş suçları yargılanacaktı. Dava Kasım 1945'te Almanya'nın Nürnberg şehrinde başladı.

Mahkemede doktorlar da yargılanacaktı. Davaları siyasiler ve askerler dışında ayrı görüldü. Onlar da insanlık suçu işlemişti. Önde gelen Nazi doktorlardan biri olan Josef Mengele, esir alınmadan önce Almanya'dan kaçmayı başarmıştı. Duruşmalar, 9 Aralık 1946'dan 20 Ağustos 1947'ye kadar devam etti.

23 davalıdan, yedisi beraat etti, yedi doktor ölüm cezasına çarptırıldı. Diğer doktorlar 10 yıldan başlayıp ömür boyu hapis cezaları aldı. 10 yıl ceza alanlardan biri de Atatürk'e cıvalı ilaç enjekte eden Profesör Hans Eppinger'in yanında bizzat 90 Roman vatandaşının ölümüne sebebiyet veren Doktor Albay Wilhelm Beiglboeck'du...

İleriki yıllarda adları "Cehennem Doktorları" olarak anılacak hekimler suçlamaları reddetti. Dachau Toplama Kampı, esas olarak Alman Hava Kuvvetleri ve Donanması tarafından yürütülen deniz suyu deneylerinin yapıldığı yerdi. Bu deneylerde deniz suyunu tuzdan arındırma yoluyla saflaştırmak için bir yöntem geliştirilmesi amaçlanmıştı. Denize düşen pilotlar ile gemilerinin bombalanması ve batması sonucu hayatta kalan Alman denizciler denizde uzun süre hayatta kalmak zorunda kaldığında deniz suyu içebilir miydi? Mahkemeye göre çoğunlukla Alman, Çek ve Polonya Çingeneleri olmak üzere, on altı ve kırk dokuz yaşları arasında kırk dört denek kullanılmıştı. (Sayı kesin değildi; ileriki yıllarda ölenlerin sayısının 90 olduğu belirtildi.) Bu talihsiz insanlar beş ila dokuz gün boyunca yiyeceklerden mahrum bırakıldı. Üzerinde ölüm deneyi yapılan bu kişilere, "Dachau Kampı'nda temizlik hizmetleri yapacak, diğer kamplardan daha iyi ortamda yaşayacaksınız" sözü verilmişti. Bu sözü deneklere Prof. Hans Eppinger'in asistanı Doktor Wilhelm Beiglboeck vermişti.

Duruşmalarda tanık olarak dinlenecek Alman melez Çingene Karl Hoellenraine işkencecisini tanıyınca çılgına döndü. Bir anda Beiglböck'ün üzerine saldırıp sağlam bir yumruk attı ve ardından haykırdı:

"Bu alçak hayatımı mahvetti!"

Anlattıkları yaşanılanların ne denli vahşice olduğunu ortaya koydu:

"(...) Kırk erkektik. Bir doktor geldi bizi inceledi, sıraya soktu, kıyafetlerimizi çıkarttırdı. Çıplak fotoğraflarımızı çekti. Sonra bize 'Daha önce hiç yemediğiniz gibi size iyi yiyecekler verecekler, sonra da size yiyecek vermeyecekler ve deniz suyu içmek zorunda kalacaksınız' dedi.

Rudi Taubmann adında bir mahkûm reddetti.

Doktor, 'Kapa çeneni, itiraz etmeye devam edersen, seni şimdi vururum!' dedi. Doktor her zaman silah taşıyordu. Bu nedenle sessiz kalmak zorundaydık.

Üç çeşit su vardı. Ben sarı olanı içtim. Birkaç gün sonra insanlar delirmeye başladı; köpük ağızlarından çıkıyordu. Doktor alaycı bir gülümsemeyle geldi ve bize karaciğerimizin delinme zamanının geldiğini söyledi. Karaciğer ponksiyonları sırasında omuriliğimizi de deliyordu. Bana da karaciğer ponksiyonu yaptılar. Çok acı vericiydi. Bir denek sadece birkaç gün dayanabildi. Ölmek üzere olan üç deneği bir daha görmedim..."(189)

Wilhelm Beiglböck, Nürnberg duruşmasında (kulaklıkla dinleyen)

Dr. Beigboeck, Prof. Eppinger'in deneylerini itiraf etti

Mahkemeye çağrılan Prof. Hans Eppinger kendisine duruşma daveti geldiği günlerde hayatına son vermişti. Asistanı Beigboeck hâkim karşısına çıktı:

"(...) Yaptığım deneyleri, ne kendime ait planlarla ne de spontane olarak, kendi inisiyatifimle yerine getirmiş değilim. Deneyler klinik hocam, on yılı aşkın süredir müridi olduğum ve sivil üstüm olan Eppinger'in bilgisi ve onayıyla yapılmıştır. 10 yıl boyunca, onun düşünme tarzını ve üstün bilgilerini öğrendim ve saygı duydum. Onunla ilişkilerim, derin kişisel minnettarlık ve huşu uyandıran adanmışlığa dayalıydı. Onun, doğru ve önemli olarak düşündüğü herhangi bir şey olduğunda, o zaman, sadece psikolojik nedenlerden ötürü, tersine inanmak benim için zordu. Deneyler, insan canını kurtarmak içindi ve onaylanmak zorundaydı. Bu, askeri bir emirdi ve beni, deneyleri bir toplama kampı atmosferinde yerine getirmeye mecbur bırakıyordu.

(...) Deney yaptıklarımdan zorluklara katlanmalarını istemek zorundaydım; fiziksel ve mental özelliklerinden ve yarattığı nahoş duygularla birlikte susuzluktan acı çektiler. Bu, deneylerin doğasında yer alıyordu ve önlenemez bir şeydi..."(190)

Beiglböck cezasını çektikten sonra 29 Haziran 1956'da Almanya/Freiburg'da Prof. Eppinger anısına düzenlenen bir karaciğer sempozyumunda ortaya çıktı. Buxtehude Hastanesi'nde başhekimdi. 22 Kasım 1963 günü evinin merdiven boşluğunda boynu kırılmış bir vaziyette ölü bulundu. Birçok kişi ölümü hakkında, toplama kampındaki tuzlu su deneylerinde ölen Romanların yakınlarının intikam amaçlı yaptığını düşündü.

İsrail Devleti kurulur

Kudüs, Yahudiler için en kutsal şehirdi. Çünkü kutsal kitaplarına göre, İsrail Kralı Davud, milattan önce Kudüs'ü Birleşik İsrail Krallığı'nın başkenti olarak inşa etmiş ve oğlu Kral Süleyman, ilk tapınağı bu şehirde kurmuştu.

Zengin Yahudiler devlet kurma çalışmalarına 19. yüzyılın ikinci yarısında başlamıştı... Arz-ı mevut (vaat edilmiş topraklar) üzerine devlet kurma çalışmaları ilk olarak İngiltere'de görülmüştü. Rothschild ailesi 100 yıl sürecek dünya politikalarını o dönemde devreye sokmuştu...

14 Mayıs 1948

Birleşmiş Milletler paylaşım planı uyarınca David Ben-Gurion tarafından İsrail Devleti'nin kuruluşu ilan edildi.

Ülkenin ilk cumhurbaşkanı, Atatürk'ün dişçisi Sami Günzberg ile araları çok iyi olan Rusya-Belarus doğumlu Siyonist Yahudi Haim Weizmann oldu.

24 saat sonra, Mısır, Ürdün, Suriye, Lübnan ve Irak orduları saldırıya geçerek İsrail topraklarına girdi. Fakat küresel Yahudi para ve savaş baronlarının yıllardır kurdukları hayalleri gerçekleşmiş oldu...

O hayalin gerçekleşmesi için küresel boyutlu suikastlara da gerek vardı ve o iş için bir lider ve tetikçilerine ihtiyaç vardı. O lider Hitler'di. Acımasız faşist diktatör ne kendi halkına ne de dünya insanlarına acıdı. Savaş baronlarının izinden gitti, o uğurda kendisine engel teşkil eden bazı devlet liderlerinin bile sonunu hazırlamıştı...

Siyonist Benaroya: "O sarı lider ortadan suret-i katiyetle kaldırılacaktır!"

Abraham Benaroya Bulgaristanlı küçük bir tüccar ailesinin çocuğu olarak büyümüştü. Ailesi Sefarad Yahudisi'ydi. Hukuk okudu ama tamamlayamadı. Filibe'de öğretmenlik yapmış, burada *Yahudi Sorunu ve Sosyal Demokrasi* adlı eserini yayımlamıştı. Altı dili akıcı biçimde konuşabiliyordu. Selanik'e sosyalist bir organizatör olarak taşındı. Burada "İç Makedon Devrimci Örgütü" (IMRO) olarak adlandırılan yanı sıra orada çalışan bazı Bulgar sosyalistleri örgütledi. Ağırlıklı olarak Yahudi Sosyalist İşçi Federasyonu'nun oluşturulmasında öncü bir rol oynadı. Örgüt, Avusturya Sosyal Demokrat Partisi'nin federatif modeli üzerine inşa edilmiş, Osmanlı İmparatorluğu'ndaki en güçlü sosyalist parti olmuştu.

1 Ağustos 1948 günü Yunan *Laiki Foni* gazetesinin 685. sayısında bir röportaj yer aldı. Gazeteci Apostolos Grazos'a röportaj veren kişi Bulgar Yahudi Abraham Benaroya'ydı. Konu, geçmişteki Türkiye mason faaliyetleri ve Atatürk'ün ölümüydü:

"(...) Ülkümüzü imha edici darbe vuranların akıbeti, feci şartlar altında ölümdür!

Mustafa Kemal Atatürk, 10 Kasım 1935 tarihinde Çankaya Köşkü'nde Doktor Mim Kemal Öke'ye hitaben, 'Mason cemiyetinin faaliyetini inkılaplarımıza muarız gördüğüm için kapatılmasını elzem gördüm. Bu dakikadan itibaren bu cemiyeti ölmüş biliriz. Ve bir daha diriltmeye teşebbüs etmeyiniz' demişti...

O zannetti ki bütün muhalif ve karşı koyan tasfiye ve bertaraf ettiği gibi masonları da tasfiyeye tabi tutmaya muvaffak olacaktır.

Fakat asla! Türkiye'deki mason cemiyetinin Kemal Atatürk tarafından kapatılarak faaliyetinin durdurulduğunu Moskova'da tarihi bir yerde yoldaşlar arasında yapılan bir toplantıda işittiğim zaman, beynimden okla vurulmuş gibi sersemledim. Heyecandan şaşırmış bir halde, oradakilere şaşkınlık içinde haykırdım: O sarı lider ortadan suret-i katiyetle kaldırılacaktır!"(191)

"Atatürk'e ilk darbeyi sinir organlarını zaafa düşürmek suretiyle..."

Benaroya Yahudilerin dinsiz ve özgür bir şekilde var olabileceklerini ve dinlerini koruyabilecekleri düşünüyor, böyle bir devlet hayal ediyordu. Yunan ordusu Atatürk ve silah arkadaşları tarafından bozguna uğratılınca aktif politikaya atıldı. 33 dereceli masondu. Türkiye, Yunanistan ve Bulgaristan'da Marksist İhtilal Hareketi'nin öncülerindendi. Özellikle Selanik Sosyalist İşçi Federasyonu ile Yunanistan Komünist Partisi kurucu ve idarecisi bir Siyonist'ti. Emanuele Carasso'nun Macedonia Risorta Locası'nı destekliyordu.

Türkiye'deki mason localarını kapattığı için Atatürk'ü ortadan kaldırma kararı almıştı.

"Atatürk'ün ani bir dönüşle mason cemiyetini kapatması bizi pek derin bir düşünceye sevk etmişti. İlk anlarda Kemal Atatürk'ü silahla ortadan kaldırmayı düşündük. Çünkü o, felsefemizin Türkiye'de yerleşme imkânlarını ortadan kaldırmıştı. Bu sebeple kendisinin de ortadan kaldırılması son derece elzemdi."

"Onun ölümü esrarengiz olacaktır!"

"Mason cemiyeti Atatürk tarafından kapatıldıktan sonra; mason biraderler, cemiyet sanki kapatılmamış ve Atatürk'le aralarında hiçbir ihtilaf yokmuş gibi vaziyet aldılar. İmkân buldukça onun her hareketini alkışladılar ve zamanla onun etrafında bir çember vücuda getirdiler ki sarı lider kendiliğinden bu çemberin içine girip hayatını bize teslim etti. Doktorlarımız Atatürk'ün ölümünün ani oluşunu tehlikeli gördüklerinden; 1937 ortalarında, ismini açıklayamayacağım bir doktor, bazı şöhretlere dayanarak Atatürk'e ilk darbeyi sinir organlarını zaafa düşürmek suretiyle indirdi..."

Siyonizm, Filistin'de Yahudiler için yeniden bir vatan kurulmasına destek veren uluslararası Yahudi siyasi hareketiydi. Filistin, Tevrat'ta bahsi geçen ve "İsrail Diyarı" adı verilen topraklardı...

Benaroya işçi ve köylü sınıfından yanaydı. Mason-Komünist'ti. Megali İdea (Bizans İmparatorluğu'nu yeniden inşa etme hedefi) taraftarıydı.

İsrail'in Holon şehrinde, küçük bir gazete büfesi işletti. 1979'da doksan iki yaşında yoksulluk içinde öldü. Atatürk'ün öldürülmesinde adı sıklıkla anılmıştı ve hâlâ anılmaktadır...[(192)]

Abraham Benaroya (ortada oturan) ailesi ile

Prof. Samoel Abravaya Marmaralı röportaj verdi

İzmir doğumluydu. Atatürk kendisini sever ve sayardı. 1 Mart 1935-3 Nisan 1939 tarihleri arasında Niğde milletvekilliği yapmıştı. CHP'de, aynı şehirden 1943 yılına kadar milletvekilliğini korudu...

Asrın Lideri son nefesini verirken başında bulunmuştu, ölüm raporunda imzası vardı.

10 Kasım 1950

Atatürk'ün 12. ölüm yıldönümünden bir gün önce gazeteci Necdet Evliyagil'e röportaj verirken heyecanlıydı.

"Bilmem ki..." dedi. "Sizinle bu mevzu üzerinde nasıl konuşacağım? Görüyorsunuz, heyecanım Büyük Atatürk'e ait hatıraları anlatmaya müsait değil."

Gücünü topladı, gözlerinden süzülen yaşları sildikten sonra, anlatmaya başladı:

"Atatürk'ün son saatlerinde yanında idim; fakat büyük adam kendisini hiç bilmiyordu, çünkü yirmi dört saatten beri koma halinde bulunuyordu. Karyolasının ucunda diz çöküp nabzını tutuyordum. Bu esnada arkadaşlarım Mim Kemal ve Mehmed Kâmil Beyler gelerek serum zerk ettiler. Serum verildikçe ben ve arkadaşlarım hüngür hüngür ağlıyorduk; çünkü nabzın gittikçe fenalaştığını görüyorduk. Saat tam dokuzdu. Beş dakika sonra Büyük Dâhi gözlerini ebediyete kapadı."

"Atatürk'e ait hatıralarınızdan birkaçını anlatır mısınız?"

"Herhangi bir Türk vatandaşından başka bir yakınlığım yoktu. Yalnız hekim sıfatı ile yanında bulunmak şerefine nail oldum. Atatürk'ün büyük, hassas bir kalbi vardı; kimseyi incitmek istemezdi. Hastalığı devam ettiği müddet zarfında hiçbir vakit bir zayıflık eseri göstermedi; hastalığının en ağır zamanlarında bile fevkalade metin, cesur ve iyimser hareket ederdi. Muhatabına karşı büyük hürmet telkin etmek kudreti vardı. Aynı zamanda sözler ile ruha rahatlık, kalbe iman verme hassası sonsuzdu.

Kendileriyle hiçbir zaman siyasetten bahsetmedik; fakat beşer kardeşliğinin büyük taraftarı ve harbin müthiş aleyhtarı olduğuna dair muazzez arkadaşım merhum Profesör Neşet Ömer İrdelp'in ifadesine istinat ederek kanaat husule getirdim. Bilhassa, hastalığı esnasında İkinci Dünya Harbi'nin başlaması tehlikesi mevcut iken, o zaman başbakan olan Sayın Celal Bayar'a: 'Celal Bey, Celal Bey, komşularımızla ve bütün dünya ile sulh içinde yaşamaktan daima müstefit (fayda gören) olduk. Bundan böyle de doğru yoldan asla ayrılmayacağız' dediklerini merhum Neşet Ömer Bey'den duydum.

Atatürk, muhatabının ruhunu ve düşüncelerini fevkalbeşer bir hisle sezerdi. Gene merhum Neşet Ömer İrdelp'in ifadesine atfen şu hatırayı anlatmadan geçemeyeceğim:

Celal Bayar, İnönü'nün yerine başbakanlığa getirilince, kendilerini yakından tanımadığım için, acaba bu mühim vazifeyi nasıl başarabilecekler diye sabaha kadar uyuyamadım ve hep bunu düşündüm. Ertesi gün, Atatürk'le karşılaştığımız zaman, Atatürk, birdenbire bana şöyle hitap etti:

'Neşet Bey, ben iyiyim, sen gidebilirsin. Celal Bayar mükemmel bir başbakandır, sen hiç üzülme.' Halbuki Atatürk'le bu mevzu üzerinde hiç görüşmemiştik...

Atatürk'ün muazzam dinamizmini izah etmek kadar zor bir şey tasavvur olunamaz. Hastalığının ilk devrinde komaya düşmüş ve ümitsiz bir halde iken, birdenbire büyük bir salah husule gelerek iyileşmişti. Bu husus Fransız profesörü Fissenger'e telefonla bildirildiği zaman, profesör, 'Atatürk her hususta büyük bir dinamizm gösterdiği gibi, bu hastalığında da akla hayret verecek bir kudret gösteriyor. Bunun için ben şimdi iyimser olduğumu söyleyebilirim. Siz de iyimser olun, Atatürk kurtulacaktır...' demişti.

Hastalığının en ağır zamanlarında bile, banyoya, kimseyi rahatsız etmemek maksadıyla kendileri giderdi. Maiyetindeki zevata karşı gösterdiği nezaketin sonsuzluğu herhalde hiçbir büyük dâhiye nasip olmamıştır."

"Atatürk'e ait bir başka hatıra lütfeder misiniz?"

Profesör bir müddet düşündükten sonra üçüncü kez daha Prof. Neşet Ömer İrdelp'ten öğrendiğini belirterek anılarına devam etti:

"Ankara'da hastalığa yakalandığı ilk günlerde (kalp krizi geçirdiği dönem) tedavi için Almanya'dan Profesör Kraus getirilmişti. Profesörün tavsiye ettiği sıhhat tedbirleri meyanında, Ata'nın sigarayı azaltmaları da tavsiye olunmuştu. Atatürk, profesöre, "Günde kaç sigara içebilirim?" diye soruyor. Profesör de kendisine bir sual ile mukabele ediyor: 'Şimdi günde ne kadar sigara içiyorsunuz?' Atatürk'ün cevabı: 'Yüz yirmi sigara içerim.' Bunun üzerine Profesör Kraus: 'Ekselans, bu miktarı behemehal altmışa indirmeniz lazımdır; yarından itibaren sigarayı azaltmalısınız' diyor. Halbuki Atatürk günde iki paket, yani kırk sigara bile içmiyordu. Atatürk'ün bu hadiseyi daima gülerek anlattığını yakın dostlarından duydum."(193)

Doktor Abravaya Marmaralı sorulara ısrarla Prof. Neşet Ömer İrdelp'ten alıntılar yaparak yanıt vermişti. Oysa Atatürk ile günlerce birlikte olan bir kişiydi...

Prof. Mim Kemal Öke'nin İzmir'deki basın toplantısı

Mart 1951

Soyadı Kanunu ile soyadının "Öke" (yetenekleri, olağanüstü işler başaracak, pek önemli ve şaşılacak şeyler yaratacak denli üstün olan kimse, üstün insan; dâhi) olmasını kararlaştıran Prof. Mim Kemal Öke Atatürk ile uzun yıllardır tanışıyordu. Masondu. 1930-1932 döneminin Türkiye Üstad-ı Azamı'ydı. Atatürk'ün Trablusgarp Savaşı'ndan beri tanıdığı bir kişiydi. Hatta o yıllarda kendisiyle aynı ismi taşıdıklarından Mustafa Kemal olan ismini, Derne'de, kumandanı Binbaşı Mustafa Kemal'in ismiyle karışmasın diye "Mim Kemal" olarak değiştirmişti. Atatürk Sakarya Meydan Muharebesi'nde kaburga kemiği kırıldığında tedavisini yapan bir operatördü...

Atatürk'ün hastayken tedavisinin her aşamasında ve hatta öldüğünde başucunda bulunan Prof. Öke, "Kemalizm ile masonluk arasında ayrılık yoktur" diye düşünüyordu. Her fırsatta Atatürk'e olan hayranlığını dile getirirdi...

"(...) Çok heyecanlı ve nazik inkılapları, Ata, düşünüşündeki samimiyet ve isabete iman etmiş olan (bir millete kabul ettirdi; kendisinde) taassup tevehhüm edilen bir millete şapkayı seve seve giydirdi... Harf ve Dil İnkılabı... Bu ilmi inkılap da ne zannedildiği kadar kolay, ne de tehlikesiz. Çünkü bir milletin mazisiyle istikbalinin alakasını sarsan muazzam bir inkılap... İçtimai reform da onun en göze çarpan eserlerinden biridir. Âlemşümul insanlık prensiplerini memlekette realize etmeye çalıştı. Taassupla, şuursuz tevekkülle mücadele etti. Aynı hislerle din ile devlet işini birbirinden ayırdı. Laisizmi ilan etti..."(194)

Prof. Öke, 2 Mart 1951 günü *Büyükdoğu* gazetesine demeç verdi:

"Masonluk, memleketimizde himaye görmüştür. Atatürk masonluğa o kadar kıymet vermişti ki Heyet-i Vekile'ye ve başta gelenlere masonların himayesini emretmiştir. Bunu her vakit ispat edebilirim.

Atatürk, 'Ben mason olmam; fakat bu cemiyetin faydalı olduğuna kaniyim!' demiştir. Diğer bir misali, bugün yaşayan şahıslarla ispat edebilirim. Memleketimizde beynelmilel (uluslararası) bir Mason Kongresi yapıldı. (Association Maçonnique Internationale - AMI, İstanbul, 5-13 Eylül 1932.) Atatürk, Kongre'nin tazim (büyüklüğünü dile getirme) telgrafına lütufkâr bir cevap verdi. Biz masonlar, Kemalizm'in bütün umdelerini benimsemiş bulunuyoruz. Bununla aramızda ayrılık, tezat yoktur!"(195)

İsmet İnönü'nün Prof. Nihat Reşat Belger övgüsü

Prof. Nihat Reşat Belger Mayıs 1950'deki ilk çok partili seçimlerde Demokrat Parti İstanbul Milletvekili seçilmiş, ilk kabinede Sağlık ve Sosyal Yardım Bakanı olmuştu. Bir yıl sonra Kızılay ve Kızılhaç Birliği ikinci başkanı oldu...

Atatürk'ün ölümcül hastalığını ilk teşhis eden hekimdi. Birinci ponksiyonun yapıldığı günlerde görüştüğü Ruşen Eşref Ünaydın'a hastanın artık sadece 20-25 gün kadar ömrünün kaldığını söylemiş ve tahmini doğru çıkmıştı. Masondu. Macedonia Risorta Mason Locası'na kayıtlıydı.

İsmet İnönü ile 23 Temmuz 1908 İhtilali'nde tanışmıştı.

İnönü, hatıralarında Prof. Belger'den övgüyle söz edecekti: "Muhterem Doktor Nihat Reşat Belger'i bir gün istasyonda, Avrupa'dan gelirken görmüştüm. Tanışmayı müteakip samimiyetle görüşmeye başladık. Doktor, bana, bundan sonra memlekette kurulacak idarenin ne şekiller göstereceğini ve en doğrusunun nasıl olacağını anlatıyordu. Doktorun bilgisine hayran olduğum kadar kendi eksiklerime de şaşıyordum. O, eski inkılapçının tecrübesiyle, salahiyetle konuşuyordu. Benim zihnim, daha ziyade içinde bulunduğumuz şartların yakın ihtimalleriyle meşguldü. Bu heyecanlı günleri sevinçle, zahmetle ve kaygılarla geçirdik..."

Prof. Belger 27 Mayıs 1960 ihtilalinden sonra kurucu meclis üyesi olarak görev yaptı. Bu görevde iken 1961 yılının 30 Eylül günü gece hayata gözlerini kapayacaktı...[(196)]

Hasan Rıza Soyak'ın, Doktor İsmail Arar'a tepkisi

Yıl: 1958

Sağlık Müsteşarı Dr. İsmail Arar 1958 yılında, Atatürk'ün son günlerinin kitabını yazdı. Önemli bir ayrıntıya dikkat çekti:

"Atatürk'teki öldürücü hastalığın başlangıcını hemen hemen 1936 senesinin sonlarına kadar geri götürmek yanlış bir düşünce addedilemez. Gerçi en dikkatli mütehassısları bile şüphelendirecek herhangi bir alamet görülmüyordu, fakat 1936 sonunda halinde bir başkalık olduğunu kabul etmemeye imkân yoktu. Daima biraz halsiz ve yorgun, hatta solgun görünüyordu. Başlangıçta görülen bu ufak tefek delil ve emareleri bir karaciğer kifayetsizliğine bağlamak kimsenin aklına

gelmemiş ve bu suretle sevgili Atatürk kendisini bekleyen mukadder akıbete doğru sürüklenip gitmiştir."

Doktor Arar, yıllar sonra *Dünya* gazetesinde yayımlanan anılarında da, bu kez Atatürk'ün burun kanamaları ve kaşıntılarının nedenlerini açıklayacak, sorumluluğu başkalarının üzerine atacaktı:

"Bir karaciğer kifayetsizliği olarak kabul edilebilecek olan kaşıntıların ve burun kanamalarının sık sık tekerrür ettiği vakitlerde de büyük bir ihtimalle bir karaciğer sirozu başlangıcı karşısında bulunduğumuz şüphesine kapılmış ve fikrimi o zaman icap edenlere açmış bulunuyorsam da Atatürk'ün yakınında bulunan salahiyetli kimseler, görünüşe nazaran böyle bir ihtimalin mevcut olmadığını söylemiş olduklarından daha ileriye gidememek zorunda kalmıştım."

Doktor Asım Arar gerçekten de Atatürk'ün şikâyetlerinden duyduğu şüpheyi "icap edenlere" söylemişti.

O dönem Atatürk'ün en yakınında bulunmuş olan Genel Sekreteri Hasan Rıza Soyak, yazdığı anılarında Doktor Arar'ın bu suçlamasını hayretle karşıladı:

"(...) Anlaşılır şey değil. Bir kere kendisi de doktordu, hem de Atatürk'ün yıllarca evvel, hususi ve müdavi doktorları arasına girmiş bir doktordu. Üstelik beliren arazları ve tedavilerini hükümet namına takip etmekle vazifedar olanlardan biriydi. Binaenaleyh gerek mesleki ve hususi durumu, gerek vazifesi itibariyle o, 'salahiyetli' dediği kimselerle kati bir münakaşaya girişmesi ve şüphelerini müspet veya menfi, kesin bir sonuca bağlayıncaya kadar her türlü tedbir ve teşebbüste bulunması icap etmez miydi, hatta buna mecbur değil miydi?"(197)

Dişçi Sami Günzberg'in zor günleri...

Yıl: 1965

Dişçi Sami Günzberg hem Osmanlı Sarayı'nın hem de Cumhuriyet döneminin en gizemli adamıydı...

İstiklal Caddesi Perukâr Çıkmazı No. 10'daki Türkiye İş Bankası'na ait İşbank Han'ın (eski adı Baudouy Apartmanı) 7 numaralı dairede oturuyordu. Bankanın açtığı alacak davasını kaybetmişti. Bu nedenle Harbiye, Cumhuriyet Caddesi, No. 269'daki El Irak Apartmanı'nın 6 numaralı dairesine taşınmak zorunda kaldı. Ancak hayatı boyunca biriktirdiği öyle fazla ve öylesine değerli antikaları vardı ki taşınacağı eve sığmayacaktı. Çare olarak elinde bulunan antikaları müzayedede satmaya karar verdi.

Antikaların büyük çoğunluğunu kendilerini ücretsiz muayene ettiği hanedan mensuplarından ve onlar yurtdışına çıkarılmadan önce düzenlenen müzayedelerden elde etmişti.

95 yaşındaki dişçi üzgündü. 12 odalı apartmanında bu kez bir müzayede düzenleniyordu. O çok değerli koleksiyon 17 Ekim 1965 Pazar günü görücüye çıktı. 500 çok değerli parça vardı. Aralarında Sultan Murat'ın oda takımları, Abdülaziz'in koltukları ve Ayşe Sultan'ın eşyaları da bulunuyordu.

Müzayede ile ilgili gazeteler "Asrın müzayedesi" başlığını attı. Satışa çıkarılanlar arasında Atatürk'ün ziyaret sırasında kullandığı koltuk da haraç mezat satılanlar arasına girdi. Müzayede sonunda beklenen gelirin altında satış gerçekleşti. Gazeteler durumu manşetten tam sayfa gördü:

> *"Sultanların yadigârı antikalar ah, vah sesleri arasında satıldı."*(198)

Dişçi Sami ve kız kardeşi Lili Günzberg ünlü Rumen Profesör Anna Aslan'ın yaşlılığı geciktiren "Gerovital H3" ilacını almalarına rağmen her fani gibi yaşlılığa yenildi.

Yıl: 1966

Adı karanlık işlere karışan Sami Günzberg 8 Mayıs 1966 günü yüksek arterioskleroz (damar sertliği) hastalığından tedavi gördüğü Alman Hastanesi'nde dünyadan ayrıldı. Ölümü ne Türk, ne de Türk Yahudi basınının fazla ilgisini çekmedi. Onlarca yıl en üst düzey siyasetçi ve bürokratla içlidışlı olmasına rağmen cenaze törenine katılanlar parmakla sayılacak kadardı.

Sami Günzberg Sultan Abdülhamit, Vahdettin Atatürk, Celâl Bayar ve İnönü'ye hizmet etmişti

Dişçibaşı, antikalar yok pahasına satılıverince üzüntüsünden kayıplara karıştı

Son yılların müzayedesi İstanbul'da yapıldı

Hürriyet gazetesi - 18 Ekim 1965

Prof. Eppinger'in gerçek yüzü ortaya çıktı

Yıl: 1976

Prof. Bedi Şahsuvaroğlu, Sağlık Sosyal Yardım Bakanlığı'na 31 Mayıs, 24 Haziran 1976 yılında "Atatürk'ün sıhhi hayatına ilişkin" dilekçeler sunarak bilgi almak istedi. Akademik düzeyde bir çalışma yapmayı planlıyor ve Atatürk'ün gerçek ölüm nedenini ortaya çıkarmak istiyordu. Ancak dilekçelerine yanıt olumsuz geldi:

"Tüm aramalarımıza rağmen bulunamamıştır."

Aynı yıl uluslararası tıp arenasında ciddi bir tartışma başladı...

Prof. Eppinger Ödülü 1973'ten beri verilmekteydi. Ödülü veren, Batı Alman Freiburg Falk Vakfı'ydı. Hak eden 5000 doların da sahibi oluyordu.

Ancak ne ödülü düzenleyenler, ne de hak edenler Prof. Hans Eppinger'in gerçek yüzünü bilmiyordu. Vakıf, karaciğer ve safrakesesi preparatları konusunda uzmanlaşmış bir ilaç firmasıydı. Başkanı Doktor Herbert Falk bile, Prof. Eppinger'in Nazi deneylerine katıldığını duymamıştı. Ta ki Yale Üniversitesi'nden iç hastalıkları ve gastroenteroloji profesörü Dr. Howard Spiro'nun açıklama yapmasına kadar...

Dr. Falk hemen durumu incelemeye aldı. ABD'den bu konuda belgeler beklediğini söyledi. "Eğer doğruysa, ödülü hemen iptal edeceğiz!" dedi.

Bilim insanları durumu şiddetle kınadı. Doktor Spiro, Prof. Eppinger'in intiharı sırasında Boston'da tıp öğrenciydi. Konuyu bildiğini ve hatta *Klinik Gastroenteroloji* dergisinde makale olarak yazdığını dile getirdi. O da yetmedi, konuyu Nazi suçlarının incelenmesi için kurulmuş bir enstitü olan ve ödülü protesto eden Los Angeles'taki Simon Wiesenthal Merkezi'nin de dikkatine sunduğunu belirtti...

Ödülü daha önce kazananlardan biri de Prof. Eppinger'in Viyana'da öğrencilik ve asistanlığını yapan Prof. Hans Popper'di. 80 yaşındaki Prof. Popper, "Sakıncalı deneyleri ve intiharını biliyordum. Bunu herkes biliyordu ancak bu yıllar sonra unutulmuş ve tartışma konusu bile yapılmamıştı. Metotlarını açıkça reddettiğimi kendisine söyledim" diye açıklama yaptı.

Prof. Popper verdiği bilgilerle yetinmedi, yaşadıklarını anlattı:

"Denekleri üzerinde uygunsuz deneyler yaptı. Onu durdurmaya çalıştık, ama gerçekten bir fanatikti."

Nobel Tıp ve Fizyoloji Ödülü ile daha önce Eppinger Ödülü'nü kazanan Dr. Baruch Samuel Blumberg de tepki gösterdi, ödülü reddetti.

"Durumu sadece birkaç hafta önce öğrendim. Eğer Eppinger'in Nazi deneylerinde yer aldığını bilseydim, ödülü kabul etmezdim."

Her ne kadar ismi bir zamanlar "patolojinin babası" olarak anılsa da, bu zihniyette ve meslek ahlakından yoksun olan biri, 31 Temmuz 1938 günü ileriki yıllarda "Asrın Lideri" olarak seçilecek Türkiye Cumhuriyeti Devleti Kurucu Lideri Gazi Mustafa Kemal Atatürk'ü nasıl muayene ve tedavi edebilmişti?

Buna kim ne şekilde; bilerek ya da bilmeyerek izin verebilmişti?

Elbette o yıllarda bunun bilinmesi güçtü ancak Prof. Eppinger daha o yıllarda fanatik bir Nazi Partisi üyesi, Hitler hayranıydı ve deneylerine toplama kamplarında çoktan başlamıştı...

Prof. Bedi Şehsuvaroğlu'nun iddiası

Prof. Şehsuvaroğlu 1976 yılında Sağlık Bakanlığı'na Atatürk'ün ölümü ile ilgili yapacağı araştırma için başvurmuş "Tüm aramalarımıza rağmen bulunamamıştır" yanıtı almış ancak yılmamış araştırmış, öğrendiklerini kitaplaştırmıştı. Kitabının önsözünde şunlara dikkat çekti:

"(...) Atatürk'ün son hastalığı ve genellikle sağlık durumu hakkında yakınları ve hekimleri çeşitli hatıralar ve notlar yayımlamışlarsa da bunlar da pek açık ve etraflı değildir.

Mesela 1923'ten son dakikasına kadar kendisine özel hekimlik eden Ord. Prof. Dr. Neşet Ömer İrdelp'in yazılı hiçbir hatıra bırakmaması büyük bir kayıptır. Hatta Prof. N. Ö. İrdelp, sınıf arkadaşı ve Ata'nın son demlerinde konsültan hekimlerinden olan Dr. Mehmet Kâmil Berk'in tuttuğu hatıraları dahi elinden alınmıştır ve sonra bu bu defter de yok olmuştur. Neşet Ömer Bey'in kız kardeşinin oğlu Doç. Dr. Nurettin Kâmil İrdelp de, telefonla yaptığımız bir konuşmada, bu hususları kanıtlamıştır. Dr. Neşet Ömer Bey'in diğer bir yakını Nurettin Kâmil İrdelp kız kardeşi Güzin Fuat İrdelp Hanım dahi 22 Ekim 1976 günlü konuşmamızda bu konuda aynen şöyle demişti:

Atatürk'ün ölümünden sonra dayım Dr. Neşet Ömer Bey biraz dinlenmek arzusuyla yurtdışına çıkarken devrin Cumhurbaşkanı İsmet İnönü'den nezaketen müsaade almaya ve veda etmeye gitmiş. Tam ayağa kalkıp ayrılacağı zaman, İnönü kendisine, 'Güle güle git! Fakat senden bir ricam var, katiyen hatıratını yazma' demiş. Dayım da, 'Hiç niyetim yok' diye cevap vermiş.

Genç Güzin Faut İrdelp Hanımefendi'nin söylediğine göre 1949-1950 senelerinde olaya hırsızlık süsü verilerek evleri aranmış ve böyle bir hatırat olup olmadığı araştırılmıştır..."[199]

Prof. Bedi Şehsuvaroğlu

Ay'daki iki krater: "Atatürk" ve "Eppinger"

Yıl: 2002

İngiliz Dışişleri Bakanlığı, "10 Kasım 1936" günü Cumhurbaşkanlığı Genel Sekreterliği'ne gönderdiği resmi yazıda, Atatürk'ün doğum gününü sormuş, Kral VIII. Edward'ın tebrik telgrafı çekeceğini söylemişti. Alınan yanıt, "19 Mayıs 1881" olmuştu.

Atatürk, Boğa burcuydu.

Toros Dağları yani Boğa Dağları, Akdeniz Bölgesi'nde baştanbaşa Hatay, Antakya ve Suriye'ye kadar uzanıyordu. O dağlar, çağlar boyunca boğaların, ışıkların ülkesi, yüksek yerlerin ülkesi olarak biliniyordu. Boğa yeniden doğuşu, yeniden başlangıcı simgeliyordu. Toroslar dünya coğrafyasında, tekrar doğuşa inanılan ve en çok tekrar doğuş yaşanılan bir bölgeydi. 12 bin yıl önce, elle yapılmış Şanlıurfa'daki Göbeklitepe de o bölgedeydi.

Gökbilimciler Ay'ın kuzey yarımküresinde ve sağ tarafta, 1647 yılında Hevelius haritasında gösterilen o bölgeye "Toros" adını vermişti...

Ole Christensen Romer, 1676 yılında ilk kez ışık hızı ile ilgili başarılı tahminler yapmış Danimarkalı bir gökbilimciydi...

Adı, Ay'da, Torosların güneybatısında bulunan bölgeye verilmişti.

Bölgede, A, B, C diye adlandırılan üç ana krater bulunmaktaydı.

O kalabalık grubun Römer'den sonra en büyüğü, "A Krateri" olarak anılıyordu...

Doktor Hugh Percy Wilkins, Galler doğumlu bir mühendis ve gökbilimciydi. 1918'de İngiliz Astronomi Derneği'ne seçilmiş, 1946'dan 1956'ya kadar Ay Bölümü'nün direktörlüğünü yapmış, yeni isimler içeren 100 inçlik bir Ay haritası çıkarmıştı...

Wilkins ve İngiliz Astronomi Derneği Başkanı arkadaşı Patrick Moore 1956 yılında birlikte ortak karar alarak A Krateri'nin adını "Atatürk" olarak belirlemiş ve Uluslararası Astronomi Birliği'ne kabul ettirmişti. Ancak siyasi kişilikli isimlerin adlarının kraterlere verilmemesi kuralı nedeniyle o kraterin adı "A Krateri" olarak evrendeki yerini aldı.

"Atatürk Krateri", Ay'daki en değerli Toroslar Bölgesi'nde, yaklaşık 29 kilometrelik bir oluşumdu...

Prof. Hans Eppinger'in ölümünün üzerinden 30 yıl geçmişti.

Bu kez, ardında karanlık bir geçmiş bırakan doktorun adının Ay'da bir kratere verilmesi kararlaştırıldı.

Uluslararası Astronomi Birliği yeterli araştırma yapmadan, "Öklid D" isimli kratere "Eppinger Krateri" adını verdi. Krater, 6 kilometrelik bir oluşumdu. Düzensiz; Montes Riphaeus Sıradağları'nın doğusunda, içinde lav akıntısı bulunan bir bölgeydi...

Ancak uzay çalışmalarıyla ilgilenen bir örgüt olan "Planetary System Nomenclature Working Group" takvim yaprakları 9 Ağustos 2002'yi gösterdiğinde, gerçeklerin ortaya çıkmasını sağladı ve bunu hemen açıkladı:

"Prof. Eppinger, İkinci Dünya Savaşı sırasında, Almanya'daki Dachau Toplama Kampı'nda Çingene mahkûmlarıyla deneyler yürüttü, yargılanmak üzereyken intihar etti."

Araştırmalar, Temmuz 2009 tarihinde kesinlik kazandı. Kratere tekrar Öklid D denilirken, Prof. Hans Eppinger'in adı bir kez daha tarihin ve hatta evrenin karanlık sayfalarında kaybolup yok oldu...

SON

NOTLAR

1) http://totder.org.tr/upload/totder/dervismanizade.pdf

2) Belgrad Elçiliği'nden Dışişleri'ne şifreli telgraf, 2 Mayıs 1932, No. 199.

3) Tuğba Belenli, "Yavuz Zırhlısı ve Tamirinin Türk-Yunan İlişkilerine Etkisi", *Belleten*, 83, 2019, 689-728.

4) Afif Büyüktuğrul, *Büyük Atamız ve Türk Denizciliği*, Türkiye İş Bankası Yayınları, Ankara, 1969, s. 135-136.

5) *İnsan ve Toplum Bilimleri Araştırmaları Dergisi*, c. 7, sayı 2.

6) Mahmut Soydan, "Gazi ve İnkılâp", *Milliyet* gazetesi, 1.2.1930.

7) Cumhurbaşkanlığı Arşivi, 01016349: 63, 64, Ek No: 117-119.

8) Emre Dölen, *Kimya Müderrisi, Eczacı Mustafa Hakkı Nalçacı, 1881-1953.*

9) Ergün Aybars, "Mahmut Esat Bozkurt ve Masonlar", *Türkiye Tarihi Araştırmaları Dergisi*, 1994.

10) Hürol Taşdelen, *Türkiye'de Mason Tarikatı, 1923-1935*, s. 110-125.

11) Ergin Koparan, *Türkiye'de Masonluk Tarihi, 1909-1935*, 2010, s. 66, C. A. 01016908: 277, Ek No: 302.

12) www.salom.com.tr/arsiv/haber-101306-1918_yili_meclisi_mebusan_uyesi_vItalI_hayIm_faraggi_faraci.html

13) Amerikalı tarihçi Anthony C. Sutton'un *Wall Street ve Hitler'in Yükselişi* adlı kitabında bu denetimi özetlerken Amerikalı finans kuruluşlarının sadece Almanya'nın yeniden yapılanması için değil bilinçli bir şekilde Hitler ve onunla birlikte yeni bir canavarın doğuşunu da sağladıklarını iddia etti. Rothschild

ailesi dünyanın en zengin ailesi olarak kabul edilmesine karşın, her yıl açıklanan "Dünyanın En Zengin İnsanları" listesinde aile üyelerinden herhangi birinin ismine rastlanmadı.

14) *Milliyet* gazetesi, 16 Temmuz 1933.

15) Rıfat N. Bali, *Saray'ın ve Cumhuriyet'in Dişçibaşısı Sami Günzberg*, Libra Yay., 2007, s. 113.

16) Ali Canip Yöntem, "Atatürk'ün Sofrasında", *Yakın Tarihimiz* mecmuası, c. 3, sayı 28, 6 Eylül 1962, s. 53-54.

17) Bilal Şimşir, *Atatürk'ün Yabancı Devlet Adamlarıyla Görüşmeleri*, 1981, s. 157-207.

18) Niyazi Ahmed Banoğlu, *Atatürk'ün İstanbul'daki Günleri*, Alfa Yay., 212, s. 391.

19) Asaf İlbay, "Atatürk'ün Hususi Hayatı", *Tan* gazetesi, No: 216, 22 Temmuz 1949, s. 2.

20) Niyazi Ahmet Banoğlu, "Ulu Ata'mızın Son Günleri", *Yedigün* mecmuası, Yıl: 6, c. 12, No: 303, 27 Ocak 1938, s. 10.

21) Ali Osman Gündüz, *Bulgaristan'dan Türkiye'ye Türk Göçü: 1989 Örneği*, 2013.

22) www.atam.gov.tr/dergi/sayi-33/ingiliz-belgeleri-isiginda-turk-iran-siyasi-iliskileri-1920-1938

23) Mehmet Soydan, "Atatürk ve Çevresi; Atatürk'ün Sofrasına Çağrılanların Sayısı 330 Kadardı", *Milliyet* gazetesi, 13.11.1981, s. 7.

24) Seyhun Tunaşar, "Cumhuriyetimize Damgasını Vurup Ebedi Maşrık'tan Bizi İzleyen Kardeşlerimiz ile Atatürk ve Türk Devrim Kronolojisindeki Yerleri", *Mimar Sinan*, Aralık 2002, sayı 126, s. 31.

25) Gazi Mustafa Kemal, *Nutuk*, Kaynak Yay., 2015, s. 230.

26) Laiki Foni *Halkın Sesi* gazetesi, Yunanistan, 1 Ağustos 1948.

27) Yusuf Ziya Koca, *Atatürk Öldü mü, Öldürüldü mü?*, Kalipso Yay., s. 251.

28) https://ansiklopedi.vkv.org.tr/Kategoriler/Kisiler/Koc-Ailesi/Koc,-(Ahmet)-Vehbi

29) Ali Fuat Cebesoy, *Siyasi Hatıralar*, II. Kitap, s. 45.

30) Hasan Rıza Soyak, *Atatürk'ten Hatıralar*, İstanbul, 1973, c. II, s. 728, 729.

31) https://www.mason.org.tr/tuerkiye-de-uenlue-masonlar

32) Asım Arar, *Son Günlerinde Atatürk*, İstanbul, 1958, s. 23.

33) Prof. Dr. Bedi Şehsuvaroğlu, *Atatürk'ün Sağlık Hayatı*, Hür Yayın, Şubat 1981, s. 15.

34) Asım Arar, *Son Günlerinde Atatürk*, İstanbul, 1958, s. 28.

35) Asım Arar, *Son Günlerinde Atatürk*, İstanbul, 1958, s. 28.

36) Ruşen Eşref Ünaydın, *Atatürk'ün Hastalığı, Prof. Dr. N. Reşad Belger'le Mülakat*, Ankara, 1959, s. 8, 9.

37) Ayşe Afet İnan, *Atatürk'ten Mektuplar*, Türk Tarih Kurumu, 1989, s. 36.

38) Yaşar Gürsoy, *Atatürk ve Can Yoldaşı Nuri Conker*, Sia Yay., 2020.

39) Cemil Koçak, *Kaynak Geçmişiniz İtinayla Temizlenir*, İletişim Yayınları, 2015.

40) Bilal Şimşir, *Atatürk ve Yabancı Devlet Başkanları - I*, s. 167-168.

41) "Türk Söylencesi, Mitoloji ve Türk Tarihinden", http://www.muglahaber.com.tr/ataturk-ile-ilgili-18

42) Bilal N. Şimşir, *Atatürk'ün Hastalığı*, TTK, 1989, s. 11.

43) https://pharmainnumis.fr/index.php/produit/laboratoires-choay-75e-anniversaire

44) Bilal N. Şimşir, *Atatürk'ün Hastalığı*, Türk Tarih Kurumu, 1989, s. 12.

45) https://saglik.li/diuretik-idrar-sokturucu-nedir/

46) Nizameddin Nazif Tepedelenlioğlu, *Son Balo*, Kenan Basımevi ve Klişe Fabrikası, 1941, s. 25-32.

47) *Kurun* gazetesi, 3.2.1938

48) Cemal Kutay, *Türkiye İstiklal ve Hürriyet Mücadeleleri Tarihi*, c. 20, s. 119.

49) Ruşen Eşref Ünaydın, *Atatürk'ün Hastalığı, Prof. Belger'le Mülakat*, TTK Yay., 1959, s. 15-16.

50) Bilal N. Şimşir, *Atatürk'ün Hastalığı*, Türk Tarih Kurumu, 1989, s. 11.

51) Prof. Dr. Bedi Şehsuvaroğlu, *Atatürk'ün Sağlık Hayatı*, Hür Yayın, 1981, s. 68.

52) Eren Akçiçek, *Atatürk'ün Sağlığı, Hastalıkları ve Ölümü*, İzmir Güven Kitabevi, 2005, s 180

53) https://sendika63.org/2019/12/nazilerin-arkasindaki-kimya-devi-bayerden-ig-farbene-572484/

54) www.basf.com/global/en/who-we-are/history/chronology/1925-1944/1939-1945/kampfstoffe-und-zyklon-b.html

55) Bilal N. Şimşir *Bizim Diplomatlar*, Bilgi Yay., 1996, s. 219.

56) Dr. Asım Arar, *Son Günlerinde Atatürk*, Selek Yayınları, 1958, s. 13-14.

57) Bedi Şehsuvaroğlu, *Atatürk'ün Sağlık Hayatı*, Hürriyet Yayınları, 1981, s. 79.

58) Dr. Asım Arar, *Son Günlerinde Atatürk*, Selek Yayınları, 1958, s. 13-14.

59) Suat Efe, "Ord. Prof. E. Frank'ın Türkiye'ye Gelişi, Atatürk'ü Muayene Edişi ve İsmet Paşa'nın Yardımı Hakkında Kendi Beyanına Dayanan Anekdotlar", Şişli Çocuk Hastanesi Tıp Bülteni, 24(4) 1989, s. 609.

60) Bedi Şehsuvaroğlu, *Atatürk'ün Sağlık Hayatı*, Hürriyet Yayınları, 1981, s. 79.

61) Prof. Dr. Zafer Paykoç, "İnönü'nün Çağdaş Düşünce Yapısı ve Öğrettikleri", *Milliyet* gazetesi, 26 Aralık 1980, s. 2.

62) İskender Özsoy, "Atatürk Onu Ayakta Alkışladı", *Popüler Tarih* dergisi, sayı 2, Temmuz 2000, s. 54-57.

63) Nebil Bilhan, "İstanbul 1958", Frank Hoca https://docplayer.biz.tr/106409173-Frank-hoca-prof-nebil-bilhan-istanbul.html

64) Bedii Şahsuvaroğlu, *Atatürk'ün Sağlık Hayatı*, Hürriyet Yayınları, 1981, s. 21.

65) Hasan Rıza Soyak, *Atatürk'ten Hatıralar - II*, İstanbul, 1973, s. 730.

66) Bilal N. Şimşir, *Atatürk'ün Hastalığı*, Türk Tarih Kurumu Yay., 1985, s. 15

67) https://www.dgim-history.de/biografie/Eppinger;Hans;1123#gallery-4

68) Hasan Rıza Soyak, *Atatürk'ten Hatıralar - II*, İstanbul, 1973, s. 730.

69) Prof. Dr. Utkan Kocatürk, *Doğumundan Ölümüne Kadar Kaynakçalı Atatürk Günlüğü*, Erdal Basımevi, 2007, s. 5.

70) Kılıç Ali, *Atatürk'ün Sırdaşı Kılıç Ali'nin Sırları*, Derleyen: Hulusi Turgut, Türkiye İş Bankası Yay., 2005, s. 345.

71) Rıfat N. Bali, *Sarayın ve Cumhuriyetin Dişçibaşısı Sami Günzberg*, Libra Yay., 2007.

72) Rıfat N. Bali, *Sarayın ve Cumhuriyetin Dişçibaşısı Sami Günzberg*, Libra Yay., 2007.

73) Rıfat N. Bali, *Sarayın ve Cumhuriyetin Dişçibaşısı Sami Günzberg*, Libra Yay., 2007.

74) Rıfat N. Bali, *Sarayın ve Cumhuriyetin Dişçibaşısı Sami Günzberg*, Libra Yay., 2007.

75) İlhami Nasuhioğlu, 10 Kasım 1973, https://dergipark.org.tr/tr/download/article-file/354361

76) Özel Şahingiray, *Atatürk'ün Nöbet Defteri, 1931-1938*, Ankara, 1955.

77) Dr. Eren Akçicek, *Atatürk'ün Sağlığı, Hastalıkları ve Ölümü*, İzmir Güven Kitabevi, 2005, İzmir, s. 124, 331.

78) Celal Bayar, *Atatürk'ten Hatıralar*, Sel Yay., 1955, s. 91.

79) Falih Rıfkı Atay, *Çankaya*, Doğan Kardeş, 1969.

80) Ruşen Eşref Ünaydın, *Atatürk'ün Hastalığı, Profesör Nihat Reşad Belger'le Mülakat*, s. 21.

81) Edip Kızıldağlı, "Prof. Dr. Nihat Reşat Belger'in Anıları", *Dirim* dergisi, 1981, sayı 56.

82) Edip Kızıldağlı, "Prof. Dr. Nihat Reşat Belger'in Anıları", *Dirim* dergisi, 1981, sayı 56.

83) Edip Kızıldağlı, "Prof. Dr. Nihat Reşat Belger'in Anıları", *Dirim* dergisi, 1981, sayı 56.

84) Edip Kızıldağlı, "Prof. Dr. Nihat Reşat Belger'in Anıları", *Dirim* dergisi, 1981, sayı 56.

85) Edip Kızıldağlı, "Prof. Dr. Nihat Reşat Belger'in Anıları", *Dirim* dergisi, 1981, sayı 56.

86) Reşat Ekrem Koçu, "Nihat Reşat Belger Hekimlik Hayatı", *Cumhuriyet* gazetesi, 4.10.1961.

87) Niyazi Ahmet Banoğlu, *Nükte ve Fıkralarla Atatürk*, İstanbul, 1978, s. 134.

88) Bilal Şimşir, *Atatürk'ün Hastalığı*, Türk Tarih Kurumu Yay., 1985, s. 38.

89) Rıfat N. Bali, *Saray'ın ve Cumhuriyet'in Dişçibaşısı Sami Günzberg*, Libra Yay., 2007, 145-153.

90) *Kurun* gazetesi, 7.7.1938.

91) Cemal Granda, *Atatürk'ün Uşağı İdim*, Yazan: Turhan Gürkan, Hürriyet Yay., 1973, s. 383.

92) Hannah Pakula, "Marie, Prenses (1875-1938)" https://doi.org/10.1093/ref:odnb/64674

93) Hannah Pakula, "Marie, Prenses (1875-1938)" https://doi.org/10.1093/ref:odnb/64674

94) https://ro.wikipedia.org/wiki/Castelul_din_Balcic

95) https://www.bahai.org/shoghi-effendi/shoghi-effendis-passing

96) Ali Fuat Cebesoy, *Siyasi Hatıralar*, Aka Kitabevi, 1967, s. 250.

97) Asım Arar, Son Günlerinde Atatürk, İstanbul, 1958, s. 51.

98) Asım Prof. Dr. Bedi Şehsuvaroğlu, *Atatürk'ün Sağlık Hayatı*, Hür Yay., Şubat 1981, s. 25.

99) Cemil Bozok, Salih Bozok, *Hep Atatürk'ün Yanında: Baba Oğul Bozoklardan Anılar*, Temmuz 2019.

100) Dr. Asım Arar, *Son Günlerinde Atatürk*, Selek Yay., 1958, s. 1.

101) Bedi Şehsuvaroğlu, *Atatürk'ün Sağlık Hayatı*, Hürriyet Yayınları, 1981, s. 82.

102) Cemil Bozok, Salih Bozok, *Hep Atatürk'ün Yanında: Baba Oğul Bozoklardan Anılar*, Temmuz 2019.

103) Deutsch e. Prof. Hans Eppinger: Zum Gedenken, *Wien Klin Wochenschr 1966*; 78: 674-675, Falk Vakfı ev, 1997.

104) Heribert Thailer, *Der blaue Papagei, Erlebte Medizin, erlebte Welt*, 1993, s. 41

105) Heribert Thielicke, *Zu Gast auf einem Schönen Stern*, Erinmerungen Hoffmann ve Campe, Hamburg, Verlag, 1986.

106) Fleming Ç., *Kötüler Her Zaman Zengin Olmazlar*, BMJ, 1998, 317: 203.

107) Redlich F. Hitler, *Yıkıcı Peygamber'in Teşhisi*, Oxford, İngiltere: Oxford University Press, 1998: 132, 246.

108) https://www.dgimhistory.de/biografie/Eppinger;Hans;1123#gallery-4

109) Eren Akçiçek, *Atatürk'ün Sağlık Hayatı, Hastalıkları ve Ölümü*, İzmir Güven Kitabevi, 2005, İzmir, s. 120.

110) Osman Barlas, Ord. Prof. Dr. Ömer Neşet İrdelp, *Yeni Tıp Tarihi Araştırmaları 1*, İstanbul, 1995, Lito Yay., s. 230.

111) www.askimya.com/urunler/amonyum-klorur-78.html

112) Ekrem Kadri Unat, *Osmanlı İmparatorluğu'nda Bakteriyoloji ve Viroloji*, Cerrahpaşa Tıp Fak. Yay., 1970, İstanbul.

113) Ekrem Kadri Unat, *Osmanlı İmparatorluğu'nda Bakteriyoloji ve Viroloji*, Cerrahpaşa Tıp Fak. Yay., 1970, İstanbul.

114) Asım Arar, *Son Günlerinde Atatürk*, İstanbul, 1958, s. 86-91.

115) Yaşar Gürsoy, *Atatürk ve Berberi*, İnkılap Yay., 2012.

116) Utkan Kocatürk, *Doğumundan Ölümüne Kadar Kaynakçalı Atatürk Günlüğü*, Ankara, 1999, s. 689-691.

117) Hasan Rıza Soyak, *Atatürk'ten Hatıralar - II*, İstanbul, 1973, s. 752-760.

118) Hasan Rıza Soyak, *Atatürk'ten Hatıralar - II*, İstanbul, 1973, s. 752-760.

119) Asım Arar, *Son Günlerinde Atatürk*, İstanbul, 1958,

120) Bedi Şehsuvaroğlu, *Atatürk'ün Sağlık Hayatı*, Hürriyet Yayınları, 1981, s. 82.

121) Dr. Asım Arar, *Son Günlerinde Atatürk*, Selek Yay., 1958

122) Asım Arar, *Son Günlerinde Atatürk*, İstanbul, 1958

123) Cemil Bozok, Salih Bozok, *Hep Atatürk'ün Yanında: Baba Oğul Bozoklardan Anılar*, Temmuz 2019.

124) Dr. Eren Akçiçek, *Atatürk'ün Sağlığı Hastalıkları ve Ölümü*, Güven Kitabevi, 2005, s. 219.

125) Hulusi Turgut, *Kılıç Ali, Atatürk'ün Sırdaşı Kılıç Ali'nin Anıları*, TİB Yay., 2010.

126) Cemil Bozok, Salih Bozok, *Hep Atatürk'ün Yanında: Baba Oğul Bozoklardan Anılar*, Temmuz 2019.

127) Utkan Kocatürk, *Doğumundan Ölümüne Kadar Kaynakçalı Atatürk Günlüğü*, Ankara, 1999

128) Utkan Kocatürk, *Doğumundan Ölümüne Kadar Kaynakçalı Atatürk Günlüğü*, Ankara, 1999

129) Dr. Eren Akçiçek, *Atatürk'ün Sağlığı Hastalıkları ve Ölümü*, Güven Kitabevi, 2005

130) Afet İnan, *Atatürk Hakkında Hatıralar ve Belgeler*, TİB Yay., 1981.

131) *Kurun* gazetesi, 8.10.1938.

132) Eren Akçiçek, *Atatürk'ün Sağlık Hayatı, Hastalıkları ve Ölümü*, İzmir Güven Kitabevi, 2005

133) http://e-kutuphane.teb.org.tr/pdf/raporlar/50yil_ecza/4.pdf

134) Hasan Rıza Soyak, *Atatürk'ten Hatıralar - I*, YKB Yay., 1973, s. 771.

135) Bedi Şahsuvaroğlu, *Atatürk'ün Sağlık Hayatı*, Hürriyet Yayınları, 1981, s. 92 93.

136) Eren Akçiçek, Oğuz Kayaalp, *Tıbbi Farmakoloji*, c. 2, 5. baskı, 1990, s. 1516.

137) Ogün Deli, *Agoni*, Alter Yay., 2013

138) Bedi Şahsuvaroğlu, *Atatürk'ün Sağlık Hayatı*, Hürriyet Yayınları, 1981, s. 92 93.

139) https://www.npg.org.uk/

140) https://www.npg.org.uk/

141) Eren Akçiçek, Oğuz Kayaalp, *Tıbbi Farmakoloji*, c. 2, 5. baskı, 1990, s. 1516.

142) www.xn--ilalar-yua.net/medicine-tr/primidone

143) Dr. Eren Akçiçek, *Atatürk'ün Sağlığı Hastalıkları ve Ölümü*, Güven Kitabevi, 2005

144) Bilal Şimşir, *Atatürk'ün Hastalığı*, Türk Tarih Kurumu Yay., 1989, s. 47.

145) Ali Güler, Atatürk'ün "Müşahade Defteri"nden 7 Kasım'ı 8 Kasım'a bağlayan gece.

146) Nuri Ulusu, *Atatürk'ün Yanı Başında*, Doğan Kitap, İstanbul, 2009, s. 236.

147) İnan Arı, *Tarihe Tanıklık Edenler*, Çağdaş Yayınları, İstanbul, 1997, s. 322.

148) *Kurun* gazetesi, 10 Kasım 1938.

149) *Resmi Gazete*, sayı 4061, 12 Kasım 1938

150) *Resmi Gazete*, sayı 4061, 12 Kasım 1938.

151) Münir Hayri Egeli, *Atatürk'ten Bilinmeyen Hatıralar*, Yaşaroğlu Kitapçılık, İstanbul, 1959

152) *Ayın Tarihi* dergisi, sayı 60, 1-30 Kasım 1938

153) *Ulus* gazetesi, 14 Kasım 1938.

154) Kâmile Şevki Mutlu, "Atatürk'ün Anıtkabir'e Naklinden Bir Hatıra", *Bilim ve Teknik* dergisi, sayı 329

155) *Cumhuriyet* gazetesi, 14 Kasım 1938, s. 1.

156) *Cumhuriyet* gazetesi, 14 Kasım 1938, s. 1.

157) *Cumhuriyet* gazetesi, 14 Kasım 1938, s. 1.

158) *Resmi Gazete*, sayı 4063, 15 Kasım 1938.

159) *TBMM Zabıt Ceridesi*, Devre 5, İçtima 4, 14 Kasım 1938, c. 27

160) *TBMM Zabıt Ceridesi*, Devre 5, İçtima 4, 14 Kasım 1938, c. 27

161) *Haber Akşam Postası*, 17 Kasım 1938, s. 8.

162) *Haber Akşam Postası*, 17 Kasım 1938, s. 8.

163) *Akşam* gazetesi, 17 Kasım 1938.

164) *Cumhuriyet* gazetesi, 17 Kasım 1938.

165) *Cumhuriyet* gazetesi, 17 Kasım 1938.

166) Hakan Uzun, "Liderine Ağlayan Bir Ulus", *Türk İnkılâp Tarihi Enstitüsü* dergisi

167) Münir Hayri Egeli, *Atatürk'ten Bilinmeyen Hatıralar*, Yaşaroğlu Kitapçılık, İstanbul, 1959

168) Zekeriya Sertel, *Hatırladıklarım*, Gözlem Yayınları, İstanbul, 1977,

169) *Ulus* gazetesi, 20 Kasım 1938.

170) *Yedigün* dergisi, 22 Kasım 1938, s. 10-11.

171) Zekeriya Sertel, *Hatırladıklarım*, Gözlem Yayınları, İstanbul, 1977

172) *Tan* gazetesi, 22 Kasım 1938.

173) *Ulus* gazetesi, 22 Kasım 1938.

174) Rıfat N. Bali, *Saray'ın ve Cumhuriyet'in Dişçibaşısı Sami Günzberg*, Libra Yay., 2007

175) *Asım Us'un Hatıra Notları*, Vakit Matbaası, İstanbul, 1966.

176) Rıfat N. Bali, *Saray'ın ve Cumhuriyet'in Dişçibaşısı Sami Günzberg*, Libra Yay., 2007

177) Stephane Groueff, *Dikenli Taç: Bulgaristan Kralı III. Boris'in Saltanatı*, 1998, s. 402

178) Stephane Groueff, *Dikenli Taç: Bulgaristan Kralı III. Boris'in Saltanatı*, 1998

179) www.halduncezayirlioglu.com/2016/04/perada-patla-yan-bombalar/

180) http://yeniadana.net/kose-yazilari/-662.html

181) Stephane Groueff, Dikenli Taç: Bulgaristan Kralı III. Boris'in Saltanatı, 1998,

182) Stephane Groueff, Dikenli Taç: Bulgaristan Kralı III. Boris'in Saltanatı, 1998,

183) http://eurohistoryjournal.blogspot.com/2019/06/the-ultimate-survivor-princess-eudoxia.html

184) http://eurohistoryjournal.blogspot.com/2019/06/the-ultimate-survivor-princess-eudoxia.html

185) https://www.dgimistory.de/biografie/Eppinger;Hans;1123#gallery-4

186) http://www.serenti.org/nazi-toplama-kamplari/

187) Ceyhun Balcı, 10 Kasım 2015 https://cumhuriyetciyo-rum.wordpress.com/2015/11/10/karincalar-ve-insanlar/

188) Heribert Thailer, *Der blaue Papagei, Erlebte Medizin*, erlebte Welt, 1993.

189) www.dgimhistory.de/biografie/Beiglb%C3%B6ck;Wilhelm;1639

190) https://www.loc.gov/rr/frd/Military_Law/pdf/NT_war-criminals_Vol-II.pdf

191) Ogün Deli, *Agoni, "Atatürk'ün Ölümündeki Sır Perdesi"*.

192) Ali Kuzu, *Atatürk'ü Kimler Öldürdü*, Kariyer Yayınları

193) Necdet Evliyagil, *Atatürk'e Dair Hatıralar; Dr. Nihad Reşad ve Abrevaya Hatıraları*

194) Dr. Mim Kemal Öke, Niyazi Ahmet Banoğlu, 1938/1959: 252

195) *Büyük Doğu*, 2 Mart 1951, sayı 50, s. 16

196) *Büyük Doğu*, 2 Mart 1951, sayı 50, s. 16

197) Hasan Rıza Soyak, *Atatürk'ten Hatıralar - I*, YKB Yay., 1973.

198) Hürriyet Gazetesi - 18 Ekim 1965

199) Prof. Bedi Şehsuvaroğlu, Atatürk'ün Sağlık Hayatı. Hür Yayın, İstanbul: 1981, s. 5,6

YARARLANILAN KİTAPLAR

ABALIOĞLU, Yunus Nadi, *En Büyük Kaybımız*, 1938.

AKAY, Oğuz, *Atatürk'ün Sofrası*, Truva Yay., 2011.

AKÇİÇEK, Eren, *Atatürk'ün Sağlığı Hastalıkları ve Ölümü*, Güven Kitabevi, 2005.

ARAR, Asım, *Son Günlerinde Atatürk (Dr. Asım Arar"ın Hatıraları)*, Selek Yay., 1958.

ARIBURNU, Kemal, *Atatürk'ten Anılar*, TİB Yay., 1994.

ATATÜRK, Gazi Mustafa Kemal, *Nutuk*, Devlet Basımevi, 1938.

ATAY, Falih Rıfkı, *Atatürk'ün Hatıraları 1914-1919*, TİB Yay., 1965.

ATAY, Falih Rıfkı, *Çankaya*, Doğan Kardeş, 1969.

AYDEMİR, Şevket Süreyya, *Tek Adam*, Remzi Kitabevi, 1969.

BALİ, Rıfat N., *Saray'ın ve Cumhuriyet'in Dişçibaşısı Sami Günzberg*, Libra Yay., 2007.

BALİ, Rıfat N., *1934 Trakya Olayları*, Kitapevi, 2008.

BANOĞLU, Niyazi Ahmet, *Atatürk'ün İstanbul Günleri*, Alfa Yay., 2012.

BARLAS, Osman, *Prof. Dr. Ömer Neşet İrdelp*, Lito Yay., 1995.

BAYAR, Celal, *Atatürk'ten Hatıralar*, Sel Yay., 1955.

BAYTOP, Turhan, *Türkiye'de Bitkiler ile Tedavi*, Sanal Matbaacılık, 1984.

BELLİ, Şemsi, *Makbule Atadan Anlatıyor - Ağabeyim Mustafa Kemal*, Ayyıldız Mat., 1959.

BİL, Hikmet, *Atatürk'ün Sofrası*, Uncu Yayınevi, 1981.

BORAK, Sadi, *Bilinmeyen Yönleri ile Atatürk*, Bahar Matbaası, 1966.

BOZOK, Salih, Cemil S., *Hep Atatürk'ün Yanında*, Çağdaş Yay. 1985.

CEBESOY, Ali Fuat, *Sınıf Arkadaşım Atatürk*, Aka Kitabevi, 1967.

DELİ, Ogün, *Agoni, Atatürk'ün Ölümündeki Sır Perdesi*, Alter Yay., 2013.

DÜNDAR, Can, *Sarı Zeybek, Atatürk'ün Son 300 Günü*, Milliyet Yay., 1995.

ERDEN, Fethi, *Türk Hekimleri Biyografisi*, Çituri Biraderler Basımevi, 1948.

FERGUSON, Niall, *The Rothschild Hanedanı*, Dünya Bankası, 1999.

FİLMER, Cemil, *Hatıralar*, Emek Matbaacılık, 1984.

GRANDA, Cemal, *Atatürk'ün Uşağı İdim*, Yazan: Turhan Gürkan, Hürriyet Yay., 1973.

GROUEFF, Stephane, *Dikenli Taç: Bulgaristan Kralı III. Boris'in Saltanatı*, 1998.

GÜLERYÜZ, Naim A., *Toplumsal Yaşamda Türk Yahudileri*, Gözlem Yay., 2012.

GÜRSOY, Yaşar, *Atatürk ve Berberi - Hoşçakalın Çocuklar*, İnkılap Yay., 2012.

GÜRSOY, Yaşar, *Atatürk ve Can Yoldaşı Nuri Conker*, Sia Kitap, 2020.

GÜRSOY, Yaşar, *Çankaya'nın Kalemşoru Falih Rıfkı Atay*, İnkılap Yay., 2014.

İNAN, Afet, *Atatürk Hakkında Hatıralar ve Belgeler*, TİB Yay., 1981.

KAL, Nazmi, *Atatürk'le Yaşadıklarını Anlattılar*, Bilgi Yayınevi, 2001.

KARINCALI, Ünal, *Dolmabahçe Sarayı ve Atatürk*, TBMM Milli Saraylar Yay., 2011.

KAYAALP, Oğuz, *Tıbbi Farmakoloji*, c. 2, Feryal Matbaacılık, 1990.

KOCATÜRK, Utkan, *Doğumundan Ölümüne Kadar Açıklamalı Atatürk Günlüğü*, AKM Yay., 1999.

KUZU, Ali, *Rothschild Ailesi: Küresel Para Baronu Kızıl Kalkan*, Kariyer, 2016.

LEVENTOĞLU, Mazhar, *Atatürk'ün Vasiyeti*, Bahar Matbaası, 1968.

MANGO, Andrew, *Atatürk*, The University Press Cambridge, Great Britain, 1999.

ÖZALP, Kâzım ve Özalp, Teoman, *Atatürk'ten Anılar*, TİB Yay., 1992.

ÖZTİN, Tahsin, *Mustafa Kemal'den Atatürk'e Anılar*, Hürriyet Yay., 1981.

SANER, Nejat, *Atatürk'ün Dönemi (19 Altın Yılın Öyküsü)*, İstanbul, 1975.

SOYAK, Hasan Rıza, *Atatürk'ten Hatıralar - I*, YKB Yay., 1973.

ŞAHİNGİRAY, Özel, *Atatürk'ün Nöbet Defteri (1931-1938)*, TİT Yay., 1955.

ŞAHİNGİRAY, Özel, *Son Nöbet Defteri*, Türkiye İş Bankası Yayını, 1955.

ŞEHSUVAROĞLU, Bedi, *Atatürk'ün Sağlık Hayatı*, Hürriyet Yayınları, 1981.

ŞİMŞİR, Bilal, *Atatürk'ün Hastalığı*, Türk Tarih Kurumu Yayını, 1985.

TEPEDENLİOĞLU, Nizamettin Nazif, *Bilinmeyen Taraflarıyla Atatürk*, Yeni Matbaa, 1959.

TERZİOĞLU, Sait Arif, *İnsancıl Atatürk*, 1964.

TERZİOĞLU, Arslan, *Erwin Lucius*, Türk Tıp Tarihi Yıllığı, 1996.

TEVFİKOĞLU, Muhtar, *Akil Muhtar Özden*, Türk Kültürü Araştırma Enstitüsü Yay., 1996.

TEZ, İlhami, *Mehmet Kâmil Berk*, Ten Tıp ve Eczacılık Neşriyatı, 1965.

THAILER, Heribert, *Der blaue Papagei, Erlebte Medizin*, erlebte Welt, 1993.

TURGUT, Hulusi, *Kılıç Ali, Atatürk'ün Sırdaşı Kılıç Ali'nin Anıları*, TİB Yay., 2010.

UNAT, Ekrem Kadri, *Osmanlı İmparatorluğu'nda Bakteriyoloji ve Viroloji*, CTF Yay., 1970

ÜNAYDIN, Ruşen Eşref, *Atatürk'ün Hastalığı*, Prof. Belger'le Mülakat, TTK Yay., 1959.

YURDAKUL, Yurdakul, *Atatürk'ten Hiç Yayınlanmamış Anılar*, Aksoy Yay., 1999.

Okuyucu Notları: